Bruno Borucki · VERSTÄNDLICHE PHILOSOPHIE

Bruno Borucki

VERSTÄNDLICHE PHILOSOPHIE

Ein systematischer Aufbau

VERLAG JOSEF HABBEL REGENSBURG

2. überarbeitete Auflage
der „Verständlichen Philosophie“ 1967, Verlag Wort und Werk, Köln

Auslieferung für die Schweiz: Christiana Verlag, CH - 8260 Stein am Rhein
für Österreich: Josef Habbel, Wien I
Gesamtherstellung: Habbeldruck GmbH, Regensburg
Printed in Germany
ISBN 3-7748-0331-5

Leitsatz:

„Das Studium der Philosophie hat nicht den Sinn zu erfahren, was andere gedacht haben, sondern wie die Wahrheit der Dinge sich verhält.“

Thomas von Aquin *

* Kommentar zu Aristoteles ‚De caelo et mundo‘ L. I. 1. XXII. 228

VORWORT

Die Philosophie aller Zeiten bemüht sich, den äußeren Schein der Sinne, der Dinge und Wesen unserer Umwelt zu durchdringen und das verschleierte Bild der Wahrheit zu enthüllen. Große Denker haben im Lauf der Jahrhunderte ihren Beitrag dazu geleistet, der unverloren bleibt. Vieles tragen wir Heutigen in unscherer Schau und Erkenntnis der Wahrheit, was wir ihnen verdanken. Ohne daß wir uns einfach an den oder jenen von ihnen binden und sein System übernehmen könnten.

Dieses Buch will nicht den einzelnen großen Philosophen nachgehen. So nützlich und notwendig es auch ist, so kann Philosophie doch nicht in einem geschichtlichen Nach-denken aufgehen. Vielmehr sollen, wie das vorangestellte Motto es sagt, im Hinblick auf die immer neu sich aufdrängenden Fragen die Sachgründe besonders der Hauptprobleme bedacht und erwogen werden. Was so erreicht werden möchte, sind begründete Antworten, ist ein sachgerechtes Sehen der Wirklichkeit, ein Grundverständnis der philosophischen Probleme, von dem unser Wissen in Philosophie, Wissenschaft und Leben getragen wird. Ein solches begründetes Sachverständnis würde dann auch leichter fähig machen, begegnende Philosophien der Vergangenheit und Gegenwart durchzudenken und zu einem eigenen Urteil zu gelangen.

Der Verfasser

INHALT

I. DER MENSCH UND SEIN ERKENNEN

In der Mitte aller Fragen, auf die Wissenschaften und Philosophie eine Antwort suchen, steht der Mensch. In ihm vollzieht sich ja das Fragen selbst, und alles Antworten und Erkennen spielt sich in ihm ab. Er steht in der Mitte wie auf einem sich drehenden Pol, und um ihn schwingt die ganze Welt der Dinge und Menschen und Sterne. Stände der Mensch nicht erkennend in der Mitte, würde niemand wissen und niemand aussagen können, daß die Erde, auf der er steht, nur als ein winziges Staubkorn im unermeßlichen All rotiert; oder daß er ein Gehirn besitzt und was das Gehirn mit seinem erkennenden Bewußtsein zu tun hat.

Wir gehen daher in unseren Überlegungen vom Menschen aus und fragen zuerst nach seinem Erkennen.

An sich haben wir Menschen ja eine *natürliche Gewißheit,* mit unserem Erkennen das Wirkliche zu erfassen. Im Alltag zweifelt niemand daran, daß die Bäume, Häuser, Menschen, die wir wahrnehmen, wirklich sind, d. h. ihre eigene Existenz haben und sie nicht erst durch unser Erkennen, als „Gegenstände“, bekommen: auch wohl in Bereichen über den Alltag hinaus, daß die Natur, die wir erforschen, ihre eigene Existenz hat; daß auch Gott, an den wir glauben, *wirklich* existiert.

1. Unsicherheit

Aber diese natürliche Gewißheit ist heute doch weithin erschüttert: vielleicht nicht so spürbar im Bereich des alltäglichen Lebens. Sobald man sich aber von diesem gewohnten Bereich entfernt, ist es schon anders; etwa im Bereich der Naturwissenschaften.

Pascual *Jordan* sagt z. B., es sei grundsätzlich unmöglich, „mit unserer Erkenntnis hinauszukommen über die Sammlung, Ordnung und Beschreibung der Beobachtungstatsachen." Diese Beobachtungstatsachen sind aber zunächst nichts anderes als meine augenblicklichen Bewußtseinsinhalte, Sinneseindrücke, Erinnerungsbilder und Erwartungen. Daß diese von „realen Dingen" verursacht würden, ist schon eine Behauptung, die weit über den Bereich dessen hinausgeht, was ich in meiner unmittelbaren Erfahrung nachprüfen kann. Sie ist darum grundsätzlich sinnlos und zu verwerfen.[1] Wenn das so wörtlich verstanden werden soll, wie es wiederholt betont wird, dann haben wir keine Berechtigung mehr, Aussagen über die Wirklichkeit, im ursprünglichen Sinne, zu machen. Die natürliche Gewißheit, die wir haben, mit unserem Erkennen die Wirklichkeit zu erfassen, wäre als unbegründet und unberechtigt aufzugeben. Tatsächlich ist sie durch solche Überlegungen bei vielen erschüttert. Der Mensch ist unsicher geworden in bezug auf die Möglichkeit, durch sein Erkennen die Wirklichkeit zu erfassen.

Ähnlich vertritt die *„Kopenhagener Richtung"* der modernen Physik die Auffassung, daß die Resultate gewisser mikrophysikalischer Experimente nicht das Wirkliche wiedergeben, sondern wenigstens *mit*konstituiert werden durch die Meßanordnung, ja geradezu durch das subjektive Wissen des Beobachters. „Wir zerstören durch den beim Experiment notwendigen Eingriff gewisse, für die Welt im Kleinen charakteristische Zusammenhänge. Wir sind uns bewußt, daß es keinen sicheren Ausgangspunkt gibt, von dem aus Wege in alle Gebiete des Erkennbaren führen." „In unserer Zeit leben wir in einer vom Menschen so völlig verwandelten Welt, daß wir überall ... immer wieder auf die vom Menschen hervorgebrachten Strukturen stoßen, daß wir gewissermaßen immer nur uns selbst begegnen." [2]

In dieser Auffassung würden wir also mit unserem Erkennen nicht die „Wirklichkeit" erfassen, die ihre eigene Existenz besitzt, sondern Inhalte, die entscheidend durch das Erkennen

---

[1] Physik des 20. Jahrhunderts, 132.

[2] Heisenberg, Wandlungen in den Grundlagen der Naturwissenschaften, 103, 128. Heisenberg, Das Naturbild der heutigen Physik, 1970, 17–18.

selbst erst konstituiert sind; dies „Wirkliche" hätte also nicht seine eigene Existenz, die durch das Erkennen „erfaßt" würde, sondern *bekäme* sie gerade erst durch unser Erkennen; es wäre nicht im eigentlichen, allgemein verstandenen Sinne „Wirklichkeit". Das Erkennen verliert so seine natürliche Gewißheit.

Für eine andere Gruppe von Physikern kann man *Einstein* als repräsentativ ansehen. Er ist in bezug auf die Möglichkeit, mit unserem Erkennen die Wirklichkeit zu erfassen, optimistisch und glaubt, daß es wenigstens grundsätzlich möglich sei, die Wirklichkeit durch unsere theoretischen Konstruktionen begreiflich zu machen. „Alle unsere Bemühungen werden getragen von dem ewigen Drang nach Erkenntnis."[3] Einstein bezeichnet als „höchste Aufgabe der Physiker das Aufsuchen jener allgemeinsten elementaren Sätze, aus denen durch reine Deduktion das Weltbild zu gewinnen ist. Zu diesen elementaren Sätzen führt nur die auf Einfühlung in die Erfahrung sich stützende Intuition... Andererseits vermögen wir durch bloß logisches Denken keinerlei Wissen über die Erfahrungswelt zu erlangen." Die der Theorie zugrundeliegenden Begriffe und Grundgesetze sind ihm aber „freie Erfindungen des menschlichen Geistes, die sich weder durch die Natur des menschlichen Verstandes noch sonst in irgendeiner Weise apriori rechtfertigen lassen." Sie haben „einen rein fiktiven Charakter."[4]

Ähnlich sagt *Eddington:* „Die grundlegenden Gesetze und Konstanten der Physik sind durchaus subjektiv, da sie der Stempel der Sinnes- und Gedankenausrüstung des Beobachters auf das Wissen sind, das durch diese Ausrüstung erlangt wird."[5]

Die *„Gedankenausrüstung"* wird also sehr deutlich als entscheidend für den Inhalt unseres Erkennens bezeichnet. Davon, wie unser Denkvermögen ausgerüstet ist, hängt ab, was wir erkennen, zu welchen Resultaten unseres Denkens über die Natur, die Welt u. a. wir gelangen. Wenn unsere Denkausrüstung anders wäre, würden wir notwendig zu anderen Resultaten gelangen, vielleicht entgegengesetzten! Mit dieser Möglichkeit rechnen

[3] Einstein, Evolution der Physik, 195.
[4] Einstein, Mein Weltbild, 109, 115.
[5] s. Jeans, Physik und Philosophie, 114.

heute viele unbewußt, im Bereich der Wissenschaft und auch im alltäglichen Leben. ‚Wenn es Marsmenschen gibt, ob sie nicht ein ganz anderes Denken haben, so daß für sie zwei mal zwei fünf ist?' ‚*Wir* können nicht denken, daß etwas schwarz und zugleich weiß ist, aber vielleicht können es *die* auf Grund ihres anderen Denkvermögens?' ‚Wenn ein christlicher Abendländer überzeugt ist, daß er nach seinem Tode als individuelle Person in einem endgültigen Zustand ewig weiterleben wird, so ist diese Überzeugung das notwendige Resultat des Denkens gerade eines Europäers, wie er geprägt ist von Anlagen, Erziehung, Kultur, Religion des Abendlandes. Ein Mensch Ostasiens aber hat ein ganz *anders geprägtes Denken* und kommt daher notwendig zu der Überzeugung, daß der Mensch nach seinem Tod in einer neuen *irdischen* Existenz wiedergeboren wird; je nach seinen guten oder bösen Taten als dies oder jenes Tier, als Mensch niederen oder höheren Ranges, und daß immer wieder solche Wiedergeburten aufeinander folgen.

Dieser Glaube an die Seelenwanderung wäre also bei einem Ostasiaten ebenso „wahr" wie der entgegengesetzte des Europäers. Die Wirklichkeit, die wir im Erkennen zu erfassen meinen, wäre also wesentlich abhängig vom jeweiligen erkennenden Subjekt, relativ zu ihm. Dieser *„Relativismus der Erkenntnis"* ist heute bewußt oder unbewußt weit verbreitet. Es wäre daher eine wichtige Frage, ob es „abslute Wirklichkeit" und *„absolute Wahrheit"* für uns gibt, die von dieser wesentlichen Bezogenheit auf das erkennende Subjekt losgelöst (= absolut) ist.

Es ist nun doch nicht so, daß die heutige Naturwissenschaft endgültig und auf der ganzen Linie vom Realismus der Erkenntnis abgerückt wäre. Es ist mehr ein Bemühen, die sich drängenden Resultate aus der Mikrophysik in unser bisheriges Wissen über die Natur, in ein entsprechend neues System, ein Weltbild einzuordnen. Das bereitet wegen der Eigenart der neuen Tatsachen große Schwierigkeit und ist noch eine ungelöste Aufgabe. Immerhin zeigen die obigen Zitate, daß dabei vielen das Erkennen selbst fragwürdig, die natürliche Sicherheit schwankend geworden ist. So weit handelt es sich um das Reich der *Natur, die* materielle Wirklichkeit; die wir mit unserem Erkennen *vorfin-*

den und erfassen, – oder doch erkennend *setzen* und schaffen? Man ist unsicher geworden.

Die materielle Natur ist aber nicht die ganze Wirklichkeit. Wir meinen doch auch in den Bereichen der Geschichte und Kultur, der Sittlichkeit und Weltanschauung, der Religion wahre Erkenntnisse zu haben. Sie sind wahr, wenn das, was wir da erkennen, „wirklich" so ist, wie wir es erkennen und aussagen. Diese Wirklichkeit ist nicht materiell, aber auch objektiv gültig. Wir *machen* sie nicht, sie ist von unserem Meinen und Behaupten unabhängig. Wir haben auch da die natürliche Gewißheit, daß wir in diesen nichtmateriellen Bereichen *„Wirkliches"* erkennen können. Es zeigt sich nun, daß heute die Zuverlässigkeit unseres Erkennens auch in diesen Bereichen, vielleicht noch mehr, angezweifelt wird, die Sicherheit geschwunden ist.

Auch in der Theologie werden heute von vielen die Inhalte und Geschehnisse (etwa der Bibel) als „wirklich" und „wahr" angesehen nur durch ihre Bezogenheit auf den Glaubenden, relativ zu ihm, nicht in sich. Nur soweit sie für den „Vollzug der eigenen Existenz bedeutsam" sind, sind sie von Belang. Ob sie *in sich* tatsächlich und wirklich sind oder waren, ist unwichtig und für „Glauben" und „Existenz" ohne entscheidendes Interesse.

Max Planck sagt einmal: „Nun erhebt sich erst die weitere, eigentlich grundlegende Frage: lebt *Gott nur in der Seele* der Gläubigen oder regiert er die Welt unabhängig davon, ob man an ihn glaubt oder nicht glaubt? . . . diese Frage läßt sich nie und nimmer durch logische, auf Tatsachen begründete Schlußfolgerungen aufklären." [6] D. h. es ist nicht sicher, daß Gott existiert, in dem Sinne, daß er seine *eigene Existenz* hat. Man hätte damit zu rechnen, daß sie erst durch den Glauben gesetzt, konstituiert wird. Dann würde Gott nur „in der Seele des Gläubigen leben". Es ist nach Planck gerade Sache des Glaubens einzig und allein, die Frage nach der eigenen Existenz Gottes zu entscheiden. D. h. wenn wir an Gott glauben, dann sollen wir auch glauben, daß er „wirklich" existiert. Aber warum sollen wir das glauben? Ohne erkannte Gründe? Auf Grund von Tatsachen mit logischer Kon-

[6] M. Planck, Religion und Naturwissenschaft, 1942, 15/16.

sequenz dahin zu gelangen, ist ja „nie und nimmer" möglich. Richtig ist daran, daß dies nicht Aufgabe der Naturwissenschaft sein kann. Aber kann es nicht Aufgabe der Philosophie sein, die nach den Gründen und letzten Gründen des Seins forscht, also nach dem, was den vordergründigen Tatsachen der Natur „zugrunde" liegt?

Aus Schweden berichtete man von einem Naturforscher, der obwohl Atheist, am Weihnachtsmorgen in eine Kirche aufs Land hinauszufahren pflege. Denn „siehe, Stimmung ist es, was wir Menschen brauchen". Dagegen rechne man im allgemeinen nicht damit, in der Kirche Belehrung zu erhalten. In Glaubensfragen gebe es *keine Wahrheit,* sondern nur Ansichten. Und da sei die des einen so gut wie die des anderen.

In der Literatur findet diese verzichtende Auffassung ihren Niederschlag. So läßt *Evelyn Vaugh* in „Wiedersehen mit Brideshead" den Agnostiker Ryder am Sterbebett des alten Lord Marchmain sagen: Dann kniete auch ich mich nieder und betete: „O Gott – wenn es einen gibt – vergib ihm seine Sünden – wenn es so etwas gibt wie Sünden!"

Wenn die Inhalte des Erkennens nicht als wirklich unserem Erkennen vorgegeben sind, ergibt sich notwendig Vieldeutigkeit der Meinungen, Subjektivität, Unsicherheit. Dann ist es auch konsequent, wenn vor einigen Jahren der Vertreter der deutschen Autoren in einer öffentlichen Diskussion sagen konnte, der Autor sei selbst der *Schöpfer* der Sittlichkeit. *Objektive* Wahrheit und Sittlichkeit gebe es nicht!

Das sind einige Belege, die sich leicht vermehren ließen. Sie zeigen, wie weithin die natürliche Gewißheit erschüttert ist, daß wir in unserem Erkennen das Wirkliche erfassen. Es ist daher nicht so sehr zu verwundern, daß man Sicherheit und Gewißheit, die im Erkennen nicht zu gewinnen war, im *Fühlen* zu finden suchte. Von der ratio (Verstand, Vernunft) wandte man sich zur emotio (Gemütsregung), vom Intellekt zum Affekt. Schon Schleiermacher sagt über die Dogmen, die man sonst zu dem Sichersten und Gewissesten unseres glaubenden Erkennens rechnet: „*Dogmen* sind nur symbolische Formulierungen von stets wechselnden subjektiven *Gemütszuständen!*"

Wenn wir nach den Gründen für eine solche Aufweichung der natürlichen Gewißheit fragen, so läßt sich der tiefe Einfluß *Kants* nicht übersehen. Seine Auffassung der *Erkenntnis* ist bis heute repräsentativ und ursächlich zugleich für die Wertung des Erkennens. Sie ist von verschiedenen Wissengebieten, z. T. auch der Theologie, als „unveräußerliche Errungenschaft der Neuzeit" übernommen und wird dort nicht mehr diskutiert.[7] In seiner „Kritik der reinen Vernunft" sagt Kant: „Bisher nahm man an, alle unsere *Erkenntnis* müsse sich nach den *Gegenständen* richten; aber alle Versuche ... gingen unter dieser Voraussetzung zunichte. Man versuche es daher einmal, ob wir nicht ... besser fortkommen, daß wir annehmen, die Gegenstände müssen sich nach unserer Erkenntnis richten ... Es ist hiermit ebenso, als mit dem ersten Gedanken des Copernicus bewandt, der, nachdem es mit der Erklärung der Himmelsbewegungen nicht gut fortwollte, wenn er annahm, das ganze Sternenheer drehe sich um den Zuschauer, versuchte, ob es nicht besser gelingen möchte, wenn er den Zuschauer sich drehen und dagegen die Sterne in Ruhe ließ." [8]

Wenn man versuchen will, die *Grundauffassung Kants* über unser Erkennen vereinfacht zu skizzieren, dann könnte es etwa so lauten: Das erkennende Ich wird von Dingen affiziert. Diese so hervorgerufene „Empfindung" wird von den sinnenhaften Fähigkeiten des Ich, der *apriorischen Form* des äußeren Sinnes ‚*Raum*' und der apriorischen Form des inneren Sinnes ‚*Zeit*' verarbeitet, „geformt", so daß das Ich *runde* Äpfel, *rechteckige* Tische, 4 m voneinander entfernte Wände u. a. sieht.

Schon an diesem Punkt des Erkennens sind also nach Kant die Größen, Formen, Entfernungen, überhaupt räumliche Bestimmungen der sinnenhaft wahrgenommenen Dinge unserer Umwelt *nicht den Dingen* selbst eigen, sondern werden ihnen durch das Sehen, Hören, Tasten beigelegt, *gegeben;* sie stammen aus den

---

[7] H. van de Pol, Das reformatorische Christentum, 193 ff.

[8] Vorrede zur 2. Aufl. B. XVI – Es geht hier nicht um eine Gesamtwürdigung Kants, sondern allein um seine Erkenntnistheorie. Vgl. hier S. 217.

inneren Fähigkeiten des Erkennenden. Wie die Dinge selbst sind, bleibt uns unbekannt. „... der transzendentale Begriff der Erscheinungen im Raume (ist) eine kritische Erinnerung, daß überhaupt nichts, was im Raume angeschaut wird, eine Sache an sich, noch daß der Raum eine Form der Dinge sei, die ihnen etwa an sich selbst eigen wäre, sondern daß uns die Dinge an sich gar nicht bekannt seien, und was wir äußere Gegenstände nennen, nichts anders als bloße Vorstellungen unserer Sinnlichkeit seien, deren Form der Raum ist, deren wahres Korrelatum aber, d. i. das Ding an sich selbst, dadurch gar nicht erkannt wird noch erkannt werden kann ...“ [9]

Ähnlich stammt das *zeitliche* Nacheinander, etwa der aufgehenden Sonne, aus der inneren, apriorischen Form der Zeit. „Sie ist nichts als die *Form* unserer inneren Anschauung ... sie hängt *nicht an den Gegenständen* selbst, sondern bloß *am Subjekte*, welches sie anschauet.“ [10]

Auf einer 2. Stufe verarbeitet der *Verstand* dieses von der Sinneswahrnehmung gebotene Material vermöge anderer, dem Verstand innewohnender *apriorischer Formen* [11] zu Urteilen, in denen der Erkennende Aussagen über die „Gegenstände“ macht. Diese Formen des Verstandes nennt Kant *„Kategorien“*, in einem anderen Sinn als Aristoteles und Thomas von Aquin, denen sie sachgebundene Klassen der Dinge waren. Für Kant sind solche Kategorien z. B. Ursache und Wirkung, Substanz und Akzidenz, auch der reale Charakter, der von Gegenständen ausgesagt wird.

Wenn ich also einen Apfel am Baum sehe und urteilend sage: „Das ist ein Apfel“, so ist nach Kant der *Substanzcharakter*, der in dieser Aussage enthalten ist, nicht dem wirklichen Apfel an sich eigen, sondern dem Apfel als „Gegenstand“ des Erkennens

---

[9] Kr. d. r. V. A 30

[10] Kr. d. r. V. B 54

[11] Apriorische Formen sind für Kant nicht solche des individuellen Ich, sondern eines übergeordneten „transzendentalen Subjekts“, das für alle individuellen Subjekte des Erkennens maßgebend ist. „Transzendental“ bedeutet ihm „niemals eine Beziehung unserer Erkenntnis auf Gegenstände, sondern nur auf das Erkenntnisvermögen“. Prol. § 13 AIII. Kr. r. V. B 25.

eben durch das urteilende Erkennen gegeben, verliehen. Substanz ist nicht Kategorie des Dinges, wie wir in der Alltagsauffassung meinen, sondern des formenden, setzenden Verstandes!

Und wenn der urteilende Satz „Das ist ein Apfel“ auch den Sinn hat „ein wirklicher“ Apfel, real existierend, dann ist nach Kant auch dieser *Wirklichkeitscharakter* nicht dem Gegenstand selber eigen, sondern ebenfalls durch das urteilende Aussagen dem Apfel erst *beigelegt*. Der Apfel wird durch das Anwenden der apriorischen Kategorie der Realität erst ein *realer* Gegenstand des Erkennens.

Und wenn nun dieser Apfel vor meinen Augen vom Baum fiele und am Boden ein frisch gelegtes Hühnerei zerbrechen würde, dann würde Kant mit uns sagen: der Apfel hat das Ei zerbrochen, aber daß der Apfel auf diese Weise als *Ursache* die Zerstörung *bewirkt* habe, ist nicht dem „wirklichen Vorgang“ eigen, sondern dieser Zusammenhang zwischen Ursache und Wirkung stammt aus der apriorischen Kategorie der Kausalität, die dem Verstand innewohnt. Wenn der Verstand „erkennt“, *verleiht* er den „Gegenständen“ solche Eigenschaften, Wirkungen, Zusammenhänge. Kant betont, „... daß alle unsere Erkenntnis mit der Erfahrung anfange ... durch Gegenstände, die unsere Sinne rühren und teils von selbst Vorstellungen bewirken, teils unsere Verstandestätigkeit in Bewegung bringen, diese (Vorstellungen) zu vergleichen, sie zu verknüpfen oder zu trennen, und so den rohen Stoff sinnlicher Eindrücke zu einer Erkenntnis der Gegenstände zu verarbeiten, die Erfahrung heißt.“ [12]

Auf dieser Stufe des „Erkennens“ wird noch deutlicher, daß nach Kant *nicht* die *Dinge selbst „wirklich“*, „real“, „wirkend“ sind, nicht in dem alltäglichen, natürlichen Sinn, sondern daß der Erkennende die Dinge als wirklich, real, wirkend *auffaßt*. Diese apriorischen Auffassungsformen sind zunächst „leere“ Formen. Erst wenn die Sinne ihnen „Anschauungsmaterial“ bieten, formen sie dies zu „objektiven Gegenständen“, geschieht Erkenntnis, Erfahrung. Alles Erkennen bezieht sich in Urteilen, Aussagen nur auf das Gebiet der so den Sinnen *erscheinenden* Welt.

---

[12] Kr. d. r. V. B 1.

Das wird konsequent auf der *3. Stufe, der Vernunft*, durchgeführt. Auch sie besitzt *apriorische* Formen, die *„Ideen" Welt, Seele, Gott.* Sie sind ebenfalls leere Formen, ohne einen erkannten Inhalt und können ihn legitimer Weise auch nie bekommen. Auch wenn die Vernunft mit ihnen arbeitet, werden keine Inhalte der Erkenntnis „konstituiert", diese apriorischen Formen der Vernunft *„regulieren"* nur die Anwendung der Kategorien durch den *Verstand.* Die Ideen Welt, Seele, Gott sind für Kant nur „regulative Prinzipien", nicht Inhalt setzende „konstitutive Prinzipien". Wenn man diese Auffassungen vom Erkennen ernst nimmt, ist es nur konsequent, wenn es heute mitunter heißt: Nicht Gott hat den Menschen erschaffen, sondern der Mensch hat Gott erschaffen (als „Gegenstand" seines Erkennens)!

Was am Kantischen System vor allem als unannehmbar erscheint, ist die Einschränkung des Erkennens auf die sinnlichen Erscheinungen. Nur sie werden „erkannt", werden durch die apriorischen Kategorien zu „Gegenständen" des Erkennens geformt, nur hier gibt es „Erkenntnis". Diese erkannten „Gegenstände" geben nicht den Blick frei auf die „Dinge an sich", noch weniger öffnet sich die *geistige* Welt für ein wirkliches Erkennen. Kant stellt zwar den sinnlichen Erscheinungen (Phänomena) die „Noumena" gegenüber als „mögliche Dinge, die gar nicht Objekte unserer Sinne sind, als Gegenstände bloß durch den Verstand gedacht ... Objekt einer nichtsinnlichen Anschauung ...", nämlich einer intellektuellen, „die aber nicht die unsrige ist, von welcher wir auch die Möglichkeit nicht einsehen können ..." „Das Noumenon ... bedeutet den problematischen Begriff für eine ganz andere Anschauung und einen anderen Verstand als der unsere, der mithin selbst ein Problem ist." [13]

Ergebnis der Kritik Kants ist demnach, daß die wirklichen Dinge von uns nicht erkannt werden, die erkannten „Gegenstände" aber nicht wirklich sind, sondern nur Vorstellungen, durch das Erkennen geprägte sinnliche Erscheinungen. Diese „Erkenntnis" ist ihres wahren Wertes beraubt, sie ist keine wirk-

---

[13] Kr. d. r. V. B 306, 307, 343, 344.

liche Erkenntnis mehr. Was dann den Bereich *über*sinnlicher Gegenstände betrifft, so zeigen Kants Ausführungen deutlich, daß es sich bei ihnen schon gar nicht um Erfassen von Wirklichem handelt. Erkenntnis des Wirklichen ist also in allen Bereichen aufgehoben.

Kant leugnet selbst nicht die Existenz des Wirklichen: man könne es freilich mit dem Erkennen nicht erfassen. Er will anders seiner gewiß sein: durch den Glauben! „Ich mußte also das Wissen aufheben, um zum Glauben Platz zu bekommen.“ [14]

Aber was ist das für ein Glauben? Ein Überzeugtsein von der Wirklichkeit des Geglaubten? Ohne daß erkannte Gründe vorhanden sind, die das Glauben fordern? Sollen für das Glauben ebensowenig Gründe gegeben sein wie für das Nichtglauben? Es ist fast wie eine Antwort auf diese Frage, wenn Bultmann schreibt: "(die Entmythologisierung) zerstört jede falsche Sicherheit und jedes falsche Sicherheitsverlangen des Menschen ... der Mensch, der an Gott als an seinen Gott glauben will, muß wissen, daß er nichts in der Hand hat, woraufhin er glauben könne; daß er gleichsam in die Luft gestellt ist und keinen Ausweis für die Wahrheit des ihn anredenden Wortes verlangen kann ...“ [15]

Ein solches Glauben (einmal abgesehen davon, daß es hier um Gott geht) erscheint wie bloße Willkür. Soll der Mensch, dem das Streben nach Erkennen und Wissen so wesentlich ist, sich damit zufriegen geben? Mit nüchterner und oft ungeduldiger Schärfe besteht der heutige Mensch auf dieser rationalen Exigenz, d. h. *wenn* der vernünftige Mensch glauben soll, müssen ihm auch rationale Gründe für das Glauben gegeben sein (nicht auch für die geglaubten Inhalte).

Wie sehr Kantisches Denken sich durchgesetzt hat und dem Denken vieler zugrundeliegt, oft ohne daß sie sich dessen bewußt sind, dafür hier nur das Zeugnis des spanischen Philosophen *Ortega y Gasset:* „Zehn Jahre habe ich innerhalb des Kantischen Gedankens gelebt. Ich habe ihn eingeatmet wie eine Atmosphäre, und er war zugleich mein Haus und mein Gefäng-

[14] Kr. d. r. V. XXX.

[15] Kerygma und Mythos 2. Bd. 1954, 207.

nis. Im Werke Kants sind die entscheidenden Geheimnisse der modernen Epoche enthalten. Die intellektuelle Welt zählt viele Bürger, welche Kantianer sind, ohne es zu wissen.“ [16]

2. Das Wirkliche

Es ist eine Frage von größter Tragweite, ob wir mit unserem Erkennen das „*Wirkliche*“ irgendwie selbst hervorbringen oder gemäß unserer natürlichen alltäglichen Auffassung *vorfinden,* ob das erkannte Wirkliche seine eigene Existenz schon hat oder sie erst durch das Erkanntwerden bekommt.

Das psychisch Wirkliche. Wo stoßen wir zuerst auf das Wirkliche selbst, nicht schon auf Abbilder von ihm? Im *psychisch* Wirklichen. Wenn ich das eine Mal in *Nachdenken* begriffen bin und das andere Mal nicht, so ist das ein wirklicher Unterschied, der nicht erst durch Denken als *Inhalt* gesetzt wird. Dies Nachdenken ist schon ein wirklicher Vorgang, freilich ein *psychisch Wirkliches,* nicht ein materiell Wirkliches wie ein Baum oder ein Tier. Wenn ich das eine Mal niedergedrückt bin und das andere Mal nicht, so ist auch dies ein Unterschied im Wirklichen; dies *Gefühl* des Niedergedrücktseins ist etwas Wirkliches, das allem Denken und Aussagen darüber vorausgeht. Und wenn ich nach längerem Nachdenken einen Entschluß fasse, etwa mir eine gründliche Kenntnis der Chemie anzueignen, so ist dieses *Wollen* etwas Wirkliches in meinem Bewußtsein; Wirkliches und nicht bloß Gedachtes, nicht bloß *Inhalt* meines Denkens.

Solche Vorgänge des Denkens, Fühlens, Wollens in mir sind das *erste Wirkliche,* daß mir *unmittelbar* gegeben, gegenwärtig ist, an dem ich nicht zweifeln kann. An den Gegenständen, Inhalten des Erkennens können wir zweifeln, ob sie wirklich sind oder bloß gedacht, vorgestellt. Daran ist auch immer gezweifelt worden, von einzelnen und von philosophischen Richtungen wie Skeptizismus, Agnostizismus, Idealismus u. a.

---

[16] Buch des Betrachters, 141.

Der *junge Augustin* macht ein solches Stadium des allgemeinen Zweifels durch, wo ihm nichts wahr und sicher schien. Er rettete sich schließlich aus diesem schwankenden Meer des Zweifels wie auf eine feste Insel zu diesen Tatsachen im eigenen Bewußtsein: „Es kann jemand an allem zweifeln; daran aber, *daß* er zweifelt, kann er nicht zweifeln." Ähnlich faßte *Descartes* sein berühmtes Cogito ergo sum auf. In allem Denken, Fühlen, Wollen bin ich mir dieses Tuns unmittelbar gewiß, weil diese Akte selbst, in ihrem *eigenen Wirklichsein,* mir gegenwärtig sind. Wenn ich dagegen einen Hund sehe, habe ich nicht ihn selbst in seinem eigenen Wirklichsein in mir, sondern nur ein Wahrnehmungs*bild* von ihm. So ist das immer, wenn ich sehe, höre, taste, denke. *Unmittelbar* gegeben ist mir nur das Denken als Vorgang, *das Wahrnehmen* von Hund, Stern, Mensch, Welt; nicht diese realen Dinge selbst.

Ich kann also die Frage stellen und muß sie stellen: Entspricht diesem gedachten oder wahrgenommenen Inhalt das gemeinte *Wirkliche?* Ist die Seele wirklich? Existieren die Sterne, Menschen, die Welt wirklich, so daß sie ihre eigene Existenz haben, auch wenn sie nicht gerade gedacht, gesehen werden? Der Idealismus sagt: nein. Kant sagt konsequent zu seinem System: wir können es nicht *wissen.* Der Positivismus sagt: das Einzige sind die Erfahrungstatsachen, und das sind gerade die Bewußtseinserlebnisse und -Inhalte; die Behauptung, daß diesen Inhalten „wirkliche Dinge" entsprechen, ist schon ein Schluß, der über das Gegebene hinausgeht, nicht zu beweisen und daher zu verwerfen ist (P. Jordan).

Es ist also von größtem Wert, daß wir uns aus diesen allgemeinen Zweifeln auf die *sichere* Insel der *Tatsachen* des eigenen Bewußtseins retten können, *zunächst* einmal. Wenn ich freudig gestimmt bin, ist mir dies Gefühl in seinem eigenen Wirklichsein selbst gegeben, mir, dem Ich, dessen alle Bewußtseinsakte sind. *Ich* denke, zweifle, sehe, fühle. Dasselbe Ich. Daher kann dies freudig *fühlende Ich* auf einmal auch anfangen zu *denken:* Ich bin ja so freudig gestimmt! Dann macht das Ich *dies wirkliche* freudige Gefühl in einem folgenden *Denk*akt *zum Gegenstand* des *Erkennens;* das Freudegefühl ist dann zweimal im

Bewußtsein: einmal als wirklich erlebtes Gefühl und außerdem als Inhalt des von dem Fühlen verschiedenen Denkaktes, Erkenntnisurteils. Beide Akte sind *demselben Ich* eigen, gegenwärtig. Mein Ich kann daher beide vergleichen und feststellen, in einer unmittelbaren Intuition, geistig sehen, daß dem Denkinhalt „ich bin freudig gestimmt" das *wirkliche* Gefühl entspricht, d. h. daß mein Denken mit dem Gemeinten übereinstimmt.

Gerade in dieser Übereinstimmung besteht die *Wahrheit des Erkennens,* die logische Wahrheit.[17] Wir haben also in den Akten unseres Bewußtseins und unseren Urteilen über sie *wahre* Erkenntnisakte.

Wahrheit

Grundsätzlich ist damit festgestellt, daß die natürliche, alltägliche Auffassung vom Erkennen berechtigt und *begründet ist:* wahr ist eine Erkenntnis, wenn der gemeinte und behauptete Gegenstand der Erkenntnis in der Wirklichkeit zutrifft. Wenn ich z. B. überzeugt bin, daß der Mensch nicht nur Materie ist, sondern eine Geistseele hat, dann ist diese überzeugte Erkenntnis nur dann eine *wahre* Erkenntnis, wenn im Menschen wirklich eine Geistseele *existiert.* Wenn vor Jahrhunderten ein Mensch überzeugt war, daß die Erde eine feste dicke Scheibe ist, die auf dem Weltenmeer schwimmt, so hat sich inzwischen eindeutig herausgestellt, daß dies in Wirklichkeit nicht zutrifft. Diese „Erkenntnis" war also trotz aller Überzeugung falsch, nicht „wahr".

Das *Übereinstimmen* des Inhalts wahrer Erkenntnis mit dem Wirklichen ist selbstverständlich *kein reales* Übereinstimmen:

[17] Von der *logischen* Wahrheit ist zu unterscheiden die *ontologische* der Alten, die die Übereinstimmung eines Seienden (= on, óntos) mit seiner (vorgegebenen) Idee meint, z. B. „wahres" Gold, „wahre" Freundschaft. Der *„neue Wahrheitsbegriff"* heute, der natürlich die anderen nicht aufhebt, meint das Sichzeigen, Sichoffenbaren des Seins, die „Lichtung", „Entbergung" des Seins. In der Bibel ist neben anderen Bedeutungen von Wahrheit zu finden: „Wahrheit" als inhaltliche (Gesamt-)*Offenbarung Gottes;* ferner als *Treue Gottes,* mit der Er seine Verheißungen erfüllt, und noch andere *komplexe* Bedeutungen, die aus dem Zusammenhang sich ergeben.

wenn jemand den blauen Himmel sieht, ist darum sein Sehakt oder das sehende Ich nicht auch blau! Oder als müßte der Baum, den ich mit meinem *psychischen* Sehakt erkenne, selbst auch psychisch sein. Die Übereinstimmung ist vielmehr *„intentional"*. Das Erkennen „intendiert" ein Wirkliches, meint es, und trifft es, wenn es *ist* und *so ist,* wie der Erkennende meint, behauptet. Dann ist die Erkenntnisintention erfüllt, es besteht Übereinstimmung des behaupteten Inhalts mit dem realen Ding resp. Sachverhalt.

Aller Idealismus wendet hier ein: Ich kann ja niemals feststellen, ob die Erkenntnis mit der Sache übereinstimmt, der „intentionale" Sachverhalt mit dem „wirklichen", wie er unabhängig vom Erkennen bestehen soll. Dazu müßte ich ja einen Standpunkt außerhalb meines Bewußtseins beziehen, um den „idealen" und den „wirklichen" Sachverhalt vergleichen und ihre Übereinstimmung feststellen zu können.[18]

Diese Übereinstimmung kann aber durchaus festgestellt werden im Fall der eigenen Bewußtseinstatsachen, wie schon ausgeführt: daß *zunächst hier* Denkinhalt und das gemeinte Wirkliche übereinstimmen. Es liegt hier demnach „wahre" Erkenntnis vor und damit auch „absolute" Wahrheit, die ihrem Inhalt nach losgelöst ist (ab-solut) von einem bestimmenden Einfluß des Subjekts.

Damit steht grundsätzlich fest: das Wahre ist nicht *relativ* zum Subjekt, sondern *zum Sein,* das ausgesagt wird. Über die Wahrheit einer Erkenntnis entscheidet nicht das Subjekt und seine Beschaffenheit, Denkschärfe, sein Vorteil oder Ziel, sondern das gemeinte Wirkliche, ob es ist und so ist, wie es im Erkennen gemeint und ausgesagt wird.

---

[18] Für H. Rickert „gilt der Satz, daß das Wissen nicht weiter reichen könne als das Bewußtsein reicht, als selbstverständlich. Darum muß die Existenz von Dingen außerhalb des Bewußtseins zum mindesten problematisch bleiben". „Daß alles gegebene Sein Bewußtseinsinhalt ist, ist eine unmittelbar evidente Wahrheit von viel größerer Gewißheit, als irgendeine Theorie sie besitzt". „Darum behauptet der Idealismus, daß die ganze Welt Bewußtseinsinhalt ist". „Das Sein jeder Wirklichkeit muß als ein Sein im Bewußtsein angesehen werden". Der Gegenstand der Erkenntnis. 6. Aufl. 1928, S. 2, 21, 23, 40.

Soll es beim Erkennen der Außenwelt grundsätzlich anders sein? Die Dinge der *Außenwelt* sind mir zwar, anders als meine Bewußtseinsakte, nur in einem sinnlichen Wahrnehmungs*bild* gegeben. Wenn ich z. B. einen Baum sehe, dann ist nicht der wirkliche Baum in meinem Bewußtsein gegenwärtig, sondern nur ein Bild von ihm. Die Frage ist daher sinnvoll und notwendig: Entspricht diesem inneren Bild des Baumes ein *wirklicher* Baum? Kann ich darüber Sicherheit gewinnen oder muß ich mich damit zufrieden geben darauf zu *vertrauen,* daß es so ist? Oder die wirkliche Existenz der „idealen Gegenstände" zu *postulieren* (= fordern, daß sie wirklich sind, ohne sie erkennen und ihre Existenz mit Gründen beweisen zu können)?

Aber es gibt einen Weg, um von dem psychisch Wirklichen, das mir gegenwärtig ist, zu dem Wirklichen der Außenwelt vorzudringen und darüber Gewißheit zu erlangen: nämlich das Eindringen in die *inneren Strukturen* des psychisch Wirklichen, das mir zunächst allein gegeben ist. Es ergeben sich notwendige *Wesenszüge* des Wirklichen als solchen. Diese Beziehungen führen, weil sie Wesensbeziehungen *des Seins* sind, notwendig vom wirklichen Sein der Bewußtseinsakte zum wirklichen Sein erkannter „äußerer" Gegenstände.

Strukturen des Wirklichen: Die Prinzipien

Wir ergreifen durch unser Erkennen im Bereich des eigenen *Bewußtseins* das Wirkliche, das *„Seiende"*, und in diesem Seienden das Sein selbst. Seiend ist ein Etwas oder ein Jemand, dem Sein zukommt. Es zeigt sich, daß wir das Sein von verschiedenen Seiten betrachten, analysieren und so die innere Struktur des Seins erfassen können.

Das Prinzip des (kontradiktorischen) Widerspruchs

Wenn ich sage: „Dieser Apfel ist rot", kann ich nicht zugleich auch sagen „Dieser Apfel ist nicht rot": kontradiktorische *Aussagen* über dasselbe sind sinnvoll zugleich nicht möglich.

Ich kann auch nicht im Ernst *meinen,* daß er rot und zugleich nicht rot ist. Wenn ich sehe, erkenne, daß der Apfel rot ist, kann ich unmöglich zugleich erkennen, daß er nicht rot ist: kontradiktorische *Erkenntnisse* desselben Inhalts sind zugleich nicht möglich.

Beides hängt miteinander zusammen: Dem, was ich urteilend aussage, liegt zugrunde, was ich urteilend erkenne. Das äußere Aussageurteil ist Ausdruck des inneren Erkenntnisurteils.

Wenn ich nun weiter frage: *warum* kann ich nicht erkennen „der Apfel ist rot“ und zugleich erkennen „der Apfel ist nicht rot“, so wird sogleich klar, daß diese Unmöglichkeit *nicht* an meinem *erkennenden Ich* und meiner Art zu erkennen liegt, sondern *an dem Apfel* selbst, der nicht zugleich rot und nicht rot *sein* kann. Es liegt auch nicht gerade daran, daß es ein Apfel ist – bei Pflaumen und Pferden, Menschen und Welten ist es ebenso. Und es liegt auch nicht an rot oder blau, sondern bei allen Prädikaten ist es dasselbe. Ich muß also ganz allgemein formulieren: Es ist unmöglich, daß etwas zugleich *sein* und *nicht sein* kann. Sein und Nicht-sein schließen sich notwendig aus. Wenn also ein Seiendes ein bestimmtes Sein hat, kann es unmöglich im selben Sinne zugleich nicht sein. Oder wie Aristoteles dies Kontradiktionsprinzip formuliert: Es ist unmöglich, daß dasselbe demselben in derselben Hinsicht zugleich zukommt und nicht zukommt.[19]

Diese absolut ausschließende „Kontradiktion“, den „kontradiktorischen Gegensatz“ oder Widerspruch, sehen wir ohne weiteres in jedem konkreten Einzelfall wie dem des roten und nicht roten Apfels ein. Er ist ebenso unmittelbar einsichtig, wenn wir in der allgemeinen Formulierung die *Begriffsinhalte* Sein und Nichtsein miteinander vergleichen: Sie schließen einander so wesentlich aus, daß man sie in keinem Fall vereinen kann, um etwa zu sagen oder zu denken „ein nichtseiendes Seiendes“ oder „diese große Welt ist nicht groß“. Das kann man nur sagen und

[19] Der Apfel, den wir als Beispiel nahmen, ist zwar ein Ding der Außenwelt. Aber wir setzten seine reale Existenz auch nicht in Rechnung, sondern sahen von ihr ab. Auch der evtl. nur vorgestellte Apfel ist ein „Seiendes“ (nicht „nichts“). Die Strukturen des Seins lassen sich daher an ihm deutlich machen, vielleicht etwas einleuchtender als an einem Gefühl oder sonst einem Wirklichen der *inneren* Erfahrung.

denken, wenn groß und groß nicht *in derselben Hinsicht* verstanden sind. Unser Sagen und Denken muß sich nach diesem Kontradiktionsprinzip richten, wenn es nicht sinnlos und unmöglich sein soll. Dies Prinzip ist also ein *Gesetz* für den Bereich des Aussagens und Denkens, und zwar wie wir sahen, für die *Inhalte* des Denkens, nicht nur für den Vollzug, die Ausübung der Denktätigkeit! Es ist ein *logisches* Denkgesetz (nicht nur ein psychologisches).

Da unser Denken aber letztlich das Wirkliche vorfindet und erfaßt, sich nach ihm richtet, wie wir sahen, ist das Kontradiktionsprinzip letztlich ein *Seinsgesetz*. Es ist ontologisch, d. h. *im Sein begründet*.[20] Es stellt die innere, wesentliche Struktur des Seins dar. Es gilt, weil das Sein so ist, daß es notwendig und absolut das Nichtsein ausschließt. Sein Gelten liegt also nicht an dem, der erkennt, und seiner „Denkausrüstung" – möge sie sein wie sie wolle –, sondern an dem Sein, das erkannt wird. „Marsmenschen" etwa könnten eine von der unseren verschiedene *„Denkapparatur"* besitzen und schneller, genauer, tiefer denken als wir (oder auch umgekehrt). Wenn aber ihr Denken überhaupt Erkennen wäre, müßte es sich wie jedes andere Denken nach dem Wirklichen, dem Sein richten. D. h. auch für sie würde das Kontradiktionsprinzip gelten, auch sie würden nicht denken können „ein nichtseiendes Seiendes" oder: „der Kreis ist rechteckig". Jeder, der erkennt, erfaßt mit dem Sein, daß er erkennt, auch die wesentliche, notwendige Struktur des Seins. Sie ist mit dem Sein so notwendig gegeben, daß auch etwa Gottes Allmacht keine Ausnahme davon bewirken kann.

Das Kontradiktionsprinzip ist auch, wie schon erwähnt, *unmittelbar einsichtig* (unmittelbar evident). Es wird in sich eingesehen, sobald sein Sinn verstanden ist, und nicht erst auf Grund eines Beweises. Es *braucht nicht bewiesen* zu werden. Ein solcher Beweis, der sich wie jeder Beweis in einem Schluß formulieren ließe, wäre das Mittel, durch das das Prinzip eingesehen würde *(mittelbare Evidenz)*. Ja, es *kann* auch *gar nicht bewiesen* werden, weil Ober- und Untersatz eines solchen Beweisschlusses

[20] ontologisch (logos = Grund); ontisch = seiend, seinsbestimmt.

entweder *unmittelbar* einsichtig wären – dann wären *diese* zwei Sätze die *ersten* Prinzipien und nicht das Kontradiktionsprinzip, das ja aus diesem abgeleitet, bewiesen würde – oder Ober- und Untersatz bedürften selbst wieder eines Beweises, und das würde noch ursprünglichere Sätze, Prinzipien voraussetzen, aus denen man sie schließen, beweisen könnte und so fort. Das Kontradiktionsprinzip kann also, gerade weil es unmittelbar einsichtig ist, nicht bewiesen werden und braucht auch nicht bewiesen werden. Es ist ein *Prinzip.* Alles Beweisen fängt mit unmittelbar erkannten, eingesehenen Wahrheiten an, die wir Prinzipien nennen, weil wir von ihnen aus weiterkommen. Thomas sagt einmal, nur der Einfältige wolle *alles* beweisen.

Das Kontradiktionsprinzip ist schließlich *allgemeingültig.* Es gilt immer, wenn es sich um Sein handelt, und *weil* es sich um Sein handelt. Mit dem Sein, das erkannt wird, ist notwendig auch das Wesentliche des Seins gegeben. Das Wesentliche des Seins ist aber gerade, daß es das *Nichtsein* absolut ausschließt. Ein Seiendes und Soseiendes kann nicht zugleich nicht sein oder nicht *so*sein: Kontradiktionsprinzip! Es hat streng universalen Charakter, gilt im unbegrenzten Bereich des Seins, zu dem alles Seiende gehört. Darüber hinaus ist nichts.

Zu den „ersten Prinzipien" gehört auch das vom *ausgeschlossenen Dritten:* daß es zwischen einer Position und ihrer Verneinung, d. h. zwischen zwei kontradiktorisch entgegengesetzten Größen keine mittlere gibt. Entweder ist die Seele sterblich oder sie ist nicht sterblich, ein Drittes ist nicht möglich. Wohl kann jemand in seinem Erkennen darüber unentschieden sein, aber die Sache selbst ist entweder oder sie ist nicht. Das ist eine unmittelbare Einsicht in die Wesensstruktur des Wirklichen.

Hierzu wird es nützlich sein daran zu erinnern, daß wir außer dem kontradiktorischen Gegensatz noch andere kennen: Wenn einem positiven Sachverhalt nicht seine Verneinung, sondern ein anderer *positiver* Inhalt entgegensteht, dann nennen wir das einen *konträren Gegensatz.* Schwarz und Weiß, Rot und Gelb oder sonst etwas dieser Art. Wenn in einem komplizierten Gedankengefüge zwischen zwei sich ausschließenden Möglichkeiten noch eine echte dritte aufgewiesen werden kann, dann sind diese ersten sich ausschließenden Positionen nicht kontradiktorisch, sondern nur konträr entgegengesetzt. Wenn z. B. diskutiert wird, ob der Mensch im Tode aufhört zu existieren oder in einem seligen Zustand weiterlebt, könnte gesagt werden: Es gibt ein Drittes: ein unseliges Weiterleben! Oder gar ein Viertes: die Seelenwanderung! Wir hätten es also mit einem *konträren* Gegensatz zu tun. Wir kennen ferner noch den *privativen Gegensatz:* wenn ein positiver Sachverhalt in einem Subjekt verneint ist, das ihn haben sollte. Z. B. wenn ein Mensch nicht sehen kann, steht die Blindheit in einem privativen Gegensatz (privare = berauben) zur Fähigkeit des Sehens. Dagegen ist es keine Privation, wenn eine Holzpuppe nicht sehen kann. Schließlich wird im *relativen Gegensatz* zu einer gegebenen Position die gegensätzliche nicht aufgehoben, sondern gerade positiv gesetzt, gefordert. Wenn ich jemand als Vater bezeichne, wird auch ein Sohn, eine Tochter mitbehauptet. Relativ entgegengesetzt sind z. B. Subjekt und Objekt im Erkennen, d. h. wenn etwas eindeutig als erkannt ausgewiesen ist, muß auch ein Erkennender da sein, und umgekehrt. Ursache und Wirkung sind relativ entgegengesetzt: wenn etwas zweifelsfrei als verursacht, hervorgebracht erkannt ist, muß auch seine Ursache da sein, die es hervorgebracht hat, auch wenn sie nicht schon gleich im Vordergrund sichtbar ist.

Prinzip vom Grunde

Warum ist nun das Sein unverträglich mit dem Nichtsein? Diese Frage läßt sogleich einsehen, daß zunächst jede *Aussage begründet sein muß,* ihren hinreichenden Grund haben muß. Sonst könnten beliebige, disparate und gegenteilige Aussagen ebenso gemacht werden, mit dem gleichen Anspruch auf Geltung und Zustimmung. Und umgekehrt: ohne hinreichende Begründung würde das Aussagen, Behaupten, zustimmende Denken keinen Anspruch auf Geltung haben. Es ist also ein *logisches Gesetz,* daß unsere Aussagen und Gedanken, inhaltlich, ihren inneren *hinreichenden Grund* haben müssen.

Wenn ich sage: „Diese Pflanze brennt mich, wenn ich sie berühre“, so liegt der *(logische, Erkenntnis-)Grund* in meinem

Erfahrungswissen, daß ich mich schon an der Brennessel verbrannt habe. Der Botaniker weiß auch, daß der (ontologische) *Sachgrund* für diese unangenehme Fähigkeit der Brennessel in ihren säuregefüllten Härchen liegt, die bei der Berührung abbrechen und ihre Säure in die Haut spritzen. Das *Denkgesetz* vom hinreichenden Grund ist also tiefer gesehen *auch Seinsgesetz:* Jedes Seiende hat notwendig den hinreichenden Grund in sich. Grund wofür? Dafür, daß *es seiend ist* und nicht nichtseiend, und auch dafür, daß es *dies* Seiende ist, mit seinen bestimmten Inhalten und Eigenschaften. Sonst würde es ohne wirklichen Grund ein Seiendes sein und ohne hinreichenden Grund *dieses bestimmte* Wirkliche. D. h. es könnte ebenso gut auch ein anderes oder gar kein Seiendes sein. Nach dem Widerspruchsprinzip ist es aber unmöglich, daß ein bestimmtes Seiendes zugleich nicht dies bestimmte Seiende ist.

Wenn ich etwa sagen wollte, der Kaktus auf meinem Fensterbrett singt nachts, wenn es niemand merkt, so würde mir das niemand glauben, weil diese Aussage keinen hinreichenden Grund hat, und eine genaue und beharrliche Beobachtung des Kaktus selbst auch niemals einen ausreichenden Grund für die Fähigkeit des Singens ergibt. Das *logische* Prinzip vom zureichenden Grund verlangt also, daß unsere *Aussagen begründet* sind, die Inhalte unserer Urteile ihren entsprechenden Grund in sich tragen, und nicht ins Blaue hinein gemacht werden.

Und da wir ja den Dingen nicht nach Belieben Eigenschaften beilegen, nicht nach Gunst etwa sagen: der Vogel singt, der Kaktus kann es nicht, sondern den entsprechenden Grund *in den Dingen selbst* entdecken, manchmal auf den ersten Blick, oft nach langem mühsamem Suchen, müssen wir schließlich sagen: Jedes Ding trägt den hinreichenden Grund dafür, *daß es ist* und *was es ist,* notwendig an sich und in sich. D. h. das Prinzip vom hinreichenden Grund ist ein Seinsgesetz, ist *ontologisch.* Es ist wie das vom Widerspruch unmittelbar einsichtig und allgemeingültig.

Es ist auch nicht vom Widerspruchsprinzip *abgeleitet,* steht aber mit ihm in einem inneren Zusammenhang durch das Sein, dessen Struktur das Widerspruchsprinzip und in einer anderen, tieferen Sicht dies Prinzip vom Grunde ausdrückt. Es ist also ein echtes Prinzip: unmittelbar einsichtig, ontologisch, allgemeingültig.

Das Prinzip der Kausalität

Bisher haben wir das Sein *statisch* betrachtet, so wie es ist: dem Nicht*sein entgegen*gesetzt und in sich selbst *begründet.* Statisch kann das Sosein und auch das Dasein eines Seienden betrachtet werden. Wenn ich frage: Was ist der Grund dafür, daß dieses Ding hier Knospen und duftende Blüten treibt? und ich antworte: weil es Leben hat, so ist damit der hinreichende Grund für das statische Sosein der Pflanze angegeben, ohne daß damit Genaueres über Wesenszüge des Lebens gesagt wäre. Ähnlich einfach muß man wohl sagen: Ein Ding ist wirklich durch sein *Dasein;* der Grund für das Dasein eines Dinges, statisch verstanden, ist eben seine Existenz. Das ist natürlich so eine bloße Tautologie und besagt über Dasein nichts weiter. Genaueres kann man wohl auch nicht darüber sagen, weil das Existieren eine Urgegebenheit ist, die sich nicht weiter analysieren, nicht auf ursprünglichere Elemente zurückführen läßt. Andererseits lenkt diese Formulierung die Aufmerksamkeit auf das, was den wirklichen Dingen allen gemeinsam ist: daß sie wirklich sind, das Dasein ist der Grund für das Wirklichsein des Dinges. (Dasein, Wirklichsein, Existieren sind hier gleichbedeutend.)

Von diesem *statisch* verstandenen Grund des Daseins eines Dinges unterscheiden wir nun, worauf es hier ankommt, den *dynamischen* Grund des Daseins eines Dinges. Jetzt fragen wir, bei den Dingen unserer Erfahrung, wodurch das daseiende Ding *geworden* ist. Der dynamische Daseinsgrund ist also der, durch den das Wirkliche das Dasein *erhalten* hat. Wenn ein Ding, etwa ein junges Tier, hier und jetzt existiert, vorher und nachher aber nicht, dann hat es Bedeutung, nach dem Grund zu fragen, durch den es jetzt existiert. Diesen dynamischen Daseinsgrund, von dem es kommt, daß dies Ding jetzt existiert, nennen wir *Ursache,* die hervorbringende Ursache, die das Ding in seinem Wirklichsein begründet, ihm die Existenz durch sein Einwirken gegeben hat. Sie ist der dynamisch hinreichende Grund, ein Spezialfall von „Grund“ im allgemeinen und ein Gegenüber von Grund im statischen Sinn.

Wenn wir im täglichen Leben ein Ding entstehen oder aufhören sehen, dann wissen wir, daß dies *nicht notwendig* existiert, sondern auch *nichtsein* kann und sehen ohne weiteres ein, daß dies Wirkliche sein Existieren von einem anderen schon Existierenden erhalten haben muß. Es muß von einer existierenden Ursache *hervorgebracht* worden sein. Wenn ich an einer Stelle, die leeres Feld war, ein fertiges bewohntes Haus sehe, würde mich jeder auslachen, wenn ich sagen wollte, das Haus sei „von selbst“, *ohne Ursache* oder Ursachen, entstanden. Wir sehen ohne weiteres ein, daß Bauleute der „hinreichende dynamische Daseinsgrund“ des neuen Hauses sein müssen, auch wenn sie längst abgezogen sind und ihr bewirkendes „Hervorbringen“ vergangen ist und nicht mehr aktuell existiert. Da diese Einsicht nicht darauf beruht, daß es sich gerade um dies Haus handelt, sondern darauf, daß es vorher nicht war und jetzt ist, dürfen und müssen wir also allgemein formulieren: Jedes wirklich Seiende, das auch nicht sein kann (wie sich aus dem Anfangen oder Aufhören zeigt), muß von einem anderen wirklich Seienden das Wirklichsein erhalten haben, es muß von ihm bewirkt, hervorgebracht worden sein. Das wirklich Seiende, das auch nicht sein kann, ist also *nicht notwendig wirklich*, sondern *nur tatsächlich*, es ist „*kontingent*“ (= zufällig). Wir können also auch sagen: Jedes kontingent Seiende hat *notwendig* eine *entsprechende Ursache.*

Entsprechend ist eine Ursache, wenn sie imstande ist, die betreffende Wirkung hervorzubringen, wenn sie also die Realität, die sie hervorgebracht haben soll, *selbst besitzt.* Wenn ich in einem fremden Zimmer auf einmal eine symphonische Musik höre und der Bewohner sagt auf mein fragendes Umherschauen: „das ist der Blumentopf auf dem Fensterbrett“, so werde ich mich mit dieser angeblichen Ursache nicht zufrieden geben. Der Blumentopf ist nicht die „entsprechende“ Ursache. Der dynamisch hinreichende Daseinsgrund einer Realität muß die Realität, die er hervorbringt, selbst besitzen, sogar in einem höheren Grad, wenn er nicht nach Bewirkung sich ausgegeben haben soll, aufhören soll, das zu sein, was er war.

Von den besprochenen Prinzipien ist also abschließend zu sagen: Im *Einzelfall* ist es jedem unmittelbar einsichtig: Wenn der Heidelberger Mensch ein echter Mensch war, ist es unmöglich, daß er kein Mensch war. Das ist so evident und selbstverständlich, daß es lächerlich wäre, es dennoch zu behaupten oder es zu diskutieren und beweisen zu wollen. Wir können kontradiktorisch Entgegengesetztes weder denken noch im Ernst aussagen. Es ist ebenso klar, daß das an dem betreffenden Sachverhalt liegt. In einer *allgemeinen Formulierung* wird deutlich, daß es nicht nur in diesem und jenem Einzelfall so ist, sondern prinzipiell. Es ist also ebenso unmittelbar einsichtig, wenn wir zwei kontradiktorisch *entgegengesetzte Begriffsinhalte* miteinander vergleichen, einen positiven Inhalt und dessen Verneinung: Mensch und Nichtmensch, oder ganz allgemein Sein und Nichtsein. Wir *sehen* ihre *Unvereinbarkeit,* und daß sie nicht auf konkreten Einzelheiten dieses oder jenes Falles beruht, sondern auf ihrem wesentlichsten Wesen. Zwischen Sein und Nichtsein besteht eine wesentliche, notwendige Beziehung (hier eine negative). D. h. wir erfassen im Vergleich der Begriffe auch ihre *wesentliche Beziehung,* wir erfassen das Prinzip. Wo immer wir dann *Sein verwirklicht* antreffen, stoßen wir auch auf die Wesensstruktur des Seins und seine Wesensbeziehungen, wir wissen auf Grund des Prinzips, apriori, daß das betreffende Seiende unmöglich nicht sein kann.

Ebenso verhält es sich mit den anderen Prinzipien, vor allem auch mit dem *Kausalitätsprinzip,* das von besonderer Wichtigkeit ist. Im Einzelfall wird die Notwendigkeit einer hervorbringenden Ursache ohne weiteres eingesehen, ohne Diskussion oder Beweisführung. Daß es ein *allgemeingültiges Prinzip* ist, sehen wir ein durch den Vergleich der beiden Begriffsinhalte „kontingent wirklich" und „verursacht". Zwischen ihnen besteht eine wesentliche, notwendige Beziehung, mit der die zwei Inhalte einander fordern. *Wenn* ein Wirkliches kontingent ist, muß es auch verursacht sein. Das kontingent Wirkliche ist identisch mit einem Verursachten. Nicht begrifflich identisch, denn die Begriffe ‚kontingent' und ‚verursacht' besagen ja nicht dasselbe, sie werden zusammengefügt. Das Urteil ‚jedes kontingent

Wirkliche ist notwendig auch verursacht' ist also ein *synthetisches* Urteil. Und zwar geschieht diese Synthesis nicht auf Grund der Erfahrung in jedem einzelnen Fall, sondern *„apriori" zur Erfahrung,* allerdings nicht auf Grund von (subjektiven) Denkformen, wie Kant sagt, sondern auf Grund von notwendigen Sachbeziehungen, die der eine Sachverhalt in seinem Wesen aufweist, ein anderer nicht.

In der *Naturwissenschaft* werden Kausalität und Kausalgesetz anders verstanden; nicht als Hervorbringen des Wirklichen, sondern als Bestimmtsein einer meßbaren Größe im Bereich der physikalisch-chemischen Natur durch andere gemessene Größen. So sagt *Max Planck* „... daß man, wenn von einem Kausalzusammenhang zwischen zwei aufeinander folgenden Ereignissen die Rede ist, darunter eine gesetzmäßige Verkettung der beiden Ereignisse versteht, wobei das frühere als Ursache, das spätere als Wirkung bezeichnet wird ... ein Ereignis ist dann kausal bedingt, wenn es mit Sicherheit *vorausgesagt* werden kann..." [21] Und *P. Jordan:* „daß die Physiker unter Kausalität nichts anderes als Determiniertheit oder Prognostizierbarkeit zu verstehen pflegen" [22].

Aus unseren bisherigen Überlegungen ergibt sich:

1. Unsere Erkenntnisse schöpfen wir *aus zwei Quellen:* der *Erfahrung,* mit der wir Tatsachen, in unserem Bewußtsein zunächst, erleben, „erfahren"; und aus *„apriorischen Prinzipien"*, die wir *an* diesen erfahrenen Tatsachen bzw. ihrem Sein entdecken.

2. Alle Erfahrungserkenntnis ist naturgemäß Erkenntnis von *Einzeltatsachen* oder -vorgängen. Mit Hilfe der Prinzipien gelangen wir über sie hinaus zu weiteren Erkenntnissen, ob nun diese selbst wieder erfahren werden können oder nicht. Grundsätzlich sind transempirische Erkenntnisse, wenn sie aus erfahrenen Tatsachen durch Prinzipien legitim erschlossen sind, sichere und wahre Erkenntnisse (mittelbar evident), auch wenn sie noch nicht selbst erfahren sind oder gar nicht erfahren werden können.

[21] Der Kausalbegriff der Physik. ^{9}1965, 3–4.
[22] Der gescheiterte Aufstand. 1956, 23–24.

3. *Prinzipien* wie das vom kontradiktorischen Widerspruch, vom hinreichenden Grund, von der Kausalität sind *apriorisch*, weil sie ihre allgemeine Geltung auf Grund unmittelbarer Einsicht schon *vor jeder (weiteren) Einzelerfahrung* haben. Sie sind *Denkgesetze*, insofern sie in unserer Denkfähigkeit begründet sind, und sind *Seinsgesetze*, insofern unsere Denkfähigkeit sach*gebunden* ist, d. h. in das erfahrene Wirkliche eindringen und seine Struktur, Wesensbeziehungen des Seins erfassen kann.

3. Die Außenwelt

Bäume, Tiere, Menschen, Wolken und Sterne, die ganze Welt glauben wir leicht, ohne Reflexion und Beweise, *unmittelbar zu erkennen*. Irgendeiner komplizierten Gedankenoperation sind wir uns dabei jedenfalls nicht bewußt; während wir unsere Bewußtseinsakte erst durch einen Akt der Reflexion zum Gegenstand der Erkenntnis machen können.

Und doch! Wir sehen Zimmer und Möbel, Menschen und Straße nicht nur normal „wirklich“, sondern evtl. auch im Traum, in lebhaften *Träumen* „wie wirklich“. Es gibt auch Wachträume, *Halluzinationen*, die Wirklichkeitscharakter haben und schwer vom normalen Erkennen des Wirklichen unterschieden werden können. Solche Erlebnisse legen den Gedanken nahe, daß wir auch normal *die äußeren Dinge* nicht unmittelbar erfassen, sondern ein Wahrnehmungsbild von ihnen in uns ausgestalten (durch die realen Einwirkungen der Dinge). Vermöge des ausgestalteteten Bildes er-kennen wir das *wirkliche* Ding.

Entspricht also unseren Wahrnehmungsinhalten eine Welt von *wirklichen, äußeren Dingen*, existiert die Außenwelt unabhängig von unserem Erkennen?

Gründe für die Realität der Außenwelt

Wenn wir einmal voraussetzen, daß die Dinge der Außenwelt wirklich sind, wie käme dann unsere Erkenntnis von ihnen zustande? Die Wissenschaften sagen uns, daß von jedem Gegenstand, den wir sehen, Lichtwellen reflektiert werden, unser Auge treffen und in den Nervenzellen der Netzhaut *physiologische Prozesse* hervorrufen. Durch den Sehnerv werden diese Erregungen, die chemisch-elektrischer Art sind, fortgeleitet und kommen im Sehzentrum des Gehirns an. Das sind alles keine „*Abbilder*" des gesehenen Gegenstandes, und doch sehen wir, durch die physikalischen und physiologischen Vorgänge veranlaßt, schließlich den „wirklichen" Gegenstand. Beim Hören, Tasten usw. ist es wesentlich ebenso. Es scheint also, daß wir selber die *Außenwelt aktiv gestalten,* aufbauen, von innen her nach außen projizieren. Die Inder scheinen das in einem gewissen Grundgefühl so aufzufassen und sprechen von der Sinnenwelt als dem „Schleier der Maya", den die Göttin vor unseren Sinnen schwenkt und uns eine Scheinwelt vorzaubert. Kant, Phänomenalisten, Idealisten scheinen weithin recht zu behalten. Auch vom Buddhismus heißt es, daß er „alle Dinge und Vorkommnisse dieser Welt ohne Ausnahme als Ergebnisse unserer eigenen Gedankenwelt erklärt" (‚Nippon' Juli 1943).

Die Frage nach der *Realität der Außenwelt* ist jedenfalls ein ernsthaftes *Problem.* Man kann es nicht einfach als Scheinproblem abweisen. Man kann sich auch nicht damit zufrieden geben zu *vertrauen,* daß unsere doch so sicheren Wahrheitserkenntnisse nicht bloße Trugbilder sein werden und unser gesamtes Leben eine einzige große Illusion. Mit einem bloßen Vertrauen würde man auf eine *vernunftgemäße Rechtfertigung* der Grundauffassungen unseres gesamten Lebens verzichten. Auch alle wissenschaftliche Forschung und Erkenntnis würde im Wesen fragwürdig und unernst.

Für eine Lösung des Problems ist zunächst die Tatsache zu bedenken, daß die physiologischen Nervenerregungen, die von dem „wirklichen" Ding hervorgerufen werden und zum Gehirn gelangen und dort das psychische Subjekt veranlassen, Häuser, Tiere, Menschen zu sehen, jeweils ganz *konkret determiniert* sind. Sie sind für *dieses* Haus und *diesen* Menschen nicht gleich, sondern je *individuell bestimmt.* Es ist nicht so, als wenn ein beliebiger Anstoß im Gehirn ankäme und das Bewußtseins-Ich mit einem beliebigen Wahrnehmungsakt und beliebigem Inhalt auf ihn antwortete: vielmehr ist es jeweils ein ganz konkret individueller Einfluß, dem daher der psychische „Gegenstand“ konkret individuell, d. h. *eindeutig* entspricht. Das Subjekt sieht, hört nicht rein subjektiv ausgestaltete Inhalte, „Gegenstände“, sondern ist zum Sehen, Hören konkreter Dinge und Vorgänge *kausal* bestimmt, so daß es eindeutig bestimmte Sinnesakte vollzieht und eindeutig bestimmte Inhalte wahrnimmt.

Dabei ist zu beachten, daß die *Sinnesausrüstung*, mit der alle Einwirkungen der „wirklichen“ Dinge aufgenommen werden, bei Mensch und Tier teilweise *verschieden* ist. *Insekten* z. B. sind rotblind, sehen aber dafür das kurzwellige Ultraviolett als besonderen leuchtenden Farbton. Sie haben auch eine Apparatur zur Analyse der Schwingungsrichtung von polarisiertem Licht.[23] Auch bei *Säugetieren* ist die Ausstattung der Sinne zum Teil anders als bei uns. Die Netzhaut der Mäuse und Ratten hat fast nur Stäbchen zum Hell-Dunkelsehen, dagegen nur wenig Zapfen, so daß sie fast keine Farben sehen. Auch die meisten untersuchten Raubtiere erwiesen sich als blind für Farben. Schimpansen sehen die Farben wie wir, am langwelligen Ende des Spektrums sogar etwas weiter als der Mensch. Auch für das *Hören* sind Mensch und verschiedene Tiere verschieden ausgerüstet. Bekannt ist, daß der Mensch den hochfrequenten Ton einer bestimmten Polizeipfeife nicht aufnehmen kann, wohl aber der Polizeihund!

Diese und andere Tatsachen ergeben aber nur eine begrenzte Verschiebung im Aufnehmen verschiedener Frequenzen und Längen der Licht- und Schallwellen. Gewiß sieht so die Umwelt einer Fliege, eines Hundes, eines Menschen je anders aus, was die Farben und auch die *Schärfe* der Umrisse angeht.[24] Die Umrisse selbst, die Gestalten und Abmessungen der Dinge, kurz ihre quantitativen Bestimmtheiten, sind dagegen dieselben, so daß die eindeutige Entsprechung der Sinneswahrnehmungen zu den wirklichen Dingen gewahrt bleibt. Durch vielfache Erfahrungen lernen Menschen und Tiere, ihre Sinneseindrücke richtiger abzuschätzen und in ihre Welt einzuordnen. Der Mensch verfügt

[23] K. v. Frisch in: Naturwissenschaftliche Rundschau 12 (1959) 369 ff.

[24] J. v. Uexküll/Kriszat, Streifzüge durch die Umwelten von Tieren und Menschen. Rowohlt 1958. 53 ff, 94 ff.

überdies über die Fähigkeit geistiger Reflexion. Er allein kann sich die Frage nach dem Wirklichkeitscharakter der Sinnesinhalte stellen, er kann ihn umsichtig abgrenzen und sichern.

Nehmen wir ferner einmal an, die erkannten Gegenstände seien nicht ‚wirklich', sondern *nur Erscheinung*, die vermeintliche „Außenwelt" sei eine nur dem Erkennenden innere, *phänomenale Welt.* Dann ist aber ein *Unterschied* unter den phänomenalen Gegenständen sehr auffällig: das Stadtbild von München z. B. bietet sich wesentlich anders dar, je nachdem ob es nur mit der Phantasie vorgestellt, ein *Vorstellungsbild* ist, etwa auch von früher her erinnert, ein Erinnerungsbild, oder aber jetzt wahrgenommen wird. An diesem „Innenbild München" kann ich ändern, fortlassen, ausgestalten. Es ist von meinem Wollen und inneren Tun in einem gewissen Maß abhängig, die Phantasie ist schöpferisch. Ganz anders ist das München, das ich *wirklich sehe,* wenn ich dort bin. Ich kann nichts ändern in diesem Gesamtbild. Zum Teil entspricht es meinen Erwartungen, in anderen Einzelheiten widerspricht es ihnen. Im Ganzen ist es von meinem Wollen und inneren Tun bemerkenswert *unabhängig,* eigenständig. Ich kann und muß also fragen, worin dieser Unterschied zwischen bloßer Vorstellung und wirklichem Wahrnehmen, wie ich ihn erlebe, begründet ist. Es muß seinen hinreichenden *Grund haben,* daß das sinnenhaft Wahrgenommene mit seiner Selbständigkeit und „Wirklichkeitshärte" sich von dem bloß schattenhaft Vorgestellten mit seiner nachgiebigen „Weichheit" so charakteristisch abhebt. Der Grund für diese Unabhängigkeit der als wirklich wahrgenommenen Gegenstandswelt ist ihre *tatsächliche Unabhängigkeit* und Selbständigkeit, d. h. die „Außenwelt" hat ihre *eigene Existenz,* sie ist wirkliche, reale Außenwelt.

Zu beachten ist vor allem der *Zusammenhang* zwischen den wahrgenommenen *Gegenständen* dieser ‚phänomenalen' Welt untereinander und auf der anderen Seite zwischen ihnen und dem *aktiven Tun* des erkennenden Ich. Wenn ich am Schreibtisch sitze, ‚sehe' ich nur die Platte und höchstens die Vorderseite. Aber ich ‚weiß', daß der Tisch auch eine Rückseite hat, mit zwei Fächern voller Bücher hinter Glasschiebetüren. Wenn ich nachsehe, sehe ich tatsächlich Fächer, Bücher, Glasscheiben. Sie ist ebenso wirklich wie die Vorderseite, auch dann, wenn ich die Rückseite gerade *nicht* sehe. Diesen Zusammenhang finde ich immer vor, ich kann durch mein bloßes Erkennen und Wollen nicht bewirken, daß er anders ist. Er ergibt sich immer beim Sehen und Tasten des Tisches. Er ist wirklich! Das wahrgenommene Wirkliche wird also vom erkennenden Ich nicht ‚projiziert', inhaltlich determiniert, *nicht erfunden,* sondern *gefunden,* vorgefunden. Es *ist* schon, bevor ich es wahrnehmend erkenne. Das zeigt schon dieser *‚horizontale'* Zusammenhang der Gegenstände untereinander, mehr noch der *‚vertikale'* zwischen Gegenständen und meinem aktiven Tun:

Wenn ein Bildhauer eine Statue schaffen will, gestaltet er zuerst *innerlich* das *Bild* der Statue, die Idee dessen, was er schaffen will. Wenn sie ihm dann deutlich vor der Seele steht, geht er an die „Ausführung". Und wenn das Werk dann fertig vor ihm steht, wird es ihn mit Befriedigung erfüllen, wenn es seinem Idealbild entspricht. Oder er wird unzufrieden sein, weil es das innere Idealbild nur unvollkommen darstellt. Aber das ausgeführte Werk ist jetzt jedenfalls „wirklich", hat seine eigene Existenz, nun unabhängig vom Planen und Wollen des Künstlers, während das *Idealbild* selbst nur *im Geist,* in der schöpferischen Phantasie des Künstlers existierte. Dabei ist noch entscheidend wichtig, daß die wirkliche Statue nur unter dem normenden *Einfluß* der Idee und durch das *bewirkende Wollen* des Meisters ihre eigene *Existenz erlangt* hat. Es zeigt sich, daß die ‚Innenwelt' des Ich und die reale Außenwelt aufeinander Einfluß haben, daß der erkennende Mensch durch sein Wollen und Tun die Außenwelt beeinflussen, verändern kann und selber von ihr beeinflußt wird.

Ich kann z. B. planen und den Entschluß fassen spanisch zu lernen. Planen, sich entschließen sind rein *innere* Akte des Erkennens und Wollens. Zunächst geschieht vielleicht gar nichts, weil ich keine Zeit habe. Nach Monaten liegen spanische Bücher auf meinem Tisch. Statt wie sonst auszugehen, sitze ich Abende lang über diesen Büchern, lese und spreche, eine Schallplatte spricht mir spanisch vor; jemand kommt und gibt mir Unterricht usw. usw. In all dem sind viele eigene *äußere* Handlungen enthalten; Wahrnehmungen ganz gemäß meinen Erwartungen und andere nichterwartete und nicht gewollte, wie wenn die Schallplatte zerbricht u. ä. Ich habe also Wahrnehmungen von anscheinend äußeren Dingen und Vorgängen, die sich von meinem Ich unabhängig erweisen, andererseits aber nur unter dem aktiven Einfluß meines planenden und wollenden Ich unabhängig *geworden* sind, eigene Existenz *erlangt* haben.

Oder ich erlebe ein Unwetter, das mich durchnäßt und krank macht; einen Verkehrsunfall, der Schmerzen, Krankenhaus usw. zur Folge hat. Alles Vorgänge, die meinem inneren Erleben *vorgegeben* sind, auf einen *vertikalen* Zusammenhang zwischen Innen und Außen hinweisen: Unwetter, Unfall, Krankenhaus sind *wirklich!* Unmöglich, gegen diese Unterschiede die Annahme aufrecht zu erhalten, sie seien nur innere Erscheinungen wie mein Planen und Wollen.

Solche Unterschiede unter den Gegenständen der zunächst als bloß phänomenal angenommenen Gegenstandswelt nötigen dazu, eine *„Innenwelt"* anzuerkennen, die von dem erkennenden Ich ausgestaltet und durch Erinnerung nachgestaltet wird, und von ihr verschieden eine *„Außenwelt"*, die *unabhängig existiert,* die harte, reale Außenwelt. Es zeigt sich, daß die natürliche, spontane Überzeugung, daß wir durch unser sinnenhaftes Erkennen die vorher schon wirkliche, reale Außenwelt erfassen, begründet ist. Wir können die Gründe, auf die hin wir im Alltäglichen ohne weiteres etwas für wirklich, anderes nur für geträumt, vorgestellt, für „eine Ausgeburt der Phantasie" halten, *reflex untersuchen,* sie als hinreichende Gründe herausstellen und so, mit Hilfe des Prinzips vom Grunde „beweisen", daß die Außenwelt real ist.

4. Beweisen, abstrahieren, Intuition, glauben

Beweisen heißt nichts anderes, als *schon vorhandene Gründe* reflex, ausdrücklich auf ihre Beweiskraft hin prüfen und, sind solche Gründe in ihrem notwendigen Zusammenhang erfaßbar, die Folgerungen ziehen. Die Beweisgründe müssen also vorhanden sein, schon vorliegen, damit bewiesen werden kann. In unserem Anliegen, die Realität der Außenwelt zu beweisen, sind die Beweisgründe in dem natürlichen spontanen Erkennen enthalten, ohne besonders beachtet zu werden. Die Aufmerksamkeit drängt sie hinweg oder ‚durch sie hindurch' auf das inhaltliche Resultat des Erkennens. Für die Festigkeit des Überzeugtseins sind aber diese vorhandenen, wenn auch nicht ausdrücklich beachteten Gründe entscheidend. Erfassen wir keine solchen Beweisgründe, dann bleiben wir unsicher, gelangen höchstens zu einer gewissen Wahrscheinlichkeit, aber nicht zu einer ‚begründeten' Erkenntnis, die Sicherheit, *Gewißheit* ergibt.

Wir können also sichere Erkenntnis haben und haben sie oft, ohne dabei die Gründe, die miterfaßt werden und auf die sich die Sicherheit der Erkenntnis gründet, ausdrücklich zu beachten. Wird aber die Wahrheit unserer Erkenntnis angezweifelt, oder sind wir selbst daran interessiert, die Resultate unseres Erkennens zu beweisen, dann heißt dies Beweisen nichts anderes als die vorhandenen Gründe ausdrücklich herauszustellen, zu prüfen und aus ihrer Beweiskraft die notwendigen, die „logischen Folgerungen" zu ziehen. Diese Folgerungen sind dann ‚bewiesen'.

Heute ist man vielfach geneigt, den Ausdruck „beweisen" zu vermeiden und ihn für *mathematische Beweise* zu reservieren. Das Wesentliche des Beweisens liegt aber auch auf anderen Gebieten vor. Der einzige Vorzug, den das Beweisen gerade in der Mathematik hat, kommt aus der *Abstraktheit* der Mathematik. Sie sieht von der reichen Fülle des Wirklichen ab und faßt nur die quantitativen Beziehungen mathematischer Größen ins Auge, so daß ein mathematischer Beweis leichter, unmittelbarer in seiner inneren Struktur faßbar ist und sichtbar gemacht werden kann als die oft sehr komplexe *volle Wirklichkeit,* um die sich z. B. die Philosophie müht.

Abstraktion

In zwei Bereichen zunächst treffen wir auf das Wirkliche. Im Bereich der *inneren Erfahrung* begegnen wir unmittelbar unseren psychischen Akten, die wir erleben, wenn wir uns freuen, sehen und hören, begehren und wollen. Im Bereich der *äußeren Erfahrung* erfassen wir Bäume, Sterne, Tiere, Menschen und Vorgänge in der Natur. Es sind erste Tatsachen, die uns begegnen, die wir zum Gegenstand unseres denkenden Erkennens machen können. Wenn wir es tun, vollziehen wir ein *tätiges Denken.* Unser Denken ist nicht bloß ein passives Aufnehmen der Inhalte, sondern erfaßt aktiv handelnd seinen Gegenstand. Es schafft ihn nicht, erfaßt ihn aber aktiv gestaltend, so daß an dem so Gedachten, Erkannten der Anteil des denkend handelnden Subjekts nicht übersehen werden darf. Erlebe ich Freude, so kann dann mein erkennendes Denken – in aufsteigender Linie – sagen: Das ist Freude, das ist ein Gefühl, das ist ein Bewußtseinsakt, das ist etwas psychisches, das ist etwas und nicht nichts.

Von dem erlebten Wirklichen in seiner Fülle kann ich so durch mein Denken Inhalte abheben und andere fortlassen, von ihnen absehen, *„abstrahieren"*. Unser erkennendes Denken ist insofern abstrahierend oder abstraktiv, der so gewonnene Inhalt ist „abstrakt", nicht „konkret" mit der Fülle von Bestimmtheiten, wie jedes Wirkliche allein wirklich sein kann. Alle unsere Begriffe sind so gewonnen, aber, was entscheidend wichtig ist: von etwas *Wirklichem* gewonnen, aus der inneren oder äußeren (sinnlichen) Erfahrung abstrahiert. Damit ist schon angedeutet, daß unsere Begriffe nicht schon beim ersten Mal das gemeinte Wirkliche vollkommen und in allem richtig erfassen müssen, nicht schon ausschöpfen, sondern korrigiert und vervollständigt, genauer gefaßt werden können. Der Begriff von Religion wird bei einem Schulkind nicht so inhaltreich, abgegrenzt, vollkommen entfaltet sein wie bei einem studierten Theologen.

Wenn ich nicht Rotes, Blaues, Grünes *gesehen* habe (äußere Erfahrung durch die Sinne), kann ich auch keinen *Begriff* von Farbe bilden und haben; keinen *„eigenen"* Begriff, sondern höchstens einen „entlehnten". Wie man etwa einem von Geburt Blinden aus anderen, ihm bekannten Erkenntnisinhalten verständlich zu machen sucht, was Farbe ist. Er wird dennoch nie einen der wirklichen Farbe so entsprechenden, *eigenen* Begriff haben wie ein Sehender. Ähnlich hatte der Mann im Märchen, der das Gruseln lernen wollte, keinen eigenen, ursprünglichen Begriff von Angst oder Furcht, weil er sie nie erlebt hatte (innere Erfahrung). Alle unsere Begriffe bilden wir von inneren Erlebnissen und sinnlich wahrgenommenen Dingen, indem wir Inhalte von ihnen abheben und zu einem Begriff zusammenschließen, anderes aus der Fülle des konkret Wirklichen fortlassen. Abstrahieren kann also mehr positiven Sinn haben oder mehr negativ verstanden werden.

Wir bringen mithin *keine fertigen Begriffe* mit auf die Welt, wohl aber die geistige Fähigkeit welche zu bilden. Wir bilden sie, indem wir von dem konkret voll Wirklichen, wie es uns in der inneren, psychischen oder in der äußeren, sinnlichen Erfahrung gegeben ist, Inhalte zunächst abhebend abbilden, dann in sie eindringen und so ihre *„Washeit"* und deren innere Struktur, d. h. ihre wesentlichen, notwendigen Beziehungen erfassen. Wenn ich eine gelbe Wand vor mir sehe, wird mir durch die Sinne dieses voll konkrete Wirkliche vermittelt; mit dem Verstand kann ich den *Begriff* „farbige Fläche" bilden, mit einem nicht sinnlichen, sondern geistigen Inhalt. In diesem „Abstrahieren" des Begriffs sehe ich davon ab, ob die Wand aus Holz oder Stein ist, die Farbe dem Anstrich oder der Tapete zu verdanken ist, ob die Wand drei Meter oder zehn im Geviert hat usw. Zugleich aber kann ich an dem so erfaßten Begriff *„farbige Fläche"* geistig „sehen" (Intuition), daß sie ausgedehnt ist, ihr rechter Teil also nicht identisch ist mit dem linken, oben nicht dasselbe an ihr ist wie unten usw.; daß die ganze Fläche größer ist als jeder ihrer Teile; daß dies in der Fläche als Fläche begründete wesentliche, notwendige Beziehungen sind. Ich kann daher, wenn ich meinen Schreibtisch als Fläche bezeichne, auch vom Tisch und jeder anderen Fläche diese Wesensbeziehungen der Ausdehnung und des Ganzen zu seinen Teilen aussagen, ohne erst nachmessen zu müssen.

Das *Abstrahieren* der Begriffe ist also *nicht* ein *bloßes Fortlassen* oder Zusammentreffen von Teilwirklichkeiten, sondern wichtiger noch ein *geistiges Eindringen* in die Struktur des Wirklichen. Wenigstens Grundzüge des Wirklichen, des Seins, können wir so in abstrahierten Begriffsinhalten geistig erfassen. Solche

Grundzüge des Wirklichen liegen den „Prinzipien“ zugrunde, die ja ontologisch d. h. in der Struktur des Seins begründet sind. Bei komplexeren Begriffen, mit denen wir das Wirkliche zu erfassen suchen, ist es natürlich auch schwieriger, *komplizierter*, die wesentlichen Züge, die Struktur des Begriffsinhaltes zu erfassen. Da bedarf es oft vieler ähnlicher Erfahrungen, die verglichen und analysiert werden müssen, damit schließlich etwas über die Washeit, ihre innere Struktur und bestehende notwendige Beziehungen ausgesagt werden kann.

Wenn man bedenkt, wie wir durch abstrahierende Begriffe das Wirkliche erfassen, wenn auch nicht erschöpfend, und von dem Wirklichen nicht nur die bloße Tatsache, sondern auch etwas von seiner inneren Struktur, also „Wesenhaftes“, dann ist es kaum richtig, wenn man *„abstrakte Begriffe“ abschätzig* bewertet, weil man damit dem Wirklichen nicht gerecht werde. In Wirklichkeit verdanken wir dem abstrahierenden Denken über bloß psychisches Erleben und sinnliche Eindrücke hinaus eigentliches geistiges Erkennen dieser Erfahrungstatsachen und vermöge der an ihnen eingesehenen Prinzipien eine Ausweitung des Erkennbaren, die grundsätzlich auf keine Grenzen mehr stößt. Der „unbegrenzte Horizont des Seins“ hat sich unserem Erkennen aufgetan. Wenn in den Prinzipien das Sein und seine Struktur erfaßt wird, dann ist diesem erkennenden Erfassen *jedes* „Seiende“, dem als solchem ja Sein eignet, zugänglich; nicht erschöpfend, oft schwer zugänglich, oft erst nach Mühen und Irrtümern, aber *grundsätzlich* dennoch zugänglich. Es kann keinen Bereich des Seins geben, der als solcher, prinzipiell, dem geistigen begrifflichen Erkennen verschlossen wäre.

Dem Sehen ist als *Eigenobjekt* ausgedehnt Farbiges zugeordnet. Sehen können wir daher alles Wirkliche, was farbig flächig ist, und nur das; nicht dagegen, was klingt, was riecht usw. Jeder unserer Sinne hat sein Eigenobjekt, nimmt Sinneseindrücke nur unter der ihm *eigenen Rücksicht* auf. Mit den Augen können wir nicht hören, mit den Ohren nicht riechen usw. Und *der Verstand?* Das geistige Erkennen vollzieht sich letzten Endes in Urteilen. Im Urteil aber sagen wir aus, daß etwas *ist* oder *so* und *so ist.* Wir behaupten das nicht willkürlich, sondern weil wir das Sein bzw. Sosein des ausgesagten *Urteilsinhalts* zuvor geistig *„wahrgenommen“*, durch Intuition erfaßt haben. Stimmen wir nun urteilend diesem wahrgenommenen Sachverhalt zu, dann machen wir ihn uns zu eigen. Das erst ist *volles* Erkennen. Dem geistigen Erkennen, dem Verstand, ist also als *Eigenobjekt das Sein* zugeordnet. Alles Seiende, dem Sein eignet (Dasein in Existentialurteilen, Sosein in Geltungsurteilen), das nicht Nichts ist, kann daher vom Verstand erfaßt werden, grundsätzlich, wenn auch nicht erschöpfend, nicht schon „begreifend“, und oft erst nach langer Bemühung und nicht gleich ohne Irrtümer.

Intuition

Unter Intuition verstehen wir im Unterschied zur Abstraktion ein gewisses direktes Erkennen, das seine Inhalte in einem mühelosen unmittelbaren Schauen (intueri = schauen) erfaßt, ohne schon dazu Denkformen wie Begriffe, Urteile, Schlüsse zu verwenden. Diese dienen nachfolgend dazu, die Sachinhalte abzuheben, begrifflich zu präzisieren, zu voll Erkanntem zu machen. Oder aber sie bieten dem „intuitiven Blick“ die inneren Strukturen der Sachverhalte. Demnach würde sich unser Erkennen sowohl intuitiv als auch abstraktiv vollziehen.

Beispiel für Intuition wäre das Erfassen der notwendigen *Wesensstrukturen* an dem Wirklichen, wie die Beziehungen von rechts und links, Teil und Ganzem an der ausgedehnten Fläche (s. oben!). Sie müssen wir zuerst *wahrnehmen*, geistig „sehen“ (= intueri). Dann erst können wir sie in einen *Begriff* fassen und sie als bestehend bejahen. Durch diesen Akt des Zustimmens, Behauptens ‚so ist es‘, kommt erst das erkennende *Urteilen* zustande und mit ihm das eigentliche, wenn auch nicht schon erschöpfende Erkennen des Sachinhaltes, den wir uns so zu eigen machen.

Ein weiterer Fall: Aus einem Obersatz und Untersatz kann man nach rein formalen Regeln, zu denen man durch Analyse vieler *Schlüsse* gelangt ist, einen legitimen Schlußsatz gewinnen; legitim, weil dabei kein Denkfehler unterlaufen ist. Damit aber so eine neue *wahre* Erkenntnis gewonnen wird, muß außer der formalen, äußeren Richtigkeit vor allem ein innerer Sachzusammenhang zwischen dem Inhalt des Obersatzes und dem des Untersatzes bestehen. Dieser Sachzusammenhang muß *gesehen* sein, damit ein Schließen möglich ist. Dies geistige Sehen nennen wir *Intuition.*

Das Bilden von Begriffen, das Vollziehen von Urteilen, das Ziehen von Schlüssen ist ein Handhaben von Denkformen, mit denen wir Sachinhalte „ergreifen", uns erkennend aneignen, so daß wir sie wissen. Aber all dies Operieren mit den Denkformen setzt voraus, daß uns der betreffende Sachinhalt in Sicht gekommen ist. Dies „Sehen" des Sachinhaltes ist geistig. Wir nennen es Intuition gegenüber dem abstrahierenden, urteilenden, schließenden Denken, der „Abstraktion". Man kann also sagen, daß *Intuition* der Abstraktion *zugrundeliegt* und vorausgeht: Abstraktion baut auf ihr auf; bietet aber auch ihren Inhalt dem ‚intuitiven Blick'. Unser Erkennen ist notwendig intuitiv *und* abstraktiv.

Glauben

Was wir durch Intuition und Abstraktion an Wissen gewinnen, bezieht sich letztlich auf das Wirkliche. Das *Wirkliche* muß uns aber zuerst in der Erfahrung, der inneren oder äußeren, *gegeben* sein, ehe wir es uns intuitiv und abstraktiv erkennend zu eigen machen. „Mit der Erfahrung beginnt alle unsere Erkenntnis", können wir mit Kant sagen. Er faßt sie allerdings anders auf.

Ist die Erfahrung *einzige* Quelle unseres Wissens? Erinnern wir uns, daß jeder von uns *eigene* Erfahrung hat, und daß wir sie einander *mitteilen* können. Ich kann also Kenntnis von Wirklichem *übernehmen,* von dem ich keine Erfahrung habe. Dies Übernehmen fremden Wissens nennen wir *Glauben.* Einen sehr großen Teil des Gesamtwissens, das ein Mensch am Ende seiner Lernjahre, seiner Berufsjahre hat, im Lauf seines ganzen Menschenlebens gewinnt, verdankt er dem Wissen anderer Menschen, von denen er es glaubend übernimmt.

In der Naturwissenschaft kann sich ein Student im allgemeinen darauf verlassen, daß die Ausführungen des Professors „wahr" sind und ihm ein sicheres Wissen über die Natur vermitteln. Ein Teil dieser Aussagen wird im Labor in Darstellungen des Professors und eigenen Arbeiten *nachgeprüft*. Über sie besitzt dann der Student *Erfahrungswissen*, mit der Sicherheit, die den vorliegenden Tatsachen und Gründen entspricht.

Aber sehr vieles andere übernimmt er *ohne* eine solche *Nachprüfung*. Verzichtet er damit auf das ‚Wissen' und begnügt sich damit, große Teile der Naturwissenschaft zu ‚glauben'? Aber auch für das nicht-Nachgeprüfte besteht die *Möglichkeit* der Nachprüfung; wenigstens grundsätzlich, wenn auch nicht immer praktisch, weil sie die verfügbare Zeit und die Mittel übersteigen würde. Die Nachprüfung wird entbehrlich, wenn die nicht nachgeprüften Aussagen bestätigt werden: durch übereinstimmende Aussagen anderer Professoren, der Fachliteratur, vor allem der Technik, die sie durch praktische Anwendung tausendfach bestätigt. Die Tatsache vielfacher *Übereinstimmung* ist eine Bestätigung, ein Beweis dafür, daß die Aussagen die Wirklichkeit treffen, daß sie wahr sind. Andernfalls würde irgendwann jemand widersprechen und Gründe vorbringen, und sicher würde die Praxis sie widerlegen. Die Aussagen anderer, im Bereich der Naturwissenschaft, werden also nicht einfach „geglaubt", ohne Nachweis übernommen. Damit wir über ihre Wahrheit Gewißheit gewinnen, müssen sie entweder nachgeprüft oder bestätigt werden. Nachprüfung und Bestätigung machen das Ausgesagte und zunächst Übernommene zu einem Wissen.

Aber auch dann wird noch ein Bereich in der Naturwissenschaft bleiben, über den ein Spitzenforscher etwa Aussagen machen kann, die man übernimmt, weil man ihm, seiner Forscherautorität, traut. Nachprüfung ist nicht möglich, Bestätigung nicht vorhanden, man *„glaubt"* ihm! Ist das nicht der Wissenschaft unwürdig? Gewiß ist es in der Naturwissenschaft nicht der normale Weg zur Kenntnis der Natur. Aber auch durch ein solches Glauben können wir sichere Kenntnis gewinnen; unter der Bedingung, daß über die wissenschaftliche und menschliche *Autorität* des Forschers Gewißheit besteht. Bevor wir ihm ‚glauben', bevor wir das, was er sagt, als wahr übernehmen, müssen wir die Sicherheit haben, daß er es *wissen kann*, aufgrund seiner Forschungen im Labor, auf Expeditionen in der Antarktis oder in Zukunft auf dem Mond: und zweitens, daß er *gewissenhaft* ist und nicht leichtfertig Aussagen macht. Es sind also zwei wesentliche Bedingungen, Wissen und Wahrhaftigkeit, die seine Autorität ausmachen, den Anspruch rechtfertigen, daß man ihm glaube.

In welchem Außmaß dieser Weg zum Wissen gerade in der Naturwissenschaft gegangen wird, wie groß der Teil des Naturwissens sein mag, der auf diesem ‚Glauben' beruht, mag unerörtert bleiben. Daß man so vorangehen kann und es auch tut, wird man nicht bezweifeln können. Aber wir wollen zugeben, daß es gerade in der Naturwissenschaft nicht der normale und anerkannte Weg ist, und daß man ihn nur als vorläufig gelten lassen wird.

Im Bereich der *Geschichte* ist es damit wesentlich anders. Die Historiker sagen und es gehört zum Allgemeinwissen, daß vor 2000 Jahren das Rheinland eine *römische Provinz* war, die römischen Legionen ihre befestigten Militärlager in Köln, in Mainz, in Trier hatten. Woher wissen wir das? Diese ‚Tatsachen' sind längst vergangen, existieren nicht mehr. Von Nachprüfung kann keine Rede sein. Aber die Schriftsteller jener Zeiten berichten ausführlich davon in ihren Werken: *Cäsar, Tacitus* u. a. Ihre lateinischen Urschriften existieren nirgendwo mehr. Einige Pergamente oder Papyrusblätter enthalten ihre Berichte noch, abgeschrieben von fleißigen Mönchen im 8. oder 9. Jahrhundert. Dürfen wir ihnen glauben, so daß wir ihre Aussagen und Berichte zum unbezweifelten Allgemeinwissen rechnen können?

Eine Nachprüfung der berichteten *Ereignisse* selbst ist unmöglich. Wohl aber können die vorhandenen *Schriften* sehr genau *geprüft* werden: Papier und Tinte, die Buchstaben und ihre Form, Wortwahl und Ausdrucksweise usw. Alles das kann Sicherheit darüber geben, daß es ein Papier aus dem 8. Jahrhundert und damals beschrieben worden ist, daß andererseits der *Text* schon im 1. Jahrhundert *verfaßt* wurde usw.

Der berichtete *Inhalt* kann zwar nicht nachgeprüft, aber er kann *bestätigt* werden. *Innere Kriterien* (Merkmale) eines solchen Buches lassen erkennen, daß der Verfasser die Dinge wissen konnte, von denen er berichtet. Cäsar hielt sich als Heerführer jahrelang in Frankreich und Deutschland auf, konnte also sehr gut genaue Kenntnisse haben über Land und Leute, kulturelle und politische Zustände usw. Ferner daß er nüchtern und schlicht berichtet und seine Aussagen ehrlich erscheinen, so daß er Glauben verdient; sein Bericht, sein „Zeugnis" ist „glaubwürdig".

Hinzu kommen *äußere* Kriterien: daß sich im Rheinland unzählige Überreste finden, die eindeutig auf römische Kriegführung und Besiedlung weisen: Reste von Gebäuden wie die Porta Nigra in Trier, Fundamente, Mauern, Backsteine, Statuen, Gebrauchsgegenstände wie Lampen, Scheren, Zangen usw.; Inschriften und Wandkritzeleien usw. usw. Alle diese archäologischen Überreste sind „Denkmäler" des Vergangenen. Sie weisen durch die *Übereinstimmung untereinander* auf die gesamte Umwelt, Kultur usw. jener Berichte. Dies Gesamtbild einer vergangenen Zeit wird weiter bestätigt durch die Übereinstimmung *mit all dem,* was wir aus Rom, Italien und anderen Ländern durch viele literarische Zeugnisse und archäologische Denkmäler über die römische Welt von damals wissen. Durch eine solche vielfache Bestätigung, Querverbindungen und Vernetzung nach allen Seiten gewinnt die Aussage längst nicht mehr existierender Menschen eine Gewißheit, die an der Wahrheit des Ausgesagten nicht zweifeln läßt.

Es ist Wahrheit und Gewißheit anderer Art als in der Naturwissenschaft; keine *physische* Gewißheit, sondern eine *historische.* Sie enthält gewiß auch physische Realfaktoren, dazu aber noch Wissen und Wahrhaftigkeit der Aussagenden, die in den moralischen Bereich der Personen gehören. Wir nennen sie daher *moralische* Gewißheit.

Eine große Rolle spielt schließlich das glaubende Übernehmen fremden Wissens im Raum des allgemeinen *Menschenlebens.* Wir sind uns dessen gar nicht bewußt, wieviel wir im privaten und öffentlichen Leben anderen Menschen das, was sie sagen, glauben. *Presse* und Rundfunk etwa, und nicht nur sie, berichten uns Tatsachen und Ereignisse, von denen wir keine eigene Erfahrung haben und sehr oft nicht haben *können.* Wir sind darauf angewiesen, sie als wahr zu glauben, wenn wir nicht von vornherein alles skeptisch ablehnen wollen. Wenn keine Nachprüfung und auch keine Bestätigung zu erhalten ist, wird man sich auch klugerweise hüten *blindlings* zu glauben. Irrtum und Irreführung sind sonst unvermeidlich und oft genug Tatsache. Wir werden zusehen müssen, *wem* wir glauben. Daß wir etwa Unterschiede feststellen können: „Dieser Reporter hat noch nie etwas Falsches behauptet". „Diese Zeitung ist sehr objektiv und nüchtern in ihren Mitteilungen". „Den und den kenne ich seit Jahren als ehrlichen, zuverlässigen Menschen, der nie etwas behauptet, was er nicht sicher weiß".

Da wird deutlich, daß wir nur dann vernünftigerweise Aussagen, Berichte, Bezeugungen anderer glauben, als wahr annehmen, wenn wir *sichere Kenntnis* von der *Zeugnisautorität* des Aussagenden haben. Wir müssen erst sicher sein, daß er weiß und wissen kann, was er aussagt, und daß er auch den Willen hat, es ohne Verfälschung, wahrheitsgetreu zu bekunden. Dann erst können wir ihm unbedenklich glauben. *Sicherheit* über *Wissen* und *Wahrhaftigkeit* des „Zeugen" sind grundlegende Bedingung, ja ein notwendiger wesentlicher Faktor, der irgendwie in dies (natürliche) Glauben selbst eingeht, nicht bloß ihm vorausgeht. Auf ihn stützt sich unser Zustimmen im Akt des Glaubens: So ist es, weil er die Wahrheit sagt.

Vor Gericht werden die Aussagen des Angeklagten nicht einfach geglaubt. Man nimmt an, daß er nicht selbst seine Verurteilung herbeiführen wird, wenn er schuldig ist, und daher unwahre Aussagen machen wird. Aber vorliegende Tatsachen, übereinstimmende Zeugenaussagen, die ihn belasten, können zusammen so viele Gründe, „Beweise", Indizien für seine Schuld ergeben, daß er verurteilt wird: ein *Indizienbeweis.* Hier liegt kein Glauben des Richters vor, sondern *ein Wissen,* aufgrund solcher „Beweise": obwohl die Möglichkeit eines Irrtums nicht absolut ausgeschlossen ist.

Es kommt aber auch vor, daß keine solche Gesamtheit von Tatsachen und Zeugenaussagen vorliegt und ein *einziger Zeuge* durch seine Aussage für Verurteilung bzw. Freispruch entscheidend wird. Gegebenenfalls wird der Zeuge vereidigt. Nachprüfung oder Bestätigung ist nicht möglich, man *glaubt* ihm! Dafür daß er die Wahrheit ausgesagt hat, haben wir als Sicherheit nur seinen *Eid.* Man sagt, daß heute vor Gericht oft falsch geschworen wird. Meineidsprozesse sind wohl nicht selten.

Erfahrung und Glauben öffnen uns demnach den Zugang zur großen Welt des Wirklichen, oder anders gesagt: *eigene* Erfahrung und die *Erfahrung anderer,* die uns mitgeteilt werden kann; wir können ihrer teilhaft werden und sie uns zu eigen machen, indem wir sie *glauben.*

II. DER MENSCH UND DIE DINGE

Die Außenwelt ist real. Sie hat ihre eigene Existenz und bekommt sie nicht erst durch unser Erkennen. Gewiß ist das mit einschränkenden Nuancen zu verstehen, die noch besprochen werden sollen. Aber grundsätzlich und wesentlich ist die Außenwelt realexistierend, nicht gesetzt durch das Erkennen, sondern von ihm vorgefunden.

1. Philosophie und Naturwissenschaft

Wenn das anerkannt ist, kann man sich der Frage nach der inneren *Struktur* dieser *Außenwelt* zuwenden. Ist sie gleichartig? In dem Sinn, daß die verschiedenartigen Dinge, aus denen die große Außenwelt besteht, trotz aller Verschiedenheit letzten Endes doch von derselben Art sind? Besteht ein wesentlicher Unterschied zwischen Steinen und Kohlköpfen? Zwischen einem lebendigen Pudel und einem blühenden Strauch? Zwischen einem sehr „intelligenten“ Schimpansen und einem Menschen?

Allen Steinen, Sträuchern, Hunden und Menschen ist gemeinsam, daß sie *Objekte unserer Sinneswahrnehmung* sind. Sie wirken also – materiell – auf unsere Sinnesorgane und bestehen letztlich selbst aus *Materie*, die im Stein oder Stern ebenso wie in der Pflanze oder dem Menschenleib *dieselben Eigenschaften* zeigt, nach denselben Gesetzlichkeiten wirkt, physikalisch und chemisch reagiert. Wenn das von niemandem bezweifelt wird, kann man, muß man dann nicht sagen: Die Außenwelt ist Materie und nichts mehr? Die Unterschiede sind nur komplexere, kompliziertere Formen von Materie? Das ist im wesentlichen die Auffassung des *Materialismus.* Auch der dialektische Materalismus, der im Unterschied zum primitiven „mechanistischen“ Materialismus des 19. Jahrhunderts den Strukturunterschieden der

Welt gerecht werden möchte, sagt: Im Grunde ist alles Wirkliche Materie und nichts anderes. Die „natürliche" Auffassung dagegen sieht auf Grund der alltäglichen Erfahrung ein lebendiges Rind als etwas wesentlich anderes an als etwa vier Zentner Rindfleisch, die nach der Schlachtung zum Verzehr zur Verfügung stehen. Das Leben ist danach etwas Neues, das im lebenden Tier zur Materie des Leibes hinzukommt. Es ist zu untersuchen, ob diese natürlich-alltägliche Auffassung einer genauen Prüfung standhält.

Wenden wir uns zunächst der Frage zu, was denn die *Materie* eigentlich *ist,* die Steinen, Bäumen, Tieren, Menschen gemeinsam ist. Wenn wir Eigenschaften, Fähigkeiten, Wirkweisen, Gesetzlichkeiten der Materie bestimmen können, wird es auch möglich sein zu entscheiden, ob im lebendigen Organismus noch etwas anderes wirksam und vorhanden ist, was nicht Materie ist; oder ob das Leben sich als eine bloß eigentümliche Konstellation von Materie erklären läßt.

Um in der Beantwortung dieser Frage nicht fehlzugehen, müssen wir vor allem anderen aufmerksam werden auf die verschiedene *Fragerichtung* der *Naturwissenschaften* und der *Philosophie.* Die Naturwissenschaften haben es zu tun mit dem, was in der (äußeren) Erfahrung begegnet. Es sind Gegebenheiten, die durch Beobachtung und Experiment festgestellt, geordnet, auf eventuelle Gesetzlichkeiten geprüft werden. Es werden versuchsweise Hypothesen aufgestellt; mit ihnen wird gearbeitet, um zu gesicherten Erkenntnissen und schließlich zu einem „System der Natur" zu gelangen. Die Methoden zielen dabei auf quantitative, möglichst genaue Erfassung des Gegebenen. Naturwissenschaften sind „exakte" Wissenschaften. Sie bleiben dabei im Bereich der Gegebenheiten, die durch die Sinne erfaßt werden. Mikroskop und Fernrohr verbessern nur die Reichweite der Sinne. In diesem durch die Sinne erfaßbaren Bereich der „Physis" ist Naturwissenschaft zuständig.

Und die *Philosophie?* Sie will nicht konkurrierend in diesen Bereich eindringen. Sie nimmt vielmehr die gesicherten Resultate des naturwissenschaftlichen Forschens zur Kenntnis und geht von ihnen aus: sie fragt, was diesen sinnlichen Gegebenheiten zugrundeliegt. Wenn es um Bewegungen, Schwingungen, energetische Vorgänge geht, fragt Philosophie: was *ist das,* was *sich bewegt,* schwingt, energetisch wirkt?

Diese Frage dringt schon über den Bereich der sinnlichen, meßbaren Tatsachen hinaus. Hier geht es nicht mehr um sinnliche Eindrücke, sondern um das, was *ist;* es ist der Bereich des *Seins,* wenn auch nur der erste Grenzbereich. Aber es liegt, was oft nicht beachtet wird, schon *hinter* der Front der sinnlich wahrnehmbaren, meßbaren Phänomene. Es geht nicht mehr um „Physik“, sondern um *Meta-physik* (meta = hinter).

Die ersten, nächstliegenden Auskünfte über das Sein der physikalischen Phänomene sucht sich ja auch schon der Naturwissenschaftler selbst zu verschaffen, auch wenn er noch nicht Philosoph sein will. Wenn ein Chemiker gebeten wird, ein Pulver zu untersuchen, von dem man nicht weiß, was es *ist,* dann wird er die *sinnlichen Eigenschaften* des Stoffes zu finden suchen. Er wird es zwischen den Fingern reiben und so durch den Tastsinn feststellen, ob es grobkörnig oder feinmehlig oder sonstwie ist; er wird daran riechen, und wenn er leichtsinnig ist, mit der Zungenspitze davon schmecken, und schließlich wird er sagen: das *ist* kohlensaures Natron. Diese Aussage ist nicht nur eine Addition der Sinneseindrücke, sondern mehr: sie geht auf das Seiende, das den Eindrücken zugrundeliegt, andererseits in ihnen sich manifestiert: das *ist Natron,* weil es so und so auf die Sinne wirkt, also die und die „Eigenschaften hat“.

Der Bereich der Philosophie ist also die Metaphysik, im weiten Sinne verstanden, und heißt *Ontologie,* wenn das allem Wirklichen *gemeinsame Sein als solches* gefragt wird (on, ontos = seiend). Wenn das je *verschieden bestimmte* Sein der Gegenstand ist, haben wir es entsprechend mit der Philosophie der Natur, der Philosophie der Materie, des Lebens, des Geistes zu tun.

2. Die Frage nach dem Sein

Die Frage nach dem Sein ist nicht unserem Belieben überlassen. Wenn Schwingungen festgestellt sind, *muß* auch etwas dasein, *was schwingt.* Bewegung ohne ein Bewegtes ist unmöglich, ebenso wie Wirkung ohne ein Wirkendes, Phänomen (= Erscheinung) ohne etwas, was erscheint. *Warum* ist das *unmöglich?* Was ist das für ein Muß, daß wir zu jeder Bewegung ein Bewegtes „hinzudenken"?

Positivismus

Der moderne Positivismus leugnet dieses Muß und behauptet, die Sinneseindrücke, Erlebnisinhalte seien das einzig „Positive", das *allein* Wirkliche seien die „Tatsachen der Erfahrung".[25] Wenn der Positivismus recht hätte, würden schon alle solche Fragen „sinnlos" sein, wie wir sie oben an den Chemiker gestellt haben. Wirklich real wäre dann nur das, was in der sinnlichen Erfahrung begegnet. Über die sinnliche Erfahrung hinaus gäbe es dann nichts Wirkliches.

Es ist richtig, daß die *„Dinge"* im Unterschied von den sinnlichen Phänomenen nicht mit naturwissenschaftlichen Methoden gemessen, erfahren, geprüft werden können. Die Behauptung aber, es gäbe sie nicht und sie könnten auch nicht die sinnlichen Inhalte, Vorgänge im Erfahrungsbereich verursachen, ist genau besehen, selbst schon eine metaphysische Aussage, eine Aussage über das, was es über die Erfahrung hinaus gibt oder nicht gibt. Wenn der Positivismus sich selbst treu bleiben wollte, könnte er höchstens sagen: „Von einem solchen metaphysischen Bereich über den der sinnlichen Erfahrung hinaus weiß ich nichts, und ich kenne auch keine Gründe oder Tatsachen, mit denen er sich beweisen ließe."

Es ist auch richtig, daß Naturwissenschaft *methodisch* sich auf das Gebiet der sinnenhaften Erfahrung beschränkt und beschränken *muß*. Gegen Positivismus als Methode braucht man von der Philosophie her nicht viel einzuwenden, und man wird auch anerkennen müssen, daß die Naturwissenschaft mit ihr beträchtliche Erfolge erzielt hat. Immerhin scheint es nicht die einzige Methode zu sein, mit der Erfolge erzielt werden. Lehrreich ist der Fall des Ehepaares Curie. Pierre Curie, entschiedener Posi-

[25] Vgl. das Zitat von *P. Jordan* (Fußnote 2).

tivist, hatte festgestellt, daß eine Chlorverbindung des Barium, die aus Pechblende gewonnen war, 50 000mal stärker radioaktiv war als Uranium aus derselben Pechblende. Seine Frau Marie Curie, die nicht positivistisch, sondern realistisch dachte, war überzeugt, daß diese soviel stärkere Strahlung auf einen noch unbekannten Träger im Barium zurückzuführen sei, und kam so zur Entdeckung des neuen Elements Radium! Solche Fälle gibt es mehr. Sie zeigen, daß rein positivistisches Vorangehen an Tatsachen und Wirklichem vorübergehen läßt. Die philosophische Frage nach Gründen und letzten Gründen für Erfahrungstatsachen ist also nicht „sinnlos und abzulehnen", wie der Positivismus behauptet, sondern berechtigt, und fruchtbar für die Erkenntnis des Wirklichen.[26]

Andere große Naturwissenschaftler denken ja auch realistisch, z. B. *Newton:* „Ich habe noch nicht dahin gelangen können, aus den Erscheinungen den *Grund dieser Eigenschaften* der Schwere abzuleiten".[27] Weiter führt Heisenberg aus, wie die *Physik* bei *Heinrich Hertz* sich darauf besinne, „daß sie *Naturwissenschaft ist,* deren Aussagen über begrenzte Bereiche der Natur auch nur eine entsprechend begrenzte Gültigkeit haben, und daß sie *nicht Philosophie* ist, die eine Weltanschauung über die *Natur im Ganzen* und über *das Wesen der Dinge* entwickelt ... daß physikalische Aussagen weder die Aufgabe noch die Fähigkeit haben, das Wesen der Naturerscheinungen, so wie sie *an sich selbst sind,* zu enthüllen." *Arthur March:* „Wir können vom Licht nur sagen, daß es sich unseren lückenhaften Beobachtungen das eine Mal so darstellt, als ob es aus Wellen, das andere Mal, als ob es aus Partikeln bestände".[28] Es *stellt sich so dar,* als Welle resp. als Partikel, aber es *ist* nicht beides und kann es nicht zugleich *sein.* Es würde sonst *so*seiend und zugleich *nicht-so*seiend sein, würde sich selbst widersprechen.

Lehrbuch der Physik von *Höfling:* „Wenn man in der Physik von einem kausalen Zusammenhang zweier Ereignisse... spricht,

---

[28] Natur und Erkenntnis. 1948, 212.

[26] Büchel, Philosophische Probleme der modernen Physik, 1957. Pullach, VIII/21.

[27] Zitiert von Heisenberg, Das Naturbild der heutigen Physik, 84.

so ist damit eine gesetzmäßige Verknüpfung dieser Ereignisse und nicht nur eine zwar beliebig häufige, aber zufällige Aufeinanderfolge gemeint ... Was wir unmittelbar wahrnehmen, ist (aber) nur die regelmäßige zeitliche Aufeinanderfolge, die aber keineswegs das *Wesen des Kausalzusammenhangs* trifft. Es muß daher bei der kausalen Abhängigkeit zweier Ereignisse *hinter* der beobachteten Aufeinanderfolge der Erscheinungen *ein weiterer Zusammenhang* erwartet werden, der die zum Begriff der Kausalität gehörende Zwangsläufigkeit hervorruft. Die *Physik* ist mit ihren auf Beobachtung und Erfahrung gegründeten Methoden *nicht in der Lage*, Aussagen über diesen hinter den Erscheinungen möglicherweise existierenden Zusammenhang zu machen. Die Frage nach diesen Zusammenhängen kann zwar *Gegenstand philosophischer* oder metaphysischer Überlegungen sein, aber im Bereich der Physik ist ihre Beantwortung unmöglich. Um das Kausalgesetz zu einem *physikalisch* brauchbaren Satz zu machen, muß es deshalb so formuliert werden, daß die Möglichkeit einer experimentellen Nachprüfung besteht. Dementsprechend verstehen wir in der Physik unter Kausalität lediglich die Existenz eines eindeutig *funktionalen Zusammenhangs* zwischen verschiedenen Größen eines Systems." [29]

Auch Planck und Jordan verstehen naturwissenschaftliche Aussagen wie etwa über Kausalität, von Zusammenhängen im *sinnlichen* Erfahrungsbereich (S. 37). Soweit moderne Physiker nicht Positivisten sind, wenden sie außer Beobachtung und Experiment auch die *ratio*, d. h. apriorische Erkenntnis an (prior = früher zur Erfahrung). Sie erkennen also den sinnlichen Erfahrungsbereich nicht als den einzigen Bereich des Wirklichen an.

Subjektivismus

Es ist aber überraschend, wie verschieden und durchgehend *subjektivistisch* sie dabei den Beitrag der Theorie verstehen. Wie resigniert klingt es, daß wir „keinen Halt am Seienden haben, daß der Physiker zur Besinnung auf *sich selbst als Subjekt* ge-

[29] Ausgabe A Oberstufe 8, S. 326.

zwungen sei" (Weizsäcker). Die zu erforschende Welt sei durch den Menschen so sehr verändert, daß wir gewissermaßen *nur uns selbst begegnen* ... „Zum ersten Mal in der Geschichte steht der Mensch nur noch *sich selbst gegenüber*" (Heisenberg). Die dem theoretischen System zugrundeliegenden Begriffe und Gesetze seien *freie Erfindungen* des menschlichen Geistes. Sie haben *rein fiktiven Charakter* (Einstein). Der forschende Geist gewinnt aus der Natur nur zurück, was er in sie hineingelegt hat. Er stößt forschend in der Natur auf eine sonderbare Fußspur. Es gelingt ihm herauszubekommen, von wem diese Spur herrührt. Und siehe, es ist unsere eigene! (Eddington).

Moderne Physiker, die nicht Positivisten sind, erkennen an, daß wir die sinnlichen Erfahrungsdaten Bewegung, Schwingung, Wirkung usw. nicht ohne ein bewegtes, schwingendes, wirkendes *Seiendes* denken können. Aber sie verlegen den Grund dafür nicht in die betreffende Realität, sondern in das erkennende Subjekt respektive seine „Denkausrüstung". Danach seien wir im Erkennen auf uns selbst und unsere Denkausrüstung zurückverwiesen. Wäre die Ausrüstung anders, würden konsequenterweise auch die Resultate unseres Erkennens und Denkens andere sein. Hier übt die Philosophie des 18. und 19. Jahrhundert, besonders die Erkenntnislehre Kants ihren Einfluß aus. Man muß wohl sagen, daß die Philosophie seitdem sich immer mehr der *Subjektivität* zugewandt hat, d. h. der Rolle, die für Denken und Erkennen dem Subjekt zukommt. Im Voranschreiten dieser Tendenzen ist die *Sprachphilosophie* eine neue letzte Phase. Die Sprachanalyse hat Strukturen, Gesetzmäßigkeiten aufgedeckt, die eine „Logik" der Sprache ausmachen. Es ist weithin dasselbe, was man schon vorher auf der analogen Ebene des Denkens und Erkennens hatte. D. h. es gibt in der Sprachphilosophie idealistische und realistische, apriorische und empiristische Auffassungen und Richtungen. Man wird nicht umhin können, das Denken und seine Strukturen als dem Sprechen und der Sprache *zugrundeliegende* logische Strukturen aufzufassen und anzuerkennen (F. A. Z. 11. 10. 1973, S. 32). Auch die Frage nach Gott ist im Zuge der Hinwendung zur Sprachphilosophie weithin eine Frage nach dem „Sprechen von Gott" geworden.

Max von Laue, der den Wellencharakter der Röntgenstrahlen entdeckte, schreibt von sich: „Ich habe nie ein philosophisches Kolleg gehört, aber ich habe mich viel und eingehend *mit Kants Philosophie* beschäftigt. Ich las anfangs die Darstellung Kuno Fischers in seiner Geschichte der Philosophie; später und dann immer von neuem Kants Kritik der reinen Vernunft, auch andere seiner Werke, vor allem die zur Ethik. Die Anregung dazu stammte aus der Gymnasialzeit, aber erst in den Universitätsjahren wurde ich reif, Philosophie, wie ich meine, zu verstehen. Sie hat mein Dasein von Grund aus umgestaltet. Selbst die Physik scheint mir seitdem ihre Würde nur daher zu beziehen, daß sie ein wesentliches Hilfsmittel der Philosophie abgibt".[30]

Interessant ist auch folgende Bemerkung Laues: „Eigenartig ist das Verhältnis der Physik zur Philosophie. Zu Beginn (der modernen Naturwissenschaft um 1600) bemühen sich um Physik auch Männer, die wir vor allem als Philosophen kennen, wie Descartes ... oder Leibnitz. Aber auch Kant tritt als Naturforscher hervor. Später ist es eher umgekehrt. Physiker und Chemiker treten mit philosophischen Veröffentlichungen hervor, Helmholtz, Ernst Mach u. a. Meist sind es Fragen der Erkenntnislehre, die ihnen von allen philosophischen Disziplinen auch am nächsten liegt. Man verzeihe mir, wenn ich bezweifle, ob sie alle die zu erfolgreicher Betätigung notwendige philosophische Vorbildung mitbrachten".[31]

Realismus

Unsere Denkausrüstung, unsere *Denkgesetze* seien also nach der dargelegten Auffassung der Grund, daß wir den Eindrücken „Dinge", „Substanzen" zuordnen müssen. „Substanz" ist ja nach Kant eine „Kategorie des Verstandes", wie auch „Kausalität", „Realität" u. a. Nun wurde schon weiter oben der Realismus der Erkenntnis als allgemein geltend dargelegt und begründet. Er ist die Überzeugung, daß wir es in unseren alltäglichen Wahrneh-

---

[30] Hans Hartmann, Triumph der Idee, 64.
[31] Max von Laue, Geschichte der Physik. 1966, 11.

mungen und in systematisch angestellten Beobachtungen und Experimenten letztlich mit *realen Dingen* zu tun haben. Diese natürliche allgemeine Überzeugung läßt sich auch in dieser bestimmten Frage, die uns beschäftigt, zu einer begründeten philosophischen Gewißheit erheben.

3. Substanz

Alles Erkennen vollzieht sich „im Bewußtsein" oder genauer, das *erste Wirkliche* sind solche konkreten Bewußtseinsakte, wie ich sie habe, wenn ich sehe, höre, Schmerz fühle, überlege, Entschlüsse fasse usw. „Bewußtsein" ist dann die Gesamtheit solcher wirklichen und möglichen Bewußtseinsakte, und nicht eigentlich ein räumlich vorgestellter innerer Kreis, der beleuchtet ist. Wir drücken uns oft so aus: „am Rande" des Bewußtseins, etwas „entgleitet" dem Bewußtsein, bei „hellem" Bewußtsein u. a. Nur dürfen wir nicht vergessen, daß es eine bildliche, uneigentliche Ausdrucksweise ist.

Solche Bewußtseinsakte sind ein Betätigen, Vollziehen und immer dadurch bestimmt, daß sie *meine* Akte sind, Akte meines Ich: *Ich* sehe, *ich* denke, *ich* will. Es ist doch eine grandiose Verkennung der Tatsachen, wenn man im Ernst diese Gebundenheit der Akte an das Ich lösen wollte; wenn man behaupten wollte: Sehen ist da, *es* denkt, *es* will usw. In vergangenen Perioden der Wissenschaft wurde das Ich als „Bündel" von Empfindungen, inhaltlichen Elementen bezeichnet. Aber im Ernst ist es heute nicht mehr nötig, sich damit auseinanderzusetzen. Die im Bewußtsein gegebene Wirklichkeit bietet zu deutlich, unwiderleglich die verschiedenen Elemente: Inhalt oder Gegenstand, den sich vollziehenden Akt, und das erkennende oder wollende Ich.

Was entscheidend wichtig ist, diese Elemente sind in ihrem *eigenen Wirklichsein* gegeben, in ihrer eigenen Existenz, nicht bloß in einem stellvertretenen Abbild. Es ist mir also nicht nur das Sehen als wirklich gegeben, sondern auch *das sehende Ich.* Bei solchen Bewußtseinserlebnissen ist nie ein Akt ohne das zugrundeliegende Aktsubjekt wirklich oder möglich. In einer reflexen Analyse „sehen" wir (es ist ein *geistiges* Wahrnehmen), daß Akt und Akt-Ich nicht nur tatsächlich beide gegeben sind, sondern *notwendig* zusammengehören: Ein Sehen oder Denken muß notwendig von einem Sehenden oder Denkenden vollzogen werden, gehabt, getragen werden. Diese Notwendigkeit ist dem Akt so innerlich, „wesentlich", daß wir sagen müssen: Sehen oder Denken usw. ohne ein sehendes oder denkendes Ich ist unmöglich. Ein Akt wird wesentlich, notwendig von einem Agierenden vollzogen. Diese Notwendigkeit kommt nicht daher, daß es gerade ein Sehen oder Denken oder sonst ein *bestimmter* Akt ist, sondern jeder *Akt als solcher* weist notwendig, auf Grund seiner inneren Struktur, auf sein *Aktsubjekt.*

Wo uns daher in der *äußeren* Sinneserfahrung nur das Aktgeschehen selbst gegeben ist, folgern wir mit gleicher Notwendigkeit, daß auch in allen diesen Fällen, ein Subjekt, ein Träger, ein Seiendes den betreffenden Akt vollzieht und trägt. Wenn in der sinnlichen äußeren Erfahrung Bewegung, Schwingung, energetisches Wirken gegeben ist, muß auch ein Sichbewegendes, ein Schwingendes, ein Seiendes sein, ebenso wirklich sein wie Bewegung, Schwingung usw. selbst

Wir erleben also in unserer inneren Erfahrung das eigene Ich unmittelbar als realen Träger unserer Bewußtseinsakte und bilden abstrahierend von diesem Erlebten den *Begriff der Substanz.* Substanz ist nichts anderes als der Träger von Akten, Tätigkeiten und Eigenschaften, von allem *dem* Wirklichen, das nur *an* einem zugrundeliegenden Subjekt wirklich sein kann. Dies tragende Subjekt ist das eigentlich Seiende, das selbständig Existierende, das selber keines Trägers bedarf. Substanz besagt dem Namen nach „Darunterstehen", Träger von unselbständigem Sein. Dem Sachgehalt nach ist Substanz das Selbstwirkliche, das nicht nur *an* einem anderen Wirklichen wirklich ist. Substanz besagt also primär eine „vertikale" Seinsweise (Alle Aussagen über Substanz auf Grund der Tatsachen der *Veränderung* sind später, im Begriff der Substanz sekundär, besagen mehr ein „horizontales" Verhältnis).

Akte, Eigenschaften, Wirkungen können immer nur *an* einem substantiell Wirklichen sein, sie kommen zur Substanz hinzu, sind „Akzidenzien“ (accidere = zufallen). Alles Wirkliche existiert an einem anderen oder nicht an einem anderen, sondern an sich; ist also entweder Akzidenz oder Substanz. Wenn daher überhaupt etwas existiert, existiert auf jeden Fall Substanz (In diesem letzten Satz ist das „Substanzprinzip“ formuliert, das man den oben behandelten ersten Prinzipien beizählen kann).

Was im einzelnen Fall in der realen Welt nun Substanz ist, bedarf besonderer Prüfung. Allgemein kann zunächst festgestellt werden, daß das Wirkliche, auf das wir in der sinnlichen Erfahrung und im inneren Erleben stoßen, in erster Linie akzidentell Wirkliches ist und von ihm aus erst substantiell Wirkliches erkannt wird. Im Bereiche des *Wirklichen* ist Substanz das eigentlich Seiende, das „erste“ Seiende; in Abhängigkeit von ihm, gehabt, getragen und in vielen Fällen auch hervorgebracht von ihm, das akzidentelle, das „zweite“ und zweitrangige Seiende. Im Bereich der *Erkenntnis* ist es umgekehrt: Zuerst erfassen wir das akzidentelle und von ihm aus das substantielle Sein.

Aus allem geht schon hervor, daß wir zwar von dem Bereich der Eindrücke und Erlebnisse den des tragenden Seins *unterscheiden*, daß wir sie aber *nicht* voneinander *trennen* können. Beide hängen engstens miteinander zusammen, ja sie sind im Grunde die *eine* Wirklichkeit, nur von verschiedenen Seiten gesehen. Sie „drückt sich uns ein“, durch die *Sinne* haben wir Eindrücke von ihr (Kant: „Rezeptivität der Sinne“), äußere Erfahrung, mit der wir mehr an der Oberfläche des Realen bleiben; und andererseits dringen wir in die uns so gegebene Wirklichkeit mit unserem *geistigen* Erkennen aktiv ein, wir erfassen *das Was*, das „Wesen“ des Wirklichen, wenn auch nicht schon das tiefste Wesen; und wir können erkennen, ob es sich überhaupt um Wirkliches handelt oder bloß um subjektive Eindrücke. Vom Wirklichen aus gesehen, sind Akzidenzien *Eigenschaften* der Substanzen. Weil ein Seiendes Wasser ist, hat es diese nicht beliebigen, sondern ganz bestimmten Eigenschaften; weil ein Hund Hund ist, kann er bellen, wittern usw., hat er bestimmte Fähigkeiten. Die Eigenschaften *gründen ontologisch* (Prinzip vom

Grunde) in dem substantiellen *Sein* eines Seienden; erkenntnismäßig *(gnoseologisch)* stellen wir zuerst, durch Erfahrung, ein Tun, ein Geschehen fest, akzidentelles Sein.

Es wird nun schon deutlich, daß das Sein nicht eine „fiktive" Region des Wirklichen ist, sondern gerade das Wirkliche selbst, das sich in den Gegebenheiten, Tatsachen manifestiert, die im Alltag wahrgenommen und in den Wissenschaften erforscht werden. Weil ein Pulver so und so riecht, sich anfühlt, aussieht usw. kann ich mit entsprechender Sicherheit sagen: „Es *ist* Natron". Dem Bereich der Tatsachen, der meßbaren, nachprüfbaren Phänomene liegt also der „Bereich des Seins" zugrunde. D. h.: wenn Bewegung wahrgenommen wird, wird erkannt, daß *etwas* sich bewegt, schwingt, kausal einwirkt usw. usw. und umgekehrt: Das Seiende wirkt, erscheint in dem Bereich der meßbaren Sinnesgegebenheiten, es manifestiert sich, so daß wir sagen müssen: *Wie die Phänomene sind,* so ist *entsprechend das Seiende.* Aus dem Wie der Gegebenheiten erkennen wir das Wie des betreffenden Seienden. Die alte Philosophie sagt kurz: agere sequitur esse = das Tun folgt dem Sein. Das ist grundsätzlich zu verstehen und erspart uns nicht, im einzelnen Fall vorsichtig und sorgfältig Aussagen über das Seiende abzugrenzen. Gerade die moderne Naturwissenschaft, wie etwa die Quantenphysik, hat durch ihre Resultate dazu genötigt, von den Phänomenen der makroskopischen Körper nicht zu schnell auf das Sosein der Materie zu schließen und auch bislang selbstverständliche Aussagen zu revidieren.

Die dargelegten Grundzüge belegen vor allem den Realismus des menschlichen Erkennens. Dieses Ergebnis ist entscheidend wichtig für allen weiteren Aufbau unseres Wissens und Lebens. Andernfalls würde das Erkennen in der Luft schweben, ohne geprüftes, sicheres Fundament. Dieses Fundament ist ja nicht eine von vornherein angenommene Option oder Voraussetzung, hat nicht rein apriorischen Charakter, sondern geht von Tatsachen der Erfahrung aus, zunächst den Tatsachen der *inneren* Erfahrung. Deren Analyse läßt ihre Seinsstrukturen erkennen (die Prinzipien). So ergibt sich, daß das Erkennen letztlich das reale Sein zum Objekt hat und daher grundsätzlich den unbegrenzten

Bereich des Seins erreicht: Realismus des Erkennens, der dem natürlichen Verstehen des Menschen besonders entspricht.

Davon sind viele philosophische Strömungen heute weit entfernt – und mitunter so schwer verständlich, daß sich ihre Anhänger auch untereinander nicht mehr verstehen.[32]

Die Philosophie *Ludwig Wittgensteins,* die besonders im angelsächsischen Raum vertreten wird, versucht auf dem Weg über die Sprache, ihre Elemente und Strukturbeziehungen die Wirklichkeit zu erfassen. Wenn man das überhaupt sagen darf. In der Nachfolge des Mathematikerphilosophen Bertrand Russel ging Wittgenstein von der Voraussetzung aus, daß die Welt sich aus völlig voneinander unabhängigen Tatsachen zusammensetze (Atomismus). Daher könne auch unsere Erkenntnis die Welt nur in *Einzel*sätzen abbilden. *Allgemeine* Sätze seien sinnlos. Wittgensteins erstes großes Werk „Tractatus logico-philosophicus" besteht entsprechend aus einzelnen numerierten, oft anscheinend nicht zusammenhängenden Sätzen.

In langen Jahren des Schweigens und asketischen Lebens – eine Reihe von Jahren lehrte er Philosophie an der Universität Cambridge – dachte er mit radikaler Konsequenz über das Verhältnis von Sprache und Welt nach und kam zu dem Ergebnis, daß alles, was er im Tractatus gesagt hatte, unsinnig sein müßte, „wenn es wahr war". In dem später folgenden Werk „Philosophische Untersuchungen" gab er die Ansichten des Tractatus auf und vollzog einen radikalen Wandel in der Auffassung von der Sprache. In dieser neuen Auffassung haben u. a. die „Sprachspiele" eine wichtige, wenn nicht entscheidende Rolle. Ein Fußballspiel, dem Wittgenstein zufällig zuschaute, regte ihn dazu an, gewisse Analogien zur Sprache zu entdecken. Durch den Gesamtzusammenhang einer Situation und auch die in ihr ausgeübten Handlungen und Aktivitäten werden Sinn und Bedeutung der Worte und Sätze mitentschieden. So spricht Wittgenstein immer wieder von Sprachspielen und nennt als Beispiele das Erzählen eines Märchens oder eines Erlebnisses, das Unterrichten oder sonstiges Anweisungengeben u. a.

Wittgenstein war ein originaler, dynamischer Denker, der auf das philosophische Denken unserer Zeit weitreichend eingewirkt hat. Die Grundintention seiner Philosophie ist noch vielfach unverstanden. War sie wirklich gegen die Metaphysik gerichtet? Unter seinem mitbestimmenden Einfluß wurde Oxford, „die einstige Heimstätte der Metaphysik, zu einer Hochburg der Philosophie als Betätigung".

Über die Person Wittgensteins schreibt sein Freund Maurice Cranston: „Wittgenstein war von Geburt Östreicher. Sein Vater war Protestant, seine Mutter Katholikin, seine Vorfahren mosaischen Glaubens. Er war römisch-katholisch getauft, und ich glaube sagen zu dürfen, daß er sich vor seinem Tode auch innerlich wieder dem römisch-katholischen Glauben zugewandt hat". (L. Wittgenstein, Schriften. Beiheft. Suhrkamp).

[32] W. Stegmüller, Hauptströmungen der Gegenwartsphilosophie. Einleitung. [4]1969.

A. Die Materie

Wenn wir nach diesen grundlegenden Überlegungen nun den Bereich der *äußeren* Erfahrung überschauen, stellt sich uns zuerst die Frage: Was ist eigentlich Materie? Diese philosophische Frage nach dem Wesen der Materie können wir nach allem nur aus den Gegebenheiten erfassen, die uns Beobachtung und empirische Wissenschaften vermitteln.

1. Ausdehnung

Eine *erste Eigenschaft* aller großen und kleinsten Körper ist die *Ausdehnung.* Materielle Größen sind ausgedehnt, sie „dehnen sich“, erstrecken sich in den Raum. Wenn wir „Raum“ noch aus der Erklärung fortlassen wollen, so können wir sagen: Ein Ausgedehntes hat seine Realität nicht in einem einzigen „Hier“, sondern in *Teilen nebeneinander,* auseinander; Teilen, die nicht miteinander identisch sind. Wir können daher am Ausgedehnten unterscheiden, was oben und was unten ist, was links und was rechts, was in der Mitte und was am Rande ist. Das Ausgedehnte streckt sich nach verschiedenen Richtungen gleichsam aus, es fließt gleichsam auseinander, es hat *„räumliche“ Dimension.* Damit haben wir wieder „Raum“. Ausdehnung ist eben unausweichlich Ausdehnung in den *Raum.* Raum gehört zu Ausdehnung und umgekehrt.

Daß dies bei astronomisch großen Körpern und bei denen unserer normalen Umwelt so ist, unterliegt keinem Zweifel. Gewiß kommen wir dann beim Teilen solcher großer Körper an Grenzen, über die hinaus ein *physikalisches Teilen* nicht mehr möglich ist. Sind die kleinsten „nichtteilbaren“ Elementarteilchen noch ausgedehnt? So, daß wir an ihnen nichtidentische Teile *unterscheiden* können?

In diesem Mikrobereich treten Tatsachen auf, auf die unsere Vorstellungen und Begriffe des normalen Bereichs nicht mehr passen. Lassen sich trotzdem wenigstens die wesentlichen räumlichen und zeitlichen Bestimmungen auf die Elementarteilchen anwenden? Wenn ja, würden wir sagen können, daß Materie, ob in astronomischen, normalen oder Mikrogrößen *immer ausgedehnt* ist und ohne dies weder vorgestellt noch begrifflich gedacht werden könne. Dann dürften und müßten wir Ausdehnung als *wesentliche* Eigenschaft des Materiellen bezeichnen.

Es kann sich hier nur darum handeln, gewisse Ergebnisse der Naturwissenschaft unter *der* Frage anzuführen, inwieweit sich aus ihnen philosophische Folgerungen ergeben. Genauer: Nach der bisherigen Auffassung ist die Materie *wesensmäßig* ausgedehnt. Nötigen die Tatsachen der modernen Physik, diese Auffassung aufzugeben oder teilweise zu ändern? Von der Antwort hängt ab, ob Ausdehnung noch als Grundeigenschaft der Materie bezeichnet werden kann; ob Materie ihrem *Wesen* nach ausgedehnt, ein „ausgedehntes Seiendes" ist.[33]

Hören wir, was die *Mikrophysik* an *Tatsachen* anführt. Das physikalisch Gegebene erscheint unseren durch die Apparate geschärften Sinnen als Körperchen, als „Elementarteilchen", indem es etwa eine Photoplatte punktförmig schwärzt. Bei anderen Versuchsbedingungen aber kann dasselbe Gegebene in eine Wellenfunktion „umschlagen", indem es nun Interferenz und Beugung zeigt. Was zuerst nur vom Licht bekannt war, muß nun von *allen Mikroteilchen* gesagt werden: sie können als Welle oder Korpuskel auftreten. Wellenaspekt und Teilchenaspekt ergänzen einander, sie sind *komplementäre* Erscheinungsweisen (Niels Bohr) des Gegebenen. Theoretische Überlegungen L. de Broglies ergaben die je verschiedene Wellenlänge der Korpuskel, die dem Produkt aus Masse und Geschwindigkeit, d. h. dem Impuls umgekehrt proportional ist. Nachfolgende Experimente bestätigten die Theorie. Bei makrophysikalischen Körpern ist diese errechnete Wellenlänge aber so klein, daß der Wellencharakter der Körper in unserem gewohnten Makrobereich nicht in Erscheinung tritt.

Mit dem Doppelcharakter des Materiellen hängt die von Heisenberg festgestellte *„Unschärfebeziehung"* zusammen. Sie zeigt sich z. B. zwischen lokaler Bestimmtheit eines Teilchens und

[33] „Ist", „Sein", „Wesen" (Washeit) sind vom selben Grundwort und -sinn.

seinem Impuls, mit dem es auf ein anderes Teilchen stößt. Es ist hier grundsätzlich unmöglich, solche komplementären Größen *zugleich* mit *Genauigkeit* zu messen. Je genauer man die eine mißt, um so weniger genau wird die Messung der anderen. In diesem Objektbereich der Mikrophysik herrscht „Unschärfe". Bei gewissen Messungen zweier Teilchen muß jedoch nach der Theorie die Summe ihrer Resultate wieder einen bestimmten und voraussagbaren Betrag haben. In ihm ist das unteilbare Plancksche Wirkquantum h wie vorher enthalten.

Raumzeitliche Quantität verliert hier ihre Genauigkeit, mit der sie sonst exakt festgestellt und ausgesagt werden konnte. Ist sie hier überhaupt nicht mehr vorhanden?

Schon jede *physikalische Messung* verwischt die genauen Grenzen. Sie führt notwendig zu einer Wechselwirkung zwischen Meßinstrument und dem zu messenden Körper. Solange dieser in der Größenordnung unserer Instrumente ist, macht es nichts aus. Im atomaren Bereich aber wirkt das große Instrument auf die zu messenden Teilchen so ein, daß es sie erheblich *verändert.* Impuls, Geschwindigkeit, Ort, Bahn des Teilchens sind nachher anders, so daß man nicht voraussagen kann, wo und in welchem Zustand es bei einer zweiten Messung angetroffen wird.[34]

Andererseits führte auf einer Tagung der Paulusgesellschaft der Physiologe Hans Schaefer aus, daß die Determiniertheit der Natur durch Unschärfetheorem, akausale Physik, Quantentheorie nicht aufgehoben werde. Die Nichtvorhersagbarkeit der quantenhaften Phänomene gehe ja über in eine weitgehende Vorhersagbarkeit *makro*physikalischer Prozesse, besonders im tierischen und menschlichen Verhalten. Dort werde eine determinierende Entscheidung zwischen verschiedenen Möglichkeiten nur im Hinblick auf *alle* verfügbaren Informationen (Gegebenheiten) und nach einem klaren Programm (Intention des Wollenden) getroffen.[35] Die erwähnten Tatsachen erlauben nicht, Quantität und Ausdehnung mit Genauigkeit zu bestimmen, weisen aber selber das *Wesentliche* der Ausdehnung an der Materie

[34] Höfling, Lehrbuch der Physik. O.Stufe. A.Teil VIII Quantentheorie 606.
[35] Herd. Korr. 1967, 281.

auf; so daß zwar exakte Genauigkeit, das ‚zahlenmäßig Quantitative' der Ausdehnung im Bereich der Mikrophysik grundsätzlich nicht faßbar ist. Das „*Qualitative*" der Ausdehnung, das Auseinanderliegen nichtidentischer Teile, bleibt aber dabei erhalten und als real vorhanden aussagbar.

Wenn Proton und Neutron als „konzentrische *Ladungswolken*" auftreten, so ist damit Ausdehnung schon mitenthalten und mitausgesagt. Wenn jedem Teilchen eine „*Materiewelle*" zugeordnet werden muß, ist mit den wesentlichen Eigenschaften einer Welle (Länge, Amplitude, Frequenz) auch Ausdehnung gegeben. Ebenso enthalten, wie sich leicht einsehen läßt, die *Quantenzahlen* und Angaben über Spin, Kernteilchen und „Elektronenschalen" immer auch schon das Wesentliche der Ausdehnung.

Auch die Aussagen der *Relativitätstheorie* ändern nichts an dieser Wesenseigenschaft alles sinnlich Erfahrbaren: „Längenverkürzung" und „Zeitdehnung", „gekrümmter Raum" und „Verteilung schwerer Massen im Raum" lassen in den Größen Länge, Masse, Raum die Grundgröße *Ausdehnung* bestehen. Sie erweist sich als Wesenselement und ist durch nichts zu eliminieren.

Beziehungen und Verhältnisse zwischen solchen Erfahrungsgrößen lassen sich – das ist Anliegen jeder Naturwissenschaft – *mathematisch* fassen, und auch das ist ein Hinweis darauf, daß es sich um *ausgedehnte* Größen handelt. Auch wenn es noch nicht gelungen ist, die wenigen mathematischen Grundzahlen, die „Weltkonstanten" Elektronenmasse, Lichtgeschwindigkeit, Plancksche Wirkkonstante u. a. auf eine einzige zurückzuführen, so bleibt doch sicher, daß mathematische Größen als solche das aufweisen, was wesentlich Ausdehnung ist: das Auseinander nichtidentischer Teile.

Raum und Zeit

Ausdehnung ist eine *Urgegebenheit,* die sich nicht auf noch Ursprünglicheres zurückführen läßt. In unserer Umwelt sind die Körper ausgedehnt, ein Tisch etwa. Wir wissen aber, daß die Tischplatte *nicht zusammenhängend* stetig sich dehnt, sondern aus diskreten, verhältnismäßig sehr weit voneinander entfernten Teilchen besteht. Wenn in einem Gas Moleküle millionenmal zusammenstoßen, sind sie dabei im Mittel tausendmal so weit voneinander entfernt, als ihr eigener Durchmesser mißt. Im Vergleich ist die Erde vom Mond nur dreißigmal so weit entfernt als ihr eigener Durchmesser, von der Sonne allerdings zwölftausendmal so weit. Ähnlich ergibt sich nur wenig „handgreifliche“ Realität und sehr viel *„leerer Raum“*, wenn wir die Entfernungen, in denen Elektronen um ihren Kern schwingen, mit dem Durchmesser des Kerns vergleichen. Aber immer bleibt das positiv Gegebene, auf das wir auch im tiefsten Bereich des Kleinen stoßen, ausgedehnt.

Es ist wesentlich unmöglich, das Ausgedehnte etwa auf *nichtausgedehnte Elemente* zurückzuführen. Ein mathematischer Punkt auf einer Linie ist ja nichts positiv Kleinstes, sondern Grenze, Grenzpunkt zwischen Teilen der Linie. Die Linie *besteht* nicht aus Punkten, sie kann immer nur in Elemente geteilt werden, die selbst noch ausgedehnt sind, also Teile neben Teilen haben. D. h. das Ausgedehnte ist *stetig,* ein Kontinuum, und theoretisch ohne Ende teil*bar.*

Eine ideal runde Kugel berührt auf einer ideal glatten Platte nur einen mathematischen Punkt. Bewegt man die Kugel über die Platte, bilden die nacheinander berührten Punkte eine Linie. Entsteht diese Linie also doch aus Punkten? Woher kommt hier das Stetige der Erstreckung? Von der stetig *dauernden* Bewegung! Es ist eine der scheinbaren Antinomien des Stetigen, wie die von dem Schnelläufer Achilles, der die kriechende Schnecke niemals einholen kann, weil in dem Bruchteil der Sekunde, die Achilles jeweils braucht, die Schnecke ihrerseits auch wieder einen obwohl noch kleineren Bruchteil der Strecke weiterkriecht. Mit der stetigen Erstreckung im Raum ist auch die *zeitliche Erstreckung* verbunden.

Das Stetige dehnt sich nicht nur räumlich in Teilen nebeneinander aus, sondern *auch zeitlich* in Teilen nacheinander. Was vom räumlich Ausgedehnten gesagt wurde, trifft entsprechend auch auf das Zeitliche zu. Was zeitlich nacheinander sich in die Zeit hinein dehnt, ist *letztlich* ein *Stetiges,* an dem immer von neuem Teile nacheinander zu unterscheiden sind.

Wenn man den gegenwärtigen Augenblick als mathematischen *Punkt* auffaßt, dann ist er *nur Grenze* zwischen zeitlichen Teilen vorher und nachher. Der *erlebte* Augenblick dagegen ist schon stetige *Dauer,* die teilbar ist. Der Mensch kann z. B. von einem Vorgang bis zu 20 Phasen in einer Sekunde als einzelne unterscheiden. Folgen mehr als 20 in einer Sekunde, erlebt der Mensch sie nicht mehr als einzelne, sondern als eine fließende *Bewegung.* Eine Biene dagegen unterscheidet bis zu 200 Einzelphasen in der Sekunde. Für sie ist also der erlebte Augenblick kürzer als für den Menschen, gemessen an einer „objektiven" Sekunde.

Eine Sekunde, die wir im gewöhnlichen Leben mit einem Augenblick gleichsetzen, läßt sich in ihrer zeitlichen Erstreckung teilen in hundertstel, tausendstel Sekunden und noch weiter. Wir haben es also nicht mit Grenzpunkten zu tun, sondern mit stetig in die Zeit sich Erstreckendem, mit zeitlich kontinuierlicher *Dauer.* Sie läßt sich nicht in „Punktaugenblicke" auflösen, daher auch nicht aus ihnen zusammensetzen. Auch das zeitliche Nacheinander ist also ein Stetiges, die andere Seite an dem räumlich Ausgedehnten.

Das Ausgedehnte ist letztlich ein *raumzeitlich Ausgedehntes,* das nur mit Raum-Zeitkoordinaten voll bestimmt werden kann. Die Relativitätstheorie, die diese Phänomene miteinbaut, kann daher sagen: unsere Welt ist ein Raum-Zeit-Kontinuum. In dem Fall der Kugel oben ist also nicht zu übersehen, daß sie in einem *stetigen Nacheinander* die Platte berührt und sich so an der Linie das Moment des räumlich Stetigen ergibt.

Nach Kant ist Ausdehnung nicht den Dingen und Vorgängen eigen (S. 19). Sie stammt aus den *apriorischen Erkenntnisformen,* die dem erkennenden *Subjekt* eigen sind. Die Dinge selbst sind nicht ausgedehnt, räumlich und zeitlich. Durch die Anwendung der raum-zeitlichen Erkenntnisformen *erscheinen* die Gegenstände ausgedehnt, können so überhaupt erst zu „Gegenständen" der Erfahrung werden. „Es sind uns Dinge als außer uns befindliche Gegenstände unserer Sinne gegeben. Allein von dem, was sie an sich sein mögen, wissen wir nichts, sondern kennen nur ihre *Erscheinungen,* d. h. Vorstellungen, die sie in uns wirken, indem sie unsere Sinne affizieren, ... nach dem (aber), was sie an sich selbst sein mögen, uns gänzlich unbekannt sind".[36]

Aber die vier oder fünf Beweise Kants (Transzendentale Ästhetik 1. Abschn. § 2 und 4) beweisen nur, daß wir, schon bevor wir im einzelnen Fall einen räumlich oder zeitlich ausgedehnten Inhalt erkennnen, im erkennenden Subjekt die ausgesprochene *Fähigkeit* oder „Form" besitzen, auf *raum-zeitliche* Weise solche Inhalte zu erfassen. Es ist eine dem Subjekt innewohnende raum-zeitliche Ausrichtung, eine spontane Hinordnung auf raum-zeitliche Gegenstände. Wir können diese „Sinnesausrüstung" mit Kant die „Form des äußeren Sinnes: Raum" und die „Form des inneren Sinnes: Zeit" nennen. Diese Formen sind *apriorisch,* d. h. schon bevor wir einen konkreten räumlich ausgedehnten Gegenstand, einen konkreten zeitlichen Vorgang wahrnehmen, haben wir sie in unserem erkennenden Ich. Dieses „bevor" ist nicht zeitlich verstanden, sondern strukturell.

Nicht zustimmen kann man aber der negativen Behauptung, daß die Gegenstände selbst, die „Dinge an sich", nicht ausgedehnt seien, sondern in ihrer Seinsart „gänzlich unbekannt". Aus Kants eigenen Hinweisen, die er aber in seinem System nicht weiter verfolgt, läßt sich im Gegenteil einsichtig machen, daß gerade die apriorische Ausrüstung der Sinnesfähigkeit es möglich macht, *Dinge und Vorgänge* wahrzunehmen, die *selber raumzeitlich* sind. Die raum-zeitlichen Formen ergeben nach Kant nur allgemein, ganz unbestimmt, die Räumlichkeit und Zeitlichkeit der Gegenstände. Wodurch werden aber die *konkret bestimmten* Ausdehnungsformen und -maße begründet, unter denen wir immer die Gegenstände wahrnehmen? Warum ist der Tisch, den ich vor mir habe, gerade rechteckig und nicht rund? Warum ist er 80 cm hoch und nicht 30 usw.? Die apriorischen inneren Formen geben diese Unterschiede nicht her. Also können sie nur auf der *Objektseite* ihren Grund haben, d. h. in den „Affektionen" und noch weiter in den „Dingen an sich", von denen die Sinne affiziert werden. Damit sind also die Dinge nicht „gänzlich unbekannt". Es wird durch die Sinne mit Hilfe der apriorischen

[36] Proleg. § 12 Anm. 2.

Formen etwas wesentlich Wichtiges *an ihnen* erkannt. Wenn auch nicht behauptet werden soll, daß wir sie sozusagen photographisch getreu wahrnehmen.[37]

Die Erscheinungen unserer Sinne werden Dinge unserer Erfahrungswelt weitgehend durch die Tätigkeit unseres Geistes. Die Vernunft ist also in gewissem Maße „Baumeister der Natur". Aber schon der Stoff, den die Vernunft gestaltet, wird nicht von ihr geschaffen, sondern ist ihr vorgegeben. Von ihm müssen wenigstens die *Verschiedenheiten* der raumzeitlichen Erscheinungen kommen. Das Subjekt hat ja nur die *allgemeine* Fähigkeit, die erscheinenden Inhalte räumlich anzuschauen. Es kann jedoch nicht von sich aus in einen Fall ein Brikett, im anderen einen Blumenstrauß hervorzaubern. Die besondere Gestalt eines jeden Dinges weist auf etwas, das unabhängig von unserem Erkennen da ist: das wirkliche Ding, das selbst schon ausgedehnt sein muß, in konkreten bestimmten Ausmaßen. Anders könnte es nicht wirklich existieren. Wirklich nennen wir ein Seiendes, weil es in seinem Bestehen nicht darauf angewiesen ist, daß ein erkennendes Bewußtsein auf es gerichtet ist oder nicht. Wenn ein Idealist konsequent ist, sieht er einen Hund vor ihm nur als einen vom Menschengeist gestalteten Komplex von Vorstellungen an. „Wenn aber der Hund aufspringt und ihn ins Bein beißt, wird er eher bereit sein zuzugeben, daß es etwas gibt, was nicht erst durch das Erkennen zustande kommt, sondern vom Erkennen unabhängig da ist. Solche Überraschungen, die wir erleben, nötigen uns, das real Seiende, das „Wirkliche" anzuerkennen." [38]

Reale Ausdehnung der Dinge

Kant ist hier, muß man wohl sagen, inkonsequent. Er nimmt Existenz von Dingen an sich an, behauptet aber, daß wir nichts von ihnen erkennen können. Das, was uns an den „Gegenständen" unseres Erkennens „erscheint", haben sie selber gerade nicht.

[37] J. B. Lotz, Zeitschrift f. philos. Forschung VIII (1954) 30.

[38] Max Dessoir, Einleitung in die Philosophie. 1946² 49. – Freilich ist diese Überlegung Dessoirs kein Sachargument, sondern eher ein Appell an die schon vorhandene Überzeugung des anderen, ein sog. argumentum ad hominem.

Es ist also eine reine Annahme, daß Dinge an sich existieren, daß sie unsere „Sinnlichkeit affizieren". Konsequent muß man aus der Erkenntnis, wie Kant sie zeichnet, folgern, daß die „Gegenstände" ihre *konkrete* Raum-Zeit-Struktur schließlich den Dingen an sich verdanken. Die Dinge sind demnach selbst raumzeitlich bestimmt, d. h. sie sind *ausgedehnt.*

Wir können demnach anerkennen, daß apriorische Formen von Raum und Zeit im erkennenden Subjekt („im Gemüte") vorhanden sind. Aber sie verdecken nicht, wie Kant als selbstverständlich annimmt, die Sicht auf die realen Dinge, sondern sie machen im Gegenteil es gerade erst möglich, die raumzeitlich ausgedehnten Dinge raumzeitlich wahrzunehmen.

Daß wir apriorische Formen von Raum und Zeit besitzen, kann nicht bezweifelt werden. Wir hören z. B. eine Glocke und sehen mit den Augen den Metallkörper sich bewegen. Diese zwei an sich disparaten Sinneseindrücke vereinigen wir zu der *einen* Wahrnehmung der schwingenden, tönenden Glocke. Wir stellen so die isolierten Sinnesgegebenheiten in einen gemeinsamen Horizont und fassen sie dadurch zusammen. Dieser Horizont ist der Raum, unser „Vorstellungsraum", den wir der apriorischen „Raumvorstellung" verdanken. Mit ihr kann unsere Sinneserkenntnis spontan tätig zusammenfassen, „Gegenstände erfassen". Der vorgestellte Raum kann leer sein oder Körper enthalten.

Zunächst ist *Raum* eine sinnliche *Vorstellung.* Wenn wir dann an Hand erlebter räumlicher Wahrnehmungen den *Begriff* Raum abstrahierend bestimmen wollen, können wir sagen: Raum ist wie ein unbegrenztes Gefäß, in dem ausgedehnte Körper enthalten sein können. D. h. Raum wird als Gefäß *gedacht.* Er ist kein reales Ding, sondern ein *Gedankending.* Real sind nur die ausgedehnten Dinge, die in ihm enthalten sind. Raum ist also nicht wirklich wie die Körper in ihm, sondern nur vorgestellt und gedacht.

Raum wird aber nicht nach Belieben, willkürlich gedacht, sondern auf einen *realen Grund* hin. Der Grund Raum zu denken, sind gerade die realen ausgedehnten Dinge. Wir können sie nicht ohne umgebenden Raum denken. Gäbe es kein Subjekt, das vorstellen und denken kann, dann gäbe es auch keinen „Raum“, der ja vorgestellt und gedacht werden muß. Und gäbe es keine realen ausgedehnten Dinge, so gäbe es *auch* keinen Raum, da jeder Anlaß und Grund fehlen würde Raum zu denken.

Der Vorstellungsraum hat bestimmte Eigenschaften, die das Kleinkind allmählich entdeckt und so seine Raumvorstellung entwickelt. Mathematik erforscht und durchdenkt diese Eigenschaften und Beziehungen des Raumes und gelangt so zu den allgemeingültigen Sätzen, wie Euklid sie gefunden und aufgestellt hat. Der *„Euklidische Raum“* ist der *begrifflich* gefaßte *Vorstellungsraum.* Daß der Euklidische Raum nicht ohne weiteres genau mit dem *„realen Raum“* identisch ist, haben gewisse Tatsachen erwiesen. Aus ihnen folgert die Relativitätstheorie z. B., daß entgegen dem Parallelsatz der Euklidischen Geometrie im *realen* Raum doch zwei Parallelen in derselben Ebene sich irgendwo in unbegrenzter Ferne schneiden können. Der reale Raum ist nur „annähernd“ euklidisch und in Wirklichkeit *„gekrümmt“ und endlich* – ähnlich wie die Oberfläche einer Kugel unbegrenzt, aber endlich ist –. Ein Lichtstrahl, der immer geradeaus fliegt, könnte nach der Theorie schließlich von rückwärts wieder zu seinem Ausgangspunkt gelangen. Der reale Raum wird in seinen Eigenschaften bestimmt durch die *Verteilung schwerer Massen* in ihm, so daß dichter zusammenliegende Massen dem Raum eine stärkere „Krümmung“ verleihen und die Abweichung von euklidischen Sätzen größer wird.

Andere Tatsachen zeigen, daß in der Nähe schwerer Massen alle *Vorgänge langsamer* ablaufen: Schwingungen der Atome und des Lichts, der Gang von Uhren, biologische Prozesse im Lebendigen u. a., daher auch das subjektive *Zeitgefühl.* Das Ganze der Theorie ergibt genaue Folgerungen für das Maß der Abweichungen vom vorgestellten Raum. Manche dieser Feststellungen sind durch die Erfahrung bestätigt worden, (so daß die „spezielle Relativitätstheorie“ als bewiesen gilt). Für andere theoretische Folgerungen steht die Bestätigung in der Erfahrung noch aus, so daß die *„allgemeine* Relativitätstheorie“ noch nicht als streng gesichert angesehen wird, ja sogar neuere Forschungsergebnisse gegen sich zu haben scheint.

Es ergibt sich, daß die materiellen Phänomene, auch wie die heutige Wissenschaft sie vermittelt, ‚Ausdehnung' enthalten. Sie ist allen Gegebenheiten und Vorgängen im physikalischen Bereich so wesentlich eigen und gemeinsam, daß wir *Ausdehnung*, räumliche und zeitliche, als wesentliche *Grundeigenschaften des Materiellen* bezeichnen müssen.

2. Dynamik

Ein Zweites ist die *Aktivität* des Materiellen. Es agiert, reagiert, wirkt. Zunächst ist es ein Wirken *auf unsere Sinne.* So „affizieren" z. B. die durch die Dinge sozusagen gefilterten Lichtwellen unsere Augen, wirken auf die Millionen Stäbchen und Zapfen der Netzhaut, werden in Nervenerregungen umgesetzt und ins Gehirn geleitet. Dort schließlich sind sie der Anlaß, daß *das Ich* das ursprüngliche materielle „Ding" *sieht.* Ein rätselhafter Vorgang! Wie ist es möglich, daß die dem wirklichen Gegenstand doch ganz unähnlichen Nervenerregungen im Gehirn es dem Ich erlauben, gerade diesen *Gegenstand* zu sehen? Und doch ist es so. Man vergesse nicht, daß die ‚Affektionen' der Sinne und die Nervenerregungen tausendfach verschieden sind, entsprechend den tausendfach verschiedenen Dingen und ihren tausendfach verschiedenen Eigenschaften!

Unsere Sinneswahrnehmungen werden somit nicht willkürlich oder zufällig ausgestaltet. Sie bieten nicht beliebige „Gegenstände", die mit den wirklichen Dingen nichts zu tun hätten! Unsere Sinnesbilder sind zwar, daran ist kein Zweifel, Ergebnis einer aktiven Ausgestaltung durch das Bewußtsein, aber doch so, daß diese inneren ‚Gegenstände' *kausal bestimmt* werden durch die ankommenden tausendfach verschiedenen Nervenerregungen und so ihre eindeutige Entsprechung in den real *wirklichen Dingen* haben (S. 39 ff). Sicher ist auch eine apriorische Hinordnung des gestaltenden Bewußtseins auf die wirklichen Dinge dabei wirksam, so daß der Mensch im Endergebnis die wirklichen Dinge und Vorgänge mühelos wahr-nimmt und darüber eine natürliche Gewißheit hat. Dabei bleibt, wie die Erfahrung lehrt, eine Täuschung der Sinne in begrenztem Maße möglich.

Von Interesse ist in diesem Zusammenhang die Tatsache, auf die Ortega y Gasset hinweist, daß „ein Lebewesen an einem anderen sofort die *Tatsache des Lebens* erfaßt, die doch nicht auf der Hand liegt". Dazu ein alltägliches Erlebnis: Ein Kätzchen spielte im Zimmer herum. Jemand setzte unweit von ihm eine mechanische Puppe auf den Boden. Die Katze beachtete sie nicht. Nach einigen Augenblicken fing die Puppe, in der der Mechanismus abzulaufen begann, an sich zu bewegen. Wie der Blitz sauste die Katze fort, mit dem Rücken zur Wand bereit, sich gegen das „lebendige" Wesen zu verteidigen. Auf dem Hintergrund der Sinnesdaten und vermittels ihrer scheint tatsächlich ein Tier das Lebendigsein an einem anderen zu erfassen, wobei das Lebendigsein nicht als Summe aus den einzelnen Sinneselementen sich ergibt, sondern mit einer gewissen Unmittelbarkeit wahrgenommen wird! [39]

Aber all das wäre nicht möglich, wenn das Materielle der Gegenstände nicht wirkend wäre. Es ist *aktiv, dynamisch.* Wäre es das nicht, würden wir auch nichts von ihm wahrnehmen, nichts von Materie und materiellen Dingen wissen! Daß das Materielle dynamisch wirkend ist, ist also wesentliche *Grundbedingung*, damit wir überhaupt von ihm reden können!

Außerdem wirken die materiellen Körper *aufeinander.* Im makroskopischen Bereich ist es täglicher Augenschein, wissenschaftlich nachgeprüft und formuliert in der klassischen *Mechanik.* Aber auch oder erst recht tritt der dynamische Charakter alles Materiellen in der *Mikrophysik* deutlich hervor. Die kleinsten Teilchen wirken aufeinander, übertragen ihre Impulse aufeinander, tauschen Energiebeträge miteinander aus, verwandeln sogar stabile Massen, die wir allzuleicht als substantielle Körper

[39] Analog dazu ist wohl die Art und Weise, wie wir Menschen das *Personsein* eines anderen erkennen: Vermittelt durch die Sinnesdaten, *an* ihnen, erkennen wir „unmittelbar" den Personcharakter einer Gestalt, die wir da mit den Sinnen wahrnehmen. Wir erkennen leicht und schnell, ohne langes Überlegen, mühsames Gründesammeln und Schlüsseziehen, daß wir es mit einer menschlichen Person zu tun haben! Damit sind natürlich nicht schon alle erdenklichen Qualitäten dieser konkreten Person erkannt. Wir erfahren ja mitunter schmerzlich, wie wenig uns das „Wesen" eines nahestehenden Menschen bekannt ist.

aufzufassen geneigt waren, in flüchtig wirkende Energie, so daß schließlich alles Materielle als energetischer Vorgang erscheint. Aktives Wirken, Dynamik, Energie ist allen materiellen Phänomenen gemeinsam, so unlöslich innerlich eigen, daß wir darin eine weitere *wesentliche Grundeigenschaft* des Materiellen gefunden haben.

Energie und Masse

Bislang schien zwischen materiellen *Körpern* und ihrem energetischen *Wirken* ein unüberbrückbarer Unterschied zu bestehen. Es sieht aber so aus, daß die heutige Wissenschaft diesen Graben ausgefüllt hat. Protonen und Neutronen, also als „Körperchen" angesehene Größen, können zu Photonen, also bloßen Energiequanten, *„zerstrahlen"*. Das kann auch in umgekehrter Richtung vor sich gehen. D. h. Masse kann „verschwinden", und umgekehrt kann Energie „sich materialisieren", anscheinend. Dann der berühmte *„Massendefekt":* Protonen und Neutronen besitzen eine, etwas verschieden große Masse: in ME (Masseneinheiten) zahlenmäßig genauer angebbar. Man weiß also, wieviel ME 2 Protonen und 2 Neutronen zusammen haben. Wenn nun aber 2 Protonen und 2 Neutronen zu einem Heliumkern vereinigt sind, fehlt ein geringer Betrag an der Massensumme: der Massendefekt! Er ist in Form von Energie freigeworden. Einzelheiten sind in einem beliebigen Physikbuch nachzusehen. Aus diesen Tatsachen stellte Einstein die Masse-Energie-Äquivalenz-Gleichung auf. Sie besagt, daß Masse, die man als materielle Substanz aufzufassen geneigt war, in gesetzmäßiger Weise Energiebeträgen entspricht: Die Energie E ist ihrem *Betrag* nach gleich dem Produkt aus der betreffenden Masse und dem Quadrat der Lichtgeschwindigkeit. Das Erstaunliche daran ist, daß hier Masse, etwas bleibend Festes, „Substanzhaftes", mit Energie, also einem leistenden Wirken, gleichgesetzt wird. Wie umwälzend diese Erkenntnis in der Praxis ist, zeigt die schon in der Industrie verwendete Atomkraft.

Nicht so erstaunlich und umwälzend ist der Sachverhalt unter einem anderen Gesichtspunkt. Vergessen wir nicht, daß Physik im Bereich der *Phänomene* Feststellungen macht und exakte

Messungen vornimmt, so daß gesagt werden konnte: Was nicht gemessen werden kann, existiert nicht für den Physiker! Methodisch ist dem durchaus zuzustimmen. So gesehen ist aber nicht nur Energie ein Wirken bzw. Wirkenkönnen, sondern *auch Masse!* Masse hat zunächst mit einem Ding, einer Substanz nichts zu tun.

In der Physik wird schwere und träge Masse unterschieden. Sie bedeuten zwar grundsätzlich etwas Verschiedenes, sind aber in ihren Abmessungen so proportional, daß sie als identische Größen behandelt werden. Abgesehen davon besagen aber beide ein *Wirken* im physikalischen Bereich der sinnlichen Phänomene. Träge Masse leistet Widerstand gegen eine Änderung der Bewegung des betreffenden „Körpers". Man kann also sagen, Masse stellt eine *Form von Energie* dar, nicht gleich schon eine substantiell verstandene Stoffmenge. Wenn das so ist, dann ist es nicht mehr so verwunderlich, daß gemäß der Masse-Energie-Äquivalenz Masse in Energie *übergehen* kann, d. h. *eine Form* von Energie in eine andere! Es kann also keine Rede davon sein, daß etwas substantiell Wirkliches sich in Akzidenzien verwandeln könnte. Ein Ungedanke!

Wenn man unter „Materie" *physikalische* Gegebenheiten versteht, entweder unbestimmt diese oder jene einzelnen oder die Gesamtheit aller sinnlich wahrnehmbaren Tatsachen im physikalischen Bereich, dann kann man einwandfrei sagen: Materie „zerstrahlt", Materie verwandelt sich in Energie oder „Energie materialisiert sich" u. ä. Wenn aber mit „Materie" auch das zugrundeliegende *Sein* mitgemeint ist, also Materie als substanzhafte Realität wie im gewöhnlichen Leben und wohl überall außerhalb der zünftigen Wissenschaft, dann entspricht diese Ausdrucksweise nicht dem ganzen Sachverhalt und ist gelinde gesagt mißverständlich. Man sollte sich also gegebenenfalls vergewissern, in welchem Sinn ein Autor oder Diskussionspartner von „Materie" spricht.[40]

[40] „Materie" kann entweder *physikalisch* gemeint sein oder *philosophisch* (wenn substanzhaftes Sein mitverstanden wird), oder schließlich *erkenntnistheoretisch* wie im sensualistischen Materialismus des 18. Jh. und auch bei Lenin als die Gesamtheit alles (durch die Sinne) Erkennbaren.

3. Ganzheit

Was sich dem beobachtenden und experimentierenden Wissenschaftler an Tatsachen bietet, ist dynamische Bewegung, energetisches Wirken, und dies in nicht aufteilbaren ganzen Quanten. Den physikalischen Größen eignet nach Aubsdehnung auch Dynamik und als 3. Eigentümlichkeit *Ganzheit.* Atome, Elektronen, Protonen usw. lassen sich nicht in beliebige Bruchstücke teilen. Wohl kann man schwere Kerne wie die des Uran *spalten.* Dann ergibt jeder Teil einen ganzen Kern eines schon bekannten Stoffes. Atome können auch Elektronen verlieren oder „einfangen", tendieren aber dann dazu, aus diesem jonisierten Zustand wieder in den Grundzustand ihrer Ganzheit zurückzukehren. Ebenso spielen sich energetische *Vorgänge* in ganzen Beträgen ab, auf Grund der unteilbaren Größe h Plancks. Alles Materielle tritt uns in *elementaren Ganzheiten* entgegen. Diese Existenzweise muß als notwendige Eigenschaft alles Materiellen zur Kenntnis genommen werden.

Die klassische Physik konnte zwischen makrophysikalischen Körpern mathematisch genau Beziehungen und Wirkungen erfassen und daraus physikalische *„Gesetze"* aufstellen. Sie sagen aus, daß zwischen diesen Körpern *„Kausalität"* herrsche, d. h. daß diese Größen in sich und in ihren gegenseitigen Beziehungen streng determiniert seien. Ist danach eine Größe nach allen ihren Bestimmungen bekannt, dann lassen sich daraus andere Größen respektive Determinationen folgern und daher auch voraussagen. „Wenn ein Kind seine Puppe fallen läßt, wackelt der Sirius". Wir sahen schon, daß es gerade diese allseitige Determiniertheit und infolgedessen Voraussagbarkeit ist, die als „Kausaliät" physikalischer Faktoren verstanden wird. In unserer Makrowelt herrscht streng kausale Determiniertheit.

Unbestimmt

In der Mikrowelt ist es nun erheblich anders: Die Unschärfe der Messungen, der komplementäre Doppelcharakter von Welle und Teilchen u. a. (oben S. 69) ergaben, daß das Qualitative der Ausdehnung der Teilchen nicht eindeutig feststellbar ist, das

Qualitative, Wesentliche der Ausdehnung aber dadurch nicht aufgehoben wird.

Dieselben Tatsachen zeigen nun hier, daß auch die Geltung der (physikalischen) *Kausalität* im Mikrobereich eingeschränkt ist. Im normalen Bereich herrscht streng gesetzliche Eindeutigkeit der physikalischen Phänomene, aber im Mikrobereich gibt es diese eindeutige Determiniertheit nicht. Kausalität, physikalisch verstanden, ist hier zwar nicht gänzlich aufgehoben, aber eingeschränkt. Die unaufhebbare Unbestimmtheit der Phänomene, die in gewissen Grenzen besteht, macht auch ihr kausales Wirken unbestimmt. Die wirkenden Ganzheiten, in denen das Materielle auftritt, sind nicht scharf umgrenzt, sind wie „verwischt", sind „unbestimmte Ganzheiten".

Diese Feststellung betrifft die *physikalischen* Phänomene, aber damit nicht ohne weiteres auch das zugrunde liegende Reale. Physikalische Kausalität ist zu unterscheiden von der realontischen Kausalität des realen Bewirkens und Hervorbringens, um die es der Philosophie gerade geht.

Die Strenge der *Kausalität* ist durch solche Tatsachen *eingeschränkt.* Zu ihnen gehört auch die nicht beeinflußbare *Halbwertszeit* des Zerfalls radioaktiver Stoffe. Sie erlaubt zwar anzugeben, nach welcher Zeit die Hälfte der Atome einer Stoffmenge bestimmter Art durch Strahlung zerfallen sein wird, aber nicht, ob ein bestimmtes Atom nach dieser Zeit zerfallen sein wird, oder vielleicht erst viel später. Auch an dieser Stelle ist also die Strenge der Kausalität eingeschränkt.

Statistisch

„Kausale Naturgesetze", wie wir sie in ihrer mathematischen Genauigkeit in der klassischen Physik kennen, kann man in der Physik der kleinsten Teilchen daher nicht aufstellen. Hier gelten nur angenäherte Werte, Durchschnittswerte, die in nur *„statistischen Naturgesetzen"* formuliert werden.

Aber was ist überhaupt „Gesetz"? Seinen ursprünglichen Ort hat es im *menschlichen Bereich,* in dem der ausgesprochene Wille des „Gesetzgebers" bestimmend wird für das Handeln der

Staatsbürger, etwa daß alle Kinder eine Schule besuchen müssen. Als Wirkung des ‚gesetzten' Willens der Autorität besteht für die Bürger eine (moralische) Notwendigkeit, sich in ihrem Handeln nach ihm zu richten.

In der materiellen Natur beobachten wir *Regelmäßigkeit* im Verhalten der Stoffe und Körper, etwa daß 2 Atome Wasserstoff sich mit 1 Atom Sauerstoff immer zu Wasser verbinden. *Warum* verhalten sich diese Stoffe so? Wenn sie es immer tun, muß der *Grund* dafür in ihnen selbst liegen, es muß eine innere Notwendigkeit vorliegen, daß sie es tun. Wenn einmal die Regelmäßigkeit, mit aller Sorgfalt untersucht, feststeht, dann erst kann man von einer inneren (physischen) *Notwendigkeit* sprechen, von einem „Naturgesetz". Dann ist es auch möglich, aufgrund dessen *Voraussagen* zu machen, wie sich bestimmte Stoffe unter gegebenen oder veränderten Bedingungen verhalten werden! [41]

Man kann es daher verstehen, wie bestürzend es für die Naturwissenschaft war, daß die strenge Regelmäßigkeit, die man wie in der normalen Körperwelt auch bei den Elementarteilchen erwartete, sich hier nicht fand. So war es nicht möglich, „kausale" Naturgesetze in diesem Bereich aufzudecken und aufzustellen: es gibt dort nur „statistische"! Und nicht nur dort, sondern wie die Physiker sagen, sind *alle* Naturgesetze nur statistisch! Makroskopisch macht es sich nur nicht bemerkbar.

Mit der Feststellung, daß in der Mikrophysik die strenge Determiniertheit nicht zu finden ist, wollte man sich begreiflicherweise anfangs nicht abfinden. Man rechnete mit der Möglichkeit, daß es im physikalischen Bereich „verborgene Parameter" gäbe, die noch nicht gefunden seien oder grundsätzlich von uns nicht gemessen werden könnten. Sie würden als „physikalische Bestimmungsstücke" die fehlende genaue Bestimmtheit geben und in physikalischen Ergebnissen die Unschärfe, Ungenauigkeit der Daten beseitigen. Heute ist man aufgrund theoretischer Überlegungen und wiederholter Versuche überzeugt, daß es im *physi-*

---

[41] Von einer Regelmäßigkeit in *wenigen* Fällen auf eine innere *Notwendigkeit* und damit auf ein Gesetz für *alle* Fälle zu schließen, ist die Methode der „Induktion".

kalischen Feld solche verborgenen Parameter nicht gibt. Das Materielle zeigt sich in seinen elementaren Vorgängen grundsätzlich unscharf: die genauen Vorstellungen und Begriffe von den Makrokörpern lassen sich auf das im Mikrobereich Gegebene nicht anwenden.

Dieses Ergebnis darf nicht so verstanden werden, als ob dort *völlige* Unbestimmtheit herrsche. Es handelt sich vielmehr um eine *begrenzte Unschärfe,* eine „Unbestimmtheit in bestimmten Grenzen", was oben zum Ausdruck kam (S. 70).

Ähnlich ist es in *astronomischen* Ausmaßen, wo nach der *Relativitätstheorie* von zwei weit voneinander entfernten Ereignissen das eine für verschiedene Beobachter gleichzeitig oder früher oder später als das andere sein kann, je nach dem Standort und Bewegungszustand des jeweiligen Beobachters. *Zeitliche* und *örtliche Bestimmtheit* kommt den Körpern und Ereignissen nicht als absolute Eigenschaft zu, sondern *relativ* zu den Körpern, Beobachtern und Systemen, denen diese angehören. Es ist daher nicht möglich, die örtlichen und zeitlichen Daten anzugeben, wie sie *abgesehen* von diesem Bezogensein auf andere Körper und auf Beobachter „wirklich" sind. Man kann sie wegen der Relativität nicht nur nicht angeben, es scheint sie gar nicht zu geben.

Wenn die Astronomie uns sagt, daß der Kosmos in ständiger Ausdehnung begriffen sei, so bleiben doch Erde und Planeten des Sonnensystems, Milchstraße und benachbarte Galaxien in einem *eindeutigen Raumverhältnis zueinander.* Die Aussagen über die relativen Bewegungen der Sternsysteme lassen sich nicht einfach umkehren. Man muß daher zugeben, daß der Beobachter auf der Erde durch das „feste" System des ihn umgebenden Fixsternhimmels mit seinen Beobachtungen „bevorzugt" ist gegenüber einem Beobachter in einem die Erde mit hoher Geschwindigkeit umkreisenden Raumschiff. Es handelt sich also in all diesen Fällen *nicht* um *gänzliche* Unbestimmtheit. Sie hat Grenzen!

Niels Bohr schreibt: „Da ... wie Einstein betont hat, die raum-zeitliche Koordinierung verschiedener Beobachter *niemals* eine *Umkehrung* der sogenannten *Kausalfolge* von Ereignissen zuläßt, bedeutet die Relativitätstheorie nicht nur eine Erweiterung des Anwendungsbereichs, sondern auch einen *Ausbau* der Grundlagen der *deterministischen* Beschreibungsweise, die charakteristisch für das großartige Gebäude ist, das im allgemeinen als klassische Physik bezeichnet wird". [42]

4. Der Vorstoß zum Sein der Materie

Wir besitzen *Vorstellungen und Begriffe* von materiellen Körpern und ihren Eigenschaften aufgrund unserer alltäglichen „Großerfahrung". Auf die materielle *Kleinwelt* dürfen wir, wie sich aus den erheblich anderen Verhältnissen in ihr ergibt, diese Vorstellungen und Begriffe nicht einfach übertragen. Wenn wir sie als Hilfsmodelle anwenden, können wir mit ihnen die unanschaulichen mikrophysikalischen Tatsachen in je verschiedenem Grade *annähernd* uns vorstellen und verständlich machen, müssen uns aber bewußt bleiben, daß es Modelle sind, die die Tatsachen nicht in allem so wiedergeben, wie sie sind.

So war das *Atommodell* von Rutherford, dann das verbesserte von Bohr, jetzt das „Tröpchen"-, das „Schalen"modell des Atom*kerns* ein nützlicher Weg zu fortschreitender Erkenntnis der Mikrowelt. Zuletzt haben wir nur noch mathematische Formeln, mit denen die Physik die Gegebenheiten in diesem Bereich wiedergibt. Es ist eine abstrakte, *unanschauliche* Sprache, die hier allein noch möglich ist und dem Nichtfachmann unzugänglich bleibt. Die Welt scheint ein einziger mathematischer Gedanke zu sein, sagen große Physiker und suchen wie Heisenberg und andere die alles zusammenfassende einheitliche „Weltformel" aufzustellen.

Alle diese *Sinnestatsachen,* die die Naturwissenschaften erhoben, geordnet und in Naturgesetzen formuliert haben, sucht die Philosophie zu deuten nach dem hin, was diesen Sinnesdaten zugrundeliegt, dem materiellen *Sein,* um so als Naturphilosophie die Frage zu beantworten: Was *ist* Materie? Gemäß dem allgemeinen Verhältnis von Phänomen und Sein, das oben besprochen wurde, muß man sagen: Das Seiende ist so wie die Erschei-

[42] Naturwiss. Rundschau 13 (1960) 252–55.

nungen. Den Phänomenen *entspricht* das Sein. Was *ist* also Materie? Wegen der naturwissenschaftlichen Tatsachen, die eine vorschnelle Gleichsetzung verbieten, kann man nun formulieren:

Materie ist ein Seiendes, Wirkliches, *das Ausdehnung und Dynamik* als Grundeigenschaften besitzt und *in elementaren Ganzheiten* existiert. Sie tritt in begrenzter Unbestimmtheit in Erscheinung.

In der *physikalischen* Ebene, in der man exakte, durch „kausale“ Beziehungen bestimmte Resultate zu erheben suchte, wurden statt dessen unscharfe Größen und Beziehungen gefunden. „Verborgene Parameter“ sind nicht anzunehmen. Muß *philosophisch,* in der *Seins*ebene, die der physikalischen zugrundeliegt und ihr strukturell irgendwie entspricht, ebenfalls Unbestimmtheit angenommen werden? Naturwissenschaftlich kann das nicht festgestellt, nicht nachgeprüft und daher auch nicht ausgesagt werden, weder positiv noch negativ. Und philosophisch? Wenn über die naturwissenschaftlichen konkreten Daten und nächsten Gründe und Gesetzmäßigkeiten hinaus nach dem *Wirklichen als solchem,* dem zugrundeliegenden Sein gefragt wird?

Das Wirkliche als solches hat seine eigene Existenz, wie wir immer wieder sagten. Es existiert, auch wenn es nicht wahrgenommen, gemessen, gedacht wird. Es besitzt also, wenn es wirklich ist, alles, was zum Wirklichsein gehört; anscheinend eine Binsenwahrheit. Aber negativ ausgedrückt, ergibt sich daraus schon, daß ihm keine Bestimmtheit fehlen kann, die zum Existieren gehört. Ein Existentes bekommt nicht erst Existenz oder Faktoren der Existenz dadurch, daß es gemessen oder erkannt wird. Wenn es existent sein soll, muß es alle Existenz*bedingungen* und *-bestimmungen* besitzen, es kann ihm keine fehlen. D. h. es kann nicht in bezug auf irgendeine von ihnen noch unbestimmt *sein.* Damit ist nicht geleugnet, daß es evtl. nicht alle vorhandenen Bestimmungen *äußert,* so daß es in bezug auf diese oder jene unbestimmt *erscheinen* kann. Daß dies Tatsache ist, hat eben die Mikrophysik einwandfrei nachgewiesen.

Wenn im *Seins*bereich das materiell Wirkliche so existiert, daß es in allem bestimmt ist, und nur so existieren kann, dann muß auch sein Wirken im Seinsbereich eindeutig bestimmt sein. Das würde heißen, daß wenn man auch im physikalischen Bereich auf Grund der mit physikalischen Methoden festgestellten Tatsachen nur von statistischen Naturgesetzen sprechen kann, im Seinsbereich jedoch voll determinierte Gesetze herrschen.

Um allen Tatsachen und Sachverhalten gerecht zu werden, muß man also sagen: *Materie zeigt,* naturwissenschaftlich erforscht, Ausdehnung, Dynamik und Ganzheit in der besprochenen Unbestimmtheit. In ihrem *Sein ist* sie entsprechend ein Ausgedehntes, das dynamisches Wirken besitzt und die Fähigkeit, in Ganzheiten und unbestimmten Ganzheitsverhältnissen sich zu äußern, ohne selbst unbestimmt zu *sein.* D. h. z. B. Materie *ist* nicht Korpuskel und nicht Welle, sondern sie tritt je nachdem als Welle oder Korpuskel *in Erscheinung!*

Es wurde erwogen, daß dann im Materiellen möglicherweise *Indifferenz* vorläge, ähnlich wie beim freien Willen, und daß das Materielle aus dieser seiner Indifferenz jeweils durch eine Art freie Selbstentscheidung als Welle oder Körperchen hervortrete. Aber dem kann nicht zugestimmt werden. Die freie Wahl schließt so vieles ein, was von der Materie auf keine Weise ausgesagt werden kann. Um sich selber frei zu bestimmen, ist *geistiges* Erkennen notwendig; das Sein als solches, Möglichkeiten und Werte als solche müssen erfaßt werden. Das frei sich bestimmende Subjekt, wie es auch immer gedacht sei, muß sich „selbstherrlich" zurückhalten können gegenüber den vorliegenden Inhalten und Werten, muß sie vergleichen und abwägen können. Dafür fehlt jedes Anzeichen im Materiellen. Seine Existenzweise, wie sie uns aus Wissenschaft und täglicher Erfahrung bekannt ist, schließt das absolut aus. Dann könnte man eher noch hinnehmen, daß der Kaktus auf dem Fensterbrett nachts singt, wenn es niemand merkt.[43] Es zeigt sich hier, ob man die Prinzipien als allgemeingültige, im Sein begründete eingesehen hat und ernst nimmt.

---

[43] Erkenntnistheoretische Wahrscheinlichkeit als begründete Glaubwürdigkeit einer Aussage läßt sich nicht, wie Wittgenstein, Carnap u. a. es versuchten, auf *mathematische* Wahrscheinlichkeit zurückzuführen, als der zahlenmäßigen Häufigkeit von Gliedern einer Reihe (J. de Vries, Scholastik 36 (1961) 570.

Elementarteilchen sind alle ineinander umwandelbar, so daß für Atomkern und -hülle nur Modellbilder möglich und notwendig sind.[44] Im Makroskopischen besteht keine Umwandelbarkeit mehr. Hier sind aus den unbestimmten, nur statistisch bestimmbaren Teilchen die Steine, Blöcke, Fluten geworden, d. h. die Massenkörper, die induktiv erkannten Naturgesetzen unterliegen.

Aus all dem erscheint Materie noch deutlicher als „Material", aus dem Dinge, Lebewesen, Menschen gemacht sind. Materie ist unbestimmt, ungeformt und andererseits fähig, geformt zu werden. Materie kann alle Formen materieller Dinge aufnehmen. Wir können keine Aussagen machen ohne Gründe, nur willkürlich. Das Erkannte *ist so* und kann nicht ebenso gut *nicht* so sein. Es trägt den Grund in sich dafür, daß es *dies* ist und *so* ist. Wenn einem Wirklichen bestimmte Eigenschaften und Fähigkeiten zugeschrieben werden, dann kann das mit Recht, mit „Grund" nur geschehen, weil es sie hat und äußert. Ein Baum kann nicht singen, weil er es ja nie tut, und er tut es nie, weil er die Fähigkeit dazu, den „hinreichenden Grund" nicht in sich trägt. Wenn das alles nicht absolut sicher ist, dann hört Denken und Sprechen auf, weil es sinnvoll nicht mehr möglich ist. Auch alle Aussagen mit abgestufter Gewißheit oder nur Wahrscheinlichkeit setzen die absolut sicheren Grundeinsichten der Prinzipien voraus.

B. Das Lebendige

1. Der Organismus

Sehen wir uns zuerst in der *makroskopischen Welt* um! Tannen, Katzen, Menschen sind Organismen, „Lebewesen". Sie bestehen aus Materie, derselben Materie wie Wasser, Luft, Erde; wie Steine, Sterne, Statuen. Die *Materie* ist in lebendigen und leb-

[44] Naturwiss. Rundschau 22 (1969) 72.

losen Körpern *dieselbe* mit denselben Eigenschaften, aus denselben Elementen zu denselben Verbindungen verbunden: nach denselben Gesetzmäßigkeiten chemisch und physikalisch wirkend und reagierend. Ist an den Lebewesen darüber hinaus noch etwas Besonderes?

Übergeordnete Ganzheit

Das Besondere ist, daß die Materiemenge des Baumes als eine *Ganzheit* wächst, blüht und reift; daß ein Hund als Ganzer sich nährt und wächst, läuft und kämpft, schläft: der Mensch entsprechend ebenso. Diese „Lebensäußerungen“ von Pflanze, Tier und Mensch lassen die Materiemenge des Lebewesens als eine ‚Ganzheit in Funktion‘ in Erscheinung treten. Hier leisten Botanik und Zoologie, Anthropologie und Medizin ihren Beitrag zu der Gesamterfahrung, dem riesigen Tatsachenmaterial, von dem wir ausgehen müssen, um sagen zu können, was Leben ist.

Das Auftreten des Lebewesens als eine Ganzheit erfordert die *„Organisation“* des Organismus, die ganz bestimmte jeweils verschiedene Ordnung, in der die Materie im Leben existiert, und sie zu einer „Strukturganzheit“ macht. Wurzel, Stengel, Blätter sind die der Pflanze eigene und notwendige *Struktur*. Kopf, Rumpf, Gliedmaßen sind die ganz bestimmte, für das Leben notwendige *Ordnung*, in der die Materie im Tier und im Menschen existiert. Zu dieser „Organisation“ gehören die *„Organe“:* Gehirn, Herz, Lunge usw., Augen, Ohren, Nase usw. Viele von ihnen sind „lebenswichtig“. Von ihrem unverletzten Vorhandensein und Funktionieren hängt das Leben der Lebewesen ab. Leben ist *gebunden* an bestimmte Strukturen und Funktionen, die die Ordnung und Ganzheit der Materie in den Lebewesen aufrechterhalten. Was ist Ordnung? Die Zusammenfassung *vieler* Elemente zu einer *Einheit*, einer *einen Ganzheit*.

Die eine Ganzheit der Materie in den Lebewesen muß sorgfältig gewürdigt werden. Sie ist ja nicht eine zufällig sich einmal ergebende *augenblickskurze* Ganzheit, die sofort wieder vorüber ist. Sie wird vielmehr bei allem Materieaustausch der Lebensfunktionen *aufrechterhalten*.

Wachstum

Die Tatsachen der Nahrungsaufnahme, der Assimilation, der Verwendung zum Aufbau des Organismus und zur Durchführung der Funktionen – was wir Baustoffwechsel und Betriebsstoffwechsel nennen – die allmähliche Ersetzung und Ausscheidung von Materie, aus der der Organismus besteht, das *Wachstum* im aufrechterhaltenen Rahmen der Organismusganzheit sind erstaunlich. Oder ist es so selbstverständlich, daß die hundert Brote, die ein Erwachsener vielleicht im Laufe eines Jahres ißt, aufgrund des Stoffwechsels gemäß der Struktur auf den Gesamtorganismus verteilt werden und nicht etwa bloß an einer bestimmten Körperstelle ein Wachstum ergeben? An sich wird durch das Hinzukommen neuer Materiemengen die Ganzheit gestört und eigentlich aufgehoben. Es ist eben nicht ein bloß lokales Plazieren der als Nahrung aufgenommenen Materiemengen und nicht bloß eine Reihe von zu erwartenden chemischen und physikalischen Prozessen, sondern sie finden in einer örtlich und zeitlich ganz *bestimmten Ordnung* und Folge statt; so, daß der *Rahmen der Ganzheit* des betreffenden Lebewesens gewahrt bleibt: der Organismus *lebt*.

Er entwickelt sich und bleibt dabei individuell und artlich derselbe. Er „hält sich durch". Es ist eine ständige und dennoch *nicht starre* Ganzheit, die dem Lebewesen als solchem eigentümlich ist. Durch diese *„dynamische Ganzheit*, die natürlich bei jedem konkreten Organismus je verschieden bestimmt ist, unterscheiden sich Pflanze, Tier, Mensch von nichtlebenden Materiemengen, die etwa nach Gewicht und Zusammensetzung gleich sind.

Regeneration

Das zeigt sich noch eindrucksvoller in den Tatsachen der *Regeneration*. Hierher gehört, daß bei uns *Menschen* innere und äußere Wunden wieder heilen, sich schließen. So alltäglich dies auch ist, es ist dennoch ein bewundernswerter Vorgang: in komplizierten Prozessen werden aus der unmittelbaren Nachbarschaft, aber auch aus entlegenen Bereichen des Körpers Substanzen herbeigeschafft, die den Verlust ersetzen, ausfüllen, die

Wunde schließen und heilen. Diese Fähigkeit der Regeneration bleibt freilich bei Menschen in engeren Grenzen.

Bei niederen *Tieren* ist diese Fähigkeit umfassender, so daß auch verlorene Organe und Gliedmaßen durch neues Wachstum ersetzt werden können. Daß einer Eidechse der Schwanz abbrechen und wieder nachwachsen kann, ist ein sehr bekannter, wenn auch vielleicht nicht einmal echter Fall von Regeneration. Die Bruchstelle ist schon angelegt, es ist also eher als eine zweckmäßige Einrichtung anzusehen, daß das Tier lieber den Schwanz in der Hand des Jägers lassen und sich selber, sein Leben bewahren kann. Aber viele andere Beispiele belegen zweifelsfrei die Fähigkeit zu regenerieren. „Einen Süßwasserpolyp (Hydra) kann man in 200 Teile zerlegen, aus jedem wächst ein ganzes Tier heran. Einer Molchlarve wächst ein abgeschnittenes Bein wieder nach ... (übrigens in gewissen Grenzen:) wenn man den Schnitt so anlegt daß zwei Wundflächen entstehen, dann wachsen zwei Beine nach. So kann man Planarien (Plattwürmer) mit vielen Köpfen erzeugen“.[45]

Einen besonders überzeugenden Fall berichtet *Gustav Wolff:*[46] Bei Tritonen (Molchen) kommen gelegentlich, wenn auch selten, Augenverletzungen vor. Sind sie nicht besonders schwer, heilen die Augen wieder aus. Nicht nur die Hornhaut, auch die Linse und Teile der Netzhaut können ausfallen, ohne daß das verletzte Tier für immer das Auge einzubüßen braucht. Niemals aber kann in der freien Natur ein isolierter Verlust der Linse allein eintreten. Nun kann ähnlich wie bei einer Staroperation auf eine recht einfache Weise die Linse für sich allein entfernt werden. Ein Schnitt öffnet die Hornhaut. Ein leichter Druck auf den Augapfel läßt die Linse herausspringen. Wenige Stunden nach der Operation ist die geringfügige Wunde verheilt. Das übrige Auge hat bei richtiger Durchführung der Operation keinerlei Schaden genommen ... Tatsächlich bildet sich eine *neue Augenlinse* ohne jedes Versuchen und Tasten!

Das Verblüffende ist, daß die neue Linse in einer völlig anderen Weise und aus anderem Material gebildet wird als in der

---

[45] H. Precht, Das wissenschaftliche Weltbild und seine Grenzen, 57.

[46] G. Wolff, Leben und Erkennen. 1933, 170 ff.

embryonalen Entwicklung. Embryonal entsteht das Auge aus zwei verschiedenen Anlagen. Einmal stülpt sich eine Hirnanlage zur Außenhaut vor und bildet den Augenbecher. Ihm entgegen wächst eine Wucherung der Epidermis, die zur Linse wird und sich dem übrigen Auge einfügt. Zur Ersatzbildung wird aber ein der Funktion ganz fremdes Gewebe herangezogen; vom oberen Irisrande aus entsteht eine Wucherung, die sich zu einer neuen Linse ausdifferenziert. Das Eigenartige dabei ist, daß ein schon völlig ausdifferenziertes Material seine Differenzierung rückgängig macht, um gewissermaßen wieder embryonal zu werden. Hatte es zuerst ein völlig undurchsichtiges Organ, die schwarz pigmentierte Lamelle der Regenbogenhaut geliefert, so wird es in der neuen Stellung zu dem durchsichtigsten Organ, das der Körper besitzt.

„Das Bekanntwerden dieser Regenerationserscheinung", sagt G. Woff, „verursachte der herrschenden Biologie, wie sie sich ausdrückte, einen schweren Alpdruck und veranlaßte vielfache Anstrengungen, den Vorgang einer mechanistischen Ableitung zugänglich zu machen."

Zu einer Regeneration gehört hier viel mehr als nur eine Neubildung des Linsenkörpers. Er muß auch in die Umgebung *funktionsfähig eingefügt* werden. Dieser Vorgang weicht wiederum völlig ab von dem entsprechenden der Embryoentwicklung. Dazu gehört auch die Ausbildung neuer Zonulafasern, die Wiederaufrichtung und Reparation der unteren Ziliarfalten und ihre Verbindung mit der Linse, überhaupt der ganze Aufhäng- und Akkomodationsapparat. Die genaue Einpassung der Linse in die Pupille unter völlig neuen Verhältnissen, kurz die Gesamtheit der Einzelheiten dieses Vorganges, der zu einem organischen, zweckmäßig gestalteten und zweckmäßig *funktionierenden Ganzen* gehört, der also in der neuen Lage durch eine *neue Kombination* vorhandener Mittel erstrebt und meist auch erreicht wird, das in dieser Weise noch nie erreicht und auch noch nie gesucht worden war.

T. Sato operierte die Linse von der Mundhöhle aus weg, um alle anderen Teile möglichst zu schonen. Ein solcher isolierter Verlust der Linse ist ganz unmöglich in der freien Natur, Regeneration trat auf dieselbe Weise ein! H. Wachs nahm auf Anregung H. Spemanns ein Stück regenerationsfähige Iris aus dem geweblichen Zusammenhang heraus und züchtete es in vitro weiter: die Fähigkeit zur Linsenbildung wurde *nicht* aktiviert![47] Alle diese ungewöhnlichen Vorgänge haben *allein darin* ihren *Sinn* und ihr reales *Ziel*, die *gegliederte Ganzheit* des Lebewesens wiederherzustellen, das nur so „leben" kann.

Fortpflanzung

Schließlich zeigt sich in der *Fortpflanzung* der Lebewesen die *Ganzheit* der Struktur und Funktion, die ihnen im Unterschied zu den leblosen Dingen so eigentümlich ist. Pflanzen, Tiere, Mensch bringen Individuen ihrer Art hervor, auf mannigfaltigste Weise. Uns interessiert hier nur die Tatsache, *daß* sie sich „fortpflanzen". Das geschieht so, daß *nicht* eine *beliebige Materiemenge* von dem elterlichen Organismus abgetrennt oder in der geschlechtlichen Fortpflanzung aus zwei Teilen zusammengefügt wird, sondern immer eine materielle *Ganzheit* neu gebildet wird. Der Teil, der in der ungeschlechtlichen Fortpflanzung wie bei vielen Pflanzen von dem elterlichen Lebewesen abgetrennt wird, ist immer ein *neues Individuum*, eine Ganzheit, zu der die vorhandene Materie zusammengeordnet wird. Was vorher Teil war, wird nun strukturell geordnete und funktionelle Ganzheit. Ebenso werden bei der geschlechtlichen Fortpflanzung die zwei von verschiedenen Individuen, einem männlichen und einem weiblichen, stammenden Keimzellen zu *einem ganzen* Individuum vereinigt, verschmolzen. Die Materie existiert also durch Fortpflanzung immer nur als ein neues ganzes, individuelles Lebewesen. Nie wird nur ein Teilgebilde hervorgebracht. Auch wo der Fortpflanzungsvorgang nicht zu seinem normalen Ziel gelangt, ist das Streben danach nicht zu verkennen.

Schon um 1900 gelang es *Hans Driesch*, ein Seeigelei in einem frühen Stadium der Entwicklung mit einem feinen Haar in der

[47] H. Spemann, Experimentelle Beiträge zu einer Theorie der Entwicklung. 1936, 202.

Mitte durchzuschnüren, so schonend, daß es weiter lebte und sich entwickelte. Schließlich konnten die zwei Hälften ganz voneinander getrennt werden. Zum ungläubigen Staunen der damaligen Biologie und gegen sein eigenes Erwarten erhielt er nicht zwei halbe, sondern zwei *ganze* lebensfähige, wenn auch kleinere Seeigel! Dieser Versuch wurde oft wiederholt, von Spemann am Molchei, und ergab dasselbe Resultat, aber nur, wenn der Keim noch in einem frühen Stadium der Entwicklung war.[48] Bei gewissen Tieren ist diese erstaunliche Ganzheitsvermehrung sogar die Regel: Bei manchen Schlupfwespen und dem Gürteltier werden aus *einer* Eizelle *immer* „Mehrlinge", vier oder acht *ganze* Junge.

Umgekehrt kann man zwei verschiedene Keime in einer frühen Phase ihrer Entwicklung *zu einem* Individuum zusammenwachsen lassen. So kann aus einem zwei-zelligen Keim des Alpenmolches und einem zwei-zelligen Keim des Teichmolches *ein einziger ganzer* Embryo sich entwickeln.

Werden solche Versuche in einem *späteren Stadium* der Keimentwicklung vorgenommen, wenn schon Anlagen späterer Organe, etwa des Zentralnervensystems vorbereitet werden, so regulieren sich die Hälften *nicht mehr* zu einem Ganzen um, sondern ergeben halbe Embryos, die nach kurzer Zeit zugrundegehen. Oder es entstehen solche mit zwei Köpfen oder einer vermehrten Zahl von Beinen und andere mannigfaltigste *Mißbildungen.*

Es gibt auf diesem Gebiet eine Fülle von Versuchen und Tatsachen, auch anscheinend widersprechenden. Sie fügen sich schließlich einer erklärenden Deutung ein, die von der heutigen Wissenschaft vertreten wird: der Keim ist *anfangs bildsam* und noch nicht für Teile oder Organe des erwachsenen Lebewesens determiniert. Er kann seine Gesamtmaterie nach einer Störung (Einschnürung) *noch umordnen.* Es können noch ganze Individuen gebildet werden. Das ist später nicht mehr möglich, wenn die Entwicklung schon weiter fortgeschritten ist, wenn bestimmte

[48] Blastula- und Beginn des Gastrulastadiums.

Teile des Keims schon zu bestimmten Organen und Körperteilen des fertigen Tieres determiniert, ausdifferenziert sind.

Diese Determination erfolgt nicht bei allen Arten in demselben zeitlichen Entwicklungsstadium. Besonders bei niederen Tieren geschieht sie verschieden früher, sogar schon vor der Befruchtung. Die so differenzierten Bezirke enthalten schon „organbildende Substanzen" und werden im Verlauf der Furchung auf Zellen verteilt. Je nachdem ergeben sich dann abweichende Resultate der besprochenen Versuche und erklären sich Mißbildungen. Diese Tatsachen schränken die Tragweite der vorher besprochenen ein, heben sie aber nicht auf.

Wir können daher an diesem Punkt der Überlegungen konstatieren, daß Lebewesen als solchen eine *ganzheitliche* Existenzweise eignet, und zwar nicht eine statische Ganzheit, sondern eine, die ständig *neu bewirkt* wird. Die vorhandene Materie ist in einem „Fließgleichgewicht"; ihre einzelnen Bestandteile werden in unaufhörlichen Lebensprozessen abgebaut, ausgeschieden, ersetzt, neu aufgebaut. Es ist eine *dynamische* Ganzheit. Sie kommt zum Ausdruck in Wachstum, Regeneration, Fortpflanzung. Sie wird deutlich im Vergleich mit der immer schon leblosen Materie, mit der Maschine und mit gestorbenen Lebewesen. Die *leblose Materie* besteht aus *elementaren* Ganzheiten, während das Lebewesen diese, die sie bestehen läßt, zu *übergeordneten* Ganzheiten, den lebenden Individuen, zusammenordnet. Die *Maschine* besitzt geordnete Ganzheit, die der Materiemenge vom denkenden Menschen, von außen, aufgeprägt worden ist. Das *tote Lebewesen* besaß vorher die Ganzheit des Lebendigen, verlor sie aber durch den Tod des Individuums. Seine Körpermaterie behält noch eine gewisse Zeit den äußeren Ordnungszusammenhang, dem Anschein nach. In Wirklichkeit aber hat die dynamische Ganzheit der Materie im toten Körper aufgehört. Er ordnet die Materiebestandteile nicht mehr zu einem Ganzen und lenkt die materiellen Prozesse nicht mehr auf das Ganze hin. Vielmehr geschehen sie nur noch nach den physikalischen und chemischen Gesetzen, die der Materie als solcher eigen sind. Dadurch wird die noch gebliebene, statische Ganzheit mehr und mehr aufgelöst, der Organismus verwest.

Übrigens kann man nicht mit der Stoppuhr angeben, wann der Mensch tot ist. Das Gehirn kann nach kurzer Zeit (10–20 Sekunden?), in der es nicht mehr durchblutet war und keine elektrischen Ströme sich ableiten ließen, wieder von neuem anfangen zu funktionieren. Solche Fälle sind wiederholt registriert worden. Ontologisch könnte man es so zu erklären versuchen: 1. Auch wenn die Seele als Lebensprinzip sich vom Leibe getrennt hat, der Mensch also ontologisch „tot" ist, könnten noch manche chemisch-physiologischen Reaktionen ablaufen oder durch physiologischen „Anstoß" wieder in Gang kommen, für kurze Zeit, bis der Mensch auch „klinisch" tot ist. Oder 2. Die Seele wäre in dieser Phase der aussetzenden und evtl. wieder einsetzenden Gehirnfunktionen im Sterbenden noch mit dem Leibe verbunden, würde aber manche Funktionen nicht mehr vollziehen können, bis schließlich keinerlei Lebensäußerungen mehr festgestellt werden können. Dann erst würde man sagen müssen, daß der Mensch auch ontologisch tot ist. Das sind Grenzfälle, für die man zugeben muß, daß im einzelnen Fall sich nicht entscheiden läßt, ob der Tod schon eingetreten ist.

An den Tatsachen von Wachstum, Regeneration, Fortpflanzung zweifelt niemand. Daß sich in ihnen Ordnung und Ganzheit äußern, wird nicht mehr so allgemein ausgesagt. Immerhin lassen sich eine Fülle von *zustimmenden Zeugnissen* aus den Reihen der Biologen und Naturwissenschaftler anführen. Hier nur einige.

„Fast alles steht bei einem Organismus im Dienst des Ganzen ... ein Steinhaufe ist eine Summe von Teilen ohne ganzheitsregulatorische Züge. Es gilt also für den Gesamtorganismus letztlich dasselbe wie für die einzelne Zelle, die ebenso als ein solches ganzheitliches System betrachtet werden kann. Oder muß.[49] ... Sobald diese Ordnung mit dem Tode verloren geht, hören diese ganzheitlichen Regulierungen auf. Es liegt dann nur noch ein nichtregulatives System vor, ein „Steinhaufen".[50]

„Jeder Organismus ist ein in sich geschlossenes *Ganzes*. Jedes Lebewesen ist ein Individuum, und jeder Organismus lebt und handelt aus einem eigenen Zentrum, seinem Wesensmittelpunkt heraus. Fast immer ... reagiert er in seiner Ganzheit als ein vom Mittelpunkt her organisiertes Wesen, und was ihn scheinbar an einem kleinen Teil betrifft, das wirkt letztlich doch immer auf

[49] Mit der Einschränkung, daß der Organismus ein selbständiges Individuum ist, während die Zelle in einem mehrzelligen Organismus ein unselbständiges *Glied* ist.

[50] *H. Precht*, Das wissenschaftliche Weltbild und seine Grenzen, 59.

das Ganze zurück, durch das kaum übersehbare Zusammenspiel aller Teile und Vorgänge in ihm ... deshalb ist (ein Vorgang) ... stets ein *Glied* im Zusammenspiel aller Vorgänge, durch das Ganze bestimmt und seinerseits dies Ganze mitbestimmend." [51]

„Das wunderbare Vermögen des lebendigen Gefüges, sich selbst unablässig zu erhalten und selbsttätig aufzulösen, zu beharren und zu sterben und damit – mit der Selbstregulation – das Unwahrscheinlichste auf unserem Planeten zu vollbringen, setzt eine Ordnung voraus ... dank einer Ordnung laufen auch die von den Organen geleisteten Betriebsfunktionen so ab, daß sie das Ganze erhalten. Wo aber eine Ordnung gesetzt ist, fragt man nach der Ordnungs*macht*." [52]

Überformung der Materie

Es stellt sich die Frage nach dem *Woher*. Wenn die übergeordnete Ganzheit des Lebendigen als eine labile, dynamische beständig *bewirkt* werden muß, *wer* bewirkt sie? Wenn sie nicht wie bei der Maschine von außen, vom denkenden Menschen eingeprägt worden ist, dann muß sie notwendigerweise *von innen* bewirkt und durchgeführt werden. Es muß also im Lebewesen eine Instanz vorhanden sein, die diese Zusammenordnung der materiellen Bestandteile und Prozesse zur Ganzheit *bewirkt* und durchführt. [53]

Gewiß treten diese Ganzheitswirkungen *an* den materiellen Bestandteilen und Prozessen auf; die Materie des Lebendigen wirkt, reagiert selbst nach ihren Eigenschaften und Gesetzmäßigkeiten. Noch einmal: auch die Materie im Lebendigen ist Materie, mit ihren Grundeigenschaften, Reaktionsweisen und Gesetzmäßigkeiten: sie bleiben *dieselben* wie außerhalb des Lebendigen, nur daß die elementaren Ganzheiten, Atome, Moleküle usw. zu einer übergeordneten Ganzheit *zusammengeordnet* sind und stän-

[51] *H. J. Flechtner*, Chemie des Lebens. 1952, 17.

[52] *W. Bargmann*, Vom Bau und Werden des Organismus, 124.

[53] Auch elektronische Geräte und kybernetische Systeme, die an Schnelligkeit und Kombination der Leistung den konstruierenden Menschen weit übertreffen, sind „Maschinen", denen Plan, Information vom denkenden Menschen gegeben sein muß. S. 110ff.

dig neu zusammengeordnet werden. Erst diese übergeordnete dynamische Ganzheit und gerade sie ist dem Leben eigentümlich. „Das entscheidend Biologische besteht in einer *Überformung* rein physikalisch-chemischer Vorgänge... durch den Organismus. Im Organismus werden zahllose physikalisch-chemische Vorgänge, einem genauen *Leistungsplan* entsprechend, von einem übergeordneten Prinzip in Dienst genommen“.[54]

Es geht um die Frage, *wer* die physikalisch-chemischen Vorgänge „in Dienst nimmt“, „zusammenordnet“, „überformt“. Wer gibt die *Richtung* der Prozesse, und wahrt den *Bauplan* des Lebendigen? Richtung und Plan sind *nicht der Materie* als solcher eigen, wie die leblose Materie zeigt, wie bei der Maschine die Aufprägung der Richtung, des Planes *von außen* zeigt, wie der vorher lebende und jetzt tote Organismus zeigt. Überformung und geordnete Ganzheit müssen, dem Lebewesen *immanent*, entsprechend ständig bewirkt werden. Es muß daher *im* Lebewesen ein *„Bewirker“* vorhanden sein, gleich, ob man ihn Entelechie, Lebensprinzip, Seele oder sonstwie nennen will.

Dieser Schluß von der empirisch festgestellten Ganzheit auf den immanenten Ganzheits*faktor*, das Lebens*prinzip*, wird von vielen abgelehnt. Aber ist diese Ablehnung nicht inkonsequent? Schlüsse derselben Art werden ja in allen Bereichen des Alltags und der Wissenschaft ohne Einspruch verwendet.

Wenn ich z. B. auf einer jahrelang leeren Baustelle nach langer Abwesenheit ein bewohntes Haus sehe, dann muß es inzwischen von Architekt und Bauleuten geplant und fertiggebaut worden sein. Das ist ein ebensolcher Schluß von *physisch* gegebenen Tatsachen auf die Existenz der bewirkenden Ursache; aufgrund des *metaphysischen* Prinzips der Kausalität. Er ist absolut sicher, auch wenn die Bauleute nicht mehr beim Bauen beobachtet und vielleicht überhaupt nicht mehr eindeutig festgestellt werden können, wie etwa fremde Gastarbeiter, die in ihre Heimat zurückgekehrt sind und sich zerstreut haben.

In der *Astronomie* wird z. B. aus der Verschiebung der Linien und Streifen im Spektrum von Sternen und Sternsystemen nach

[54] *K. Höhn,* Naturwissenschaftliche Rundschau 14 (1961) 252.

dem Rot hin, die ja Grund und Ursache haben muß, darauf geschlossen, daß diese Himmelskörper sich von uns entfernen (Dopplereffekt). Ihre Geschwindigkeit wird bestimmt und aus ähnlichen Daten auch Dichte und Masse des Sterns, die Temperatur an seiner Oberfläche und in höheren Schichten seiner Atmosphäre, wenn er eine hat. Das ist nur ein Beispiel. Es sind durchaus *legitime Schlüsse*. Abgesehen von den empirischen Tatsachen beruht ihre Sicherheit und Berechtigung auf der Allgemeingültigkeit der metaphysischen Prinzipien der Kausalität und des Grundes.

Ähnlich ergeben sich die Aussagen der *Mikrophysik* auf Grund solcher Schlüsse. Nirgendwo in diesen Bereichen der größten und der kleinsten Größen handelt es sich um *direkte* Beobachtung wie vielfach in unserer alltäglichen Umwelt. Vielmehr wird aus empirischen Daten *auf Ursachen geschlossen*. Wie erwähnt, entfernen sich die Sternsysteme von uns fort, um so schneller, je weiter sie schon entfernt sind. Ihre Geschwindigkeit und ihre Entfernung stehen in einer Beziehung zueinander, die durch die *Hubblekonstante* bestimmt ist, entdeckt durch den amerikanischen Astronomen Hubble von der Mt. Palomar-Sternwarte. Wegen der großen Schwierigkeit, die Entfernung der Galaxien zu bestimmen, auf Grund der absoluten Helligkeit bestimmter veränderlicher Sterne in ihnen (Zepheiden), mußte die Entfernung der Galaxien im Laufe der Jahre mehrmals größer angesetzt werden. Daraus ergab sich die geringere Fluchtgeschwindigkeit und daraus wieder eine längere Zeit, die die Sternensysteme gebraucht hatten, um ihre jetzige Entfernung zu erreichen: d. h. das Alter der Welt beträgt nicht 2 Milliarden, wie man 1950 meinte, auch nicht 6 oder 12, wie man zweimal korrigiert hatte, sondern nach neuesten Entfernungsmessungen 18 Milliarden Jahre.[55]

Aus empirischen Daten wird also in allen Bereichen des Alltags und der Wissenschaft mit Hilfe der metaphysischen Prinzipien von Grund und Ursache auf andere Daten geschlossen,

[55] Karl Stumpf, Astronomie. 76 (Fischerlexikon) Naturwiss. Rundschau 24 (1971) 376.

die, oft auch grundsätzlich, empirisch nicht nachgeprüft werden können.

Geschah nicht seinerzeit die *Entdeckung des Planeten Neptun* (später auch des Pluto) auf dieselbe Weise? Die Bahn des Uranus hatte Abweichungen, aus denen Leverrier Stellung und Größe eines noch unbekannten Sternes berechnete, der die Abweichungen verursachen mußte. Tatsächlich entdeckte ihn dann J. G. Galle am Himmel. Dies „Entdecken" des Lichtpunktes im Fernrohr ist aber im Grunde auch nur ein *„empirisches Datum,* das zusammen mit den anderen schon bekannten Bahnelementen den *Schluß* auf die Existenz des Neptun erlaubte und *rechtfertigte.* Wurde nicht auch auf grundsätzlich dieselbe Weise von Madame Curie das neue Element Radium entdeckt? (oben S. 58/59)

Es liegt daher kein Grund vor, in unserem Fall den Schluß von der *empirisch* festgestellten *Ganzheit* alles Lebendigen auf ein Ganzheits*prinzip* abzulehnen.

Mißverständnisse. Gewiß liegen außerdem *Mißverständnisse* vor in Bezug auf die genauere Kennzeichnung dieses „Lebensprinzips". Das Kausalitätsprinzip fordert für eine festgestellte Wirkung eine entsprechende Ursache. Für ein bestimmtes Sosein muß der *dafür* hinreichende Grund vorhanden sein. D. h. daß dem Lebensprinzip, auf das geschlossen wird, nicht alle beliebigen Eigenschaften oder Fähigkeiten und Funktionen zugeschrieben werden dürfen, sondern nur die, die in dem empirischen Material begründet und von ihm gefordert sind.

Es ist auch nicht so, daß dies Lebensprinzip *eine Lücke* in dem empirischen Material zu schließen hätte. Als wenn ein solches Prinzip anzunehmen sei, weil die Forschung bis in diesen Teil ihres Bereiches noch nicht vorgedrungen wäre. Die Annahme des Lebensprinzips schränkt die empirische Forschung daher auch keineswegs in Grenzen ein.

Der Bereich der empirischen Forschung ist aber nicht die *ganze* Wirklichkeit. Das Lebensprinzip liegt in einem anderen, tiefer gelegenen Bereich des Wirklichen, „hinter" (meta-physisch) den empirischen Tatsachen der Naturwissenschaft. In ihm ist Natur*philosophie* zuständig, nicht mehr Natur*wissenschaft*! Naturwissenschaftliche Methoden sind hier nicht anwendbar.

Das Lebensprinzip ist daher kein „Deus ex machina“, nur dazu eingeführt, um eine Lücke der wissenschaftlichen Erkenntnis auszufüllen. Es ist auch kein „Heer von Kobolden“, das man als nicht faßbare Faktoren in den streng kausalen Bereich der Wissenschaft einschmuggeln wolle.[56] Es ist wenigstens ein Anfang da, als Bemühung zu begrüßen, das Wirkliche in seinen tieferen Schichten zu *sehen,* die nicht mehr den *Sinnen,* wohl aber dem *geistigen* Verstand zugänglich sind.

Viele andere Naturwissenschaftler sehen diese Zusammenhänge und erkennen sie an. „Ob es der Wissenschaft je gelingen wird . . ., den Ursprung der sich selbst steuernden Ordnung zu verstehen, darf bezweifelt werden. An der Grenze zwischen dem physisch Verständlichen und dem nur metaphysisch Faßbaren endet die Erkenntnismöglichkeit und damit die Kompetenz der Naturwissenschaft Der transzendentale Charakter der Weltordnung zwingt uns, angesichts des großartigen Problems der Entstehung eines Organismus in Ehrfurcht . . . die der Wissenschaft gesetzten Grenzen zu respektieren“.[57]

Vor allem stellt sich der Anerkennung der philosophischen Erkenntnismethoden entgegen die *irrige* Meinung, als sollten *kausale* wissenschaftlich erfaßbare Faktoren *ersetzt* werden durch das teleologische Lebensprinzip. In Wirklichkeit ist es nicht ersetzend und daher verdrängend, sondern *überformt* die kausalen Faktoren und ihre Wirkweise, die es nicht nur nicht aufhebt, sondern „in Dienst nimmt“ und auf sie notwendig angewiesen ist und bleibt. Ohne „Kausalität“ ist Teleologie nicht möglich und nicht denkbar. Der Biologe *Max Hartmann* spricht von der *alten teleologischen* Naturansicht des Aristoteles, die

[56] Bertalanffy, von dem diese Bezeichnung stammt, scheint neuerdings diese Auffassung berichtigt zu haben. Prof. Pfannenstiel – Marburg zitiert in Naturwiss. Rundschau 11 (1962) 425: „Wenn wir den ‚Wandel der wissenschaftlichen Grundlagen‘ . . . nutzbar machen wollen, so dürfen wir, wie der Herausgeber des Handbuches für Biologie Ludwig von Bertalanffy betont, Begriffe wie jene der Ganzheit, Teleologie, Zielstrebigkeit nicht mehr als unwissenschaftlich ablehnen, sondern können sie – die gerade wesentlichen in der Biologie und Medizin – als legitime wissenschaftliche Fragen auffassen.“

[57] Strugger-Härtel: Biologie I (Fischerlexikon) S. 85.

durch die von Galilei begründete Kausalforschung *beseitigt sei!*[58] Der Philosoph *Nikolai Hartmann* äußert sich in einem nachgelassenen Buch abwertend über das „finale Denkschema", das sich eindränge, wo das Denken kausale Zusammenhänge einstweilen nicht zu durchschauen vermöge![59] Diese „Bedrohung" des Naturverständnisses reiche tief in den Alltag hinein.

Wirk- und Zielursache

Von anderen werden solche Auffassungen als positivistische *„Blickeinengung"* bezeichnet. Es sei eine „Atrophie" des kausalen Denkens, allein die Wirkursache als Ursache (Kausa) anzusehen, während schon bei Aristoteles „Formursache" und „Materialursache" unterschieden werden und als zweites Paar *„Zielursache"* und *„Wirkursache"*, was bis heute Gemeingut der Philosophie geblieben ist.

Wenn etwa aus einem Klotz Lindenholz ein Tisch gefertigt wird oder ein Satz Teller und Löffel oder aber eine Statue der Madonna, so ist das Holz „Materialursache", die durch ihr *reales Sein* dem Tisch, den Tellern, der Madonna ihr Sein verleiht. Die jeweiligen Formen Tisch, Teller, Madonna sind die „Formursachen", die dem Holz das Tischsein, Tellersein usw. geben, es an ihm darstellen.

Zum Unterschied von Ziel- und Wirkursache: Der *Erfinder* der Taschenuhr trug zuerst den Gedanken mit sich herum. Als ihm diese *Idee der Uhr* hinreichend klar war, ging er daran sie zu *realisieren;* er holte Material zusammen: Metall, Glas, Steine; er richtete sie zu durch Feilen, Schleifen usw., setzte sie zusammen, korrigierte, bis die Uhr endlich ging. Die Uhr ist also durch ein vielfaches *kausales Tun* des Erfinders hervorgebracht worden. Aber dies mannigfaltige, vielleicht Jahre dauernde Tun war *„überformt"* von der *Idee* der Uhr, die er in seinem Kopfe hatte; „in Dienst genommen", „gelenkt auf das Ziel", die reale Uhr zu haben. Ohne diese Idee wären all die realen Handlungen nicht geschehen, – und nicht *so* geschehen – die „kausal

[58] Allgemeine Biologie. 1953, 881.
[59] Teleologisches Denken. 1951, 7.

effizient" auf das reale Zustandekommen der Uhr gewirkt haben. D. h. die Idee ist wirkliche „Ursache" der real existenten Uhr, aber nicht Wirkursache, sondern Zielursache, die erst nur als Idee, als Denkinhalt das *Ziel* war, auf das die Wirkhandlungen hingelenkt wurden. Um Ursache zu sein und etwas hervorzubringen, muß die Zielursache also sich der realen Wirkursachen bedienen, hier der vielen Arbeitshandlungen des Herstellers.

Der Philosoph *Eduard v. Hartmann* stellt fest, daß Kausalität als Wirkursache und Finalität als Zielursache einander bedingen und nicht voneinander getrennt werden können. Sie sind verschiedene Aspekte ein und derselben Sache. Finalität (= Teleologie) bestimmt das Gesetz, nach dem die Kausalität wirkt (147). Eine Durchbrechung der allgemeinen Naturgesetze durch die objektiv reale Finalität sei noch niemals von einem Philosophen behauptet worden (135). H. fragt, woher es komme, daß Naturforscher die Teleologie bekämpften, und antwortet, der Grund sei „Mangel an philosophischer Bildung"; er liege darin, daß diese Naturforscher die Naturwissenschaft für *die* Wissenschaft schlechthin hielten. Aber „diese Selbstüberhebung einer Naturwissenschaft, die sich und ihre Erklärungsprinzipien anstelle der Wissenschaft überhaupt setzen und alles über sie Hinausgehende als unwissenschaftlich verwerfen möchten, ist selbst wissenschaftlich nicht zu rechtfertigen" (133).[60]

Erinnern wir uns noch einmal an den Chemiker, der die verschiedenen Sinnesdaten des Pulvers aufnimmt, Geruch, Geschmack, Farbe, Körnigkeit usw., und dann uns sagt: das *ist* „Natron". Dieses „ist", das Sein, ist nicht ein neues Sinnesdatum und nicht die Summe der Sinnesdaten, sondern *Sein,* das den *Sinnesdaten zugrundeliegt:* das Natron *hat* diesen Geruch, Geschmack usw. Dieser Schritt von den Phänomenen zum Sein ist oft wie hier kurz und einfach; oft aber, in noch unerforschten Bereichen, kompliziert; so in der Frage, die uns hier beschäftigt: Was *ist* Leben? Sind die Lebewesen, die doch aus Materie bestehen, nichts anderes als nur Materie?

[60] Ed. v. Hartmann, Kategorienlehre ²1923 III 96–171.

Die Frage kann nicht anders beantwortet werden als zunächst durch möglichst *vollständige* Erhebung der Phänomene, der *empirischen Tatsachen* des Lebens, was Aufgabe und verdienstvolle Leistung der verschiedenen Wissenschaften ist, die an der Erforschung des Lebens arbeiten. Wenn dann alle Phänomene des Lebens immer wieder als das Hervorstechendste die labildynamische *Ordnungsganzheit* der Lebewesen ergeben, kann und muß auf ein reales Ganzheits*prinzip* im Lebewesen geschlossen werden, weil die Materie das nicht leisten kann. Daß sie es nicht kann, lehrt die *empirische Wissenschaft* der Materie, nämlich Physik und Chemie; lehrt auch die *Philosophie* der Materie, indem sie ihre Grundeigenschaft der Ausdehnung analysiert: Ausdehnung besagt ja das Auseinander in Teile, die *Vielheit,* während es gerade um die Erklärung der *Einheit* und Ganzheit des lebenden Individuums geht. Materie ist Prinzip der geteilten Vielheit, nicht der geeinten Ganzheit! Diese muß also auf eine Realität im Lebenden zurückgehen, die selbst nicht Materie ist. Dabei ist die Ganzheit der Lebewesen eine *übergeordnete* Ganzheit, die die *elementaren* Ganzheiten der Materie nicht aufhebt, sondern *überformt.* Den Ganzheits*phänomenen* am Lebendigen muß zugrundeliegen eine Ganzheits*realität,* die Ganzheit in sich trägt, daher Prinzip von Ganzheit ist und sie an der Materie des Lebewesens bewirkt.

Es ist wohl verständlich, daß solche Gedankengänge vielen Naturwissenschaftlern unbehaglich sind. Sie laufen anders als nach *Methoden der Naturwissenschaft.* Andererseits müßte man auch bereit sein anzuerkennen, daß diese nicht die einzigen sind und *nicht auf allen Gebieten* des Wissens und der Wirklichkeit angewendet werden können. Außerdem konnten wir auf die Tatsache hinweisen, daß das Vordringen von empirischen Daten zu anderen, die nicht empirisch gefunden sind und nicht einmal gefunden werden *können,* dennoch im internen Bereich der Naturwissenschaften durchaus zuhause ist und mit Recht angewendet wird. Der Grund, weshalb trotzdem eine solche reale, nichtmaterielle Lebenssubstanz als Ursache der Lebensphänomene von vielen abgelehnt wird, liegt offensichtlich in irrigen Auffassungen, die man sich von diesem Lebensprinzip bis heute macht. Man sucht daher die Frage, „Was ist Leben?“ zu beantworten, *ohne ein Lebensprinzip* anzunehmen, d. h. rein aus den Eigenschaften und Kräften der Materie, mit Hilfe von Physik und Chemie allein.

2. *Die Zelle*

Um das zu zeigen, wendet man sich vor allem der Frage zu: *Wie ist das Leben entstanden?* Man glaubt, für die Beantwortung heute alle Voraussetzungen in der Hand zu haben. Sie sind heute in der Tat unvergleichlich günstiger als etwa vor 100 Jahren. Damals mußte man sich damit begnügen anzuerkennen, daß *Leben* immer nur *aus* schon *Lebendigem entstehe* und daß es ausschließlich in Zellen existiere. „Jede Zelle entsteht aus einer Zelle“, „omne vivum ex vivo, omnis cellula ex cellula“.[61] Urzeugung, also Entstehung von Lebendigem aus lebloser Materie, schien unmöglich, widerlegt durch die Versuche von Spallanzani, Pasteur u. a.

Ganzheit

Heute wissen wir, daß eine *lebendige Zelle* nicht ein bloßes „Schleimklümpchen“ ist, von dem man nichts genaueres aussagen kann, sondern selber wieder eine *dynamische Ganzheit*, analog dem ganzen lebenden Individuum.[62] Es ergibt sich eine Mehrstufigkeit: „elementare“ Ganzheit der Elektronen, Atome usw.; ihnen übergeordnet die „mittlere“ Ganzheit der Zellen als Glieder des Individuums und ihnen abermals übergeordnet und sie überformend die Ganzheit des Gesamtorganismus, des Individuums, das selbständig ist und selbständig handelt. Menschliche Gemeinschaft darüber ist nicht mehr eine physische, sondern eine „moralische“ Ganzheit, in der die menschliche Person

[61] „alles Lebende aus Lebendem, jede Zelle aus einer Zelle“.

[62] Analog, d. h. nicht ‚gleich‘ sondern bloß ‚ähnlich‘, weil die Zelle (eines Vielzellers) nicht nur eine vergleichbare Strukturganzheit wie das ganze Individuum aufweist, sondern auch Unähnlichkeit: sie ist eben nicht ein selbständiges Individuum, sondern nur unselbständiger *Teil* eines solchen.

ihre Selbständigkeit nicht aufgibt. Nicht verlieren *kann,* ohne aufzuhören Person zu sein. Personengemeinschaft ist nicht Organismus, sondern „Organisation"!

Die *lebende Zelle* ist ein geschlossenes Ganzes, mit „Organellen", winzigen Organen, deren Funktion und Leistung auch schon weithin bekannt ist. Die Biochemie hat als Resultate ihres Forschens erbracht, daß Zellplasma und Kern, Membranen und *Organellen* in komplizierten Grundfunktionen Stoffwechsel und Selbstvermehrung leisten und sich selber aufbauen. Sie tun es durch chemische Reaktionen an den Makromolekülen, aus denen sie zum großen Teil bestehen. Die *Makromoleküle* werden auf komplizierte Weise aus kleineren Molekülen als Bausteinen zusammengebaut. Diese Bausteine, z. B. Aminosäuren, werden zum Teil vom Organismus selbst aufgebaut, zum anderen der Nahrung entnommen. Die Nahrung wird vom Organismus zunächst abgebaut, zerlegt und dann in der artgemäßen Weise des betreffenden Lebewesens aufgebaut.

Uns ist hier wichtig, daß man von der Zelle als Ganzheit in Stufen herabsteigen kann zu ihren Organen, dann zu den Großmolekülen wie Eiweiß und Kernsäuren, weiter zu kleineren Molekülen, die aber auch noch sehr kompliziert aus tausenden von Atomen zusammengesetzt sein können; von da zu den Atomen selbst, deren chemische Kräfte und Eigenschaften auf dem physikalischen Bau von Atomkern und Elektronen beruhen. Von der nicht vollen Zahl der äußeren Elektronen her verstehen wir dann die „chemische Valenz" der Atome. Vermöge der Valenz reagieren Atome verschiedener und gleicher Elemente miteinander, bilden Moleküle und Ketten von Molekülen. Anorganische und organische Chemie geben darüber Aufschluß. Biochemie befaßt sich vor allem mit den Großmolekülen, die von der lebenden Zelle in ständigem Stoffwechsel abgebaut und anders neu aufgebaut werden.

Man kann also mit wissenschaftlichen Methoden den aufsteigenden Weg verfolgen, den die Materie bis zur lebenden Zelle geht. *Gegangen ist?* Zu zeigen, daß das Leben in Jahrmillionen der „chemischen Evolution" zur „biologischen Evolution" vorangeschritten sei, ist gerade das Anliegen, das heute viele Naturwissenschaftler verfolgen. Sie können sich dabei auf eine ganze Reihe von Resultaten berufen, die es als hoffnungsvoll erscheinen lassen.

Information

Die Forschung verfügt heute über mannigfache Methoden und Hilfsmittel, um in den *tiefsten Mikrobereich* des Lebendigen einzudringen. Das bloße „Schleimklümpchen", wofür man die Zelle noch um 1900 hielt, ist inzwischen in seiner inneren Strukturordnung – Kern und Plasma und in diesem verschiedene Organe – grundsätzlich aufgeklärt. Der Struktur entspricht die vielfache, geordnet erfolgende Funktion des Stoffwechsels. Heute wissen wir, daß in der Zelle die chemischen *Makromoleküle* der Kernsäure eine Hauptrolle spielen. Sie tragen in der „Sequenz der Nukleotiden", d. h. der Reihenfolge, in der die Teileinheiten angeordnet sind, eine *„Information"*. Eine Information ist etwa auch die Melodie, die die bloßen physikalischen Tonschwingungen als ein Sinnganzes informiert. Die Information der Kernsäure steuert den je verschiedenen Aufbau anderer Moleküle, vor allem der Eiweiße. In jeder Organismusart ist die Information verschieden, so daß es Millionen *verschiedener Eiweiße* in Pflanzen und Tieren geben mag. Eiweißmoleküle sind Bausteine der Zellen und als Enzyme, Hormone u. a. Betriebsstoffe, die in genauer örtlicher und zeitlicher Folge die physiologischen Prozesse *katalysieren,* d. h. durch ihr chemisches Reagieren die richtige Geschwindigkeit, den richtigen Ansatz und Zeitpunkt des Prozesses gewährleisten. Man bemüht sich daher, diese entscheidenden großmolekularen Stoffe zu *synthetisieren,* um zu zeigen, daß sie zu Beginn der Lebensepoche auf der Erde auch *von selbst* entstehen konnten.

Es gelang, niedermolekulare Bausteine, *Aminosäuren,* zu erhalten. Aus rund 20 verschiedenen Aminosäuren wird Eiweiß aufgebaut. Entscheidend ist aber wieder die Reihenfolge, in der etwa 200 Aminosäuren in einer langen Kette (Doppelkette) zu einer Monomere, einem Bauteil der ganzen Großmolekel verbunden werden. Diese Information, die das Eiweiß in sich trägt, ist eine Übertragung der Nukleinsäureinformation aus 4 verschiedenen Aminosäuren des Eiweißes – „Übersetzung in eine andere Sprache" –. Das Bemühen richtet sich darauf 1. Nukleinsäuren chemisch überhaupt herzustellen und 2. die Frage zu klären, wie sie Information erhalten konnten bzw. können.

Unter großen Schwierigkeiten ist es gelungen, einige klein- und großmolekulare Stoffe der lebendigen Zelle chemisch herzustellen. Den chemischen Aufbau der Aminosäuren, auch einiger einfacher Proteine (Eiweiße) wie des Insulins, konnte man aufklären und sogar kurze Stücke *Nukleinsäure synthetisieren,* wenn der Nährlösung Nukleinsäure aus Organismen beigegeben wurde. Schon hier ist zu bedenken, daß aus einer solchen Synthese, die im Labor durch sorgfältigste planmäßige Bewerkstelligung seitens der Forscher gelingt, sich noch nicht der Schluß ergibt, daß im Anfang der Geschichte des Lebens solche Synthesen *spontan* wirklich zustandegekommen seien. Sie waren *möglich!* Daß sie *tatsächlich* geschehen seien, ist aber so unwahrscheinlich, daß man es praktisch als *unmöglich* bezeichnen muß.

Schubert-Soldern schreibt dazu: „Alle chemischen Prozesse tendieren zu einem Ausgleich von Potential. Durch alle chemischen Umsetzungen werden jene Zustände erreicht, die unter den gegebenen Umständen die stabilsten sind. Wenn nun aber etwas für *vitale Lebensprozesse* charakteristisch ist, so ist dies ein *dauernd labiler* Zustand! Alle Elementarbestandteile materieller Art tendieren nach einem stabilen Zustand, im lebenden Organismus dagegen bleibt ein labiler Zustand bestehen. Der Lebensprozeß wird also durchaus nicht durch die Fähigkeiten gewährleistet, die den materiellen Komponenten immanent sind.

Stabilität im lebenden System bedeutet *Aufhören des Lebens,* nämlich den Tod. Ist dieser eingetreten, dann verhalten sich die Stoffe innerhalb der Leiche genau wie außerhalb, sie erreichen Stabilität. Wenn also hier ein Agens dauernd Labilität erreicht, das andererseits den materiellen Komponenten nicht immanent ist, so ist eben dies Agens ein Faktor, der mit diesen nicht identisch sein kann ..." [63]

[63] s. Bavink, Ergebnisse und Probleme der Naturwissenschaften, XXXI.

Diese Folgerung wird unterstrichen durch die Tatsache, daß das Leben und seine Mannigfaltigkeit bestimmt wird durch die Information, die in der lebenden Zelle von der Nukleinsäure getragen und mit der die Synthese der Proteine gesteuert wird. Die je verschiedene Reihenfolge der stofflichen Teileinheiten ist Plan, Ordnung, Struktur; sie ist den materiellen Einheiten als solchen nicht eigentümlich. So wenig wie eine Melodie den einzelnen Tönen untrennbar anhaftet. So wenig wie durcheinandergeschüttelte Drucklettern schon ein Gedicht ergeben (Oparin). „Entscheidend ist die Frage, wie sinnvolle Information entsteht. Die Wahrscheinlichkeit, daß *zufällig* die 4 Nukleotiden gerade zum Text der RNS des Tabakmosaikvirus zusammentreten, ist 1: 10^{3600}“, also praktisch null![64] Der erste Schritt zur Entstehung von Lebewesen muß nicht in der Bildung von Aminosäuren gesucht werden, sondern in der Bildung von Programmen ..., die das System zu einer Ordnung zwingen“ (Prof. Eigen).“

Die Frage nach der Information der Großmolekel kann nicht als die wichtigste angesehen werden. Mit den großmolekularen *Stoffen* ist das Leben ja noch nicht gegeben. In der lebenden Zelle kann die Information der Kernsäuren nur dann die Synthese der Eiweißkörper steuern, wenn Mikrosome vorhanden sind und die andere Art der Nukleinsäure, die RNS; wenn die Mitochondrien der Zelle die notwendige Energie liefern, wenn an die tausend Enzyme gebildet werden und am rechten Ort und zur rechten Zeit eingreifen und die Prozesse katalysieren. Das alles muß in der rechten Ordnung und Zusammenarbeit geleistet werden, d. h. es ist nur im Funktionieren der *ganzen Zelle* möglich. Überhaupt richtet die Forschung ihre Aufmerksamkeit zunehmend darauf, daß nicht so sehr die kleinsten Bestandteile des Lebendigen Aufschluß über die Entstehung des Lebens versprechen, sondern die *Ganzheit* aller Faktoren.

Mit anderen Worten: Auch im *mikroskopischen* Bereich zeigt das Leben wieder dieselben Wesenszüge: Es sind materielle Prozesse, mit Physik und Chemie erforschbar, aber *gelenkt*,

[64] Naturwiss. Rundschau 16 (1963) 94 (Schramm) – 21 (1968) 116 (Eigen).

geordnet durch die vorhandene und beständig zu bewirkende Struktur der Zelle auf ein vorgegebenes Resultat hin. Das *phänomenale* Bild des Lebens im kleinsten Bereich der Zellen und Zellorgane zeigt mikroskopisch und submikroskopisch Struktur, Ordnung, Ganzheit – dynamische Ganzheit –, so daß wir auch hier logisch auf ein ordnendes und *lenkendes Prinzip* schließen dürfen und müssen. Diese Lebenssubstanz enthält, *besitzt* selbst *Ganzheit* und kann sie nur deshalb auch an den materiellen Bestandteilen und Vorgängen bewirken. Selber kann sie daher *nicht Materie* sein. Mögen wir sie Entelechie, Seele, Gestaltungsfaktor, Lebenssubstanz oder sonstwie nennen, diese Frage ist sekundär. Nur dürfen wir dieser Realität nicht beliebige, unvermerkt anderswoher übernommene Eigenschaften zuschreiben. Welche, muß sorgsam entsprechend dem Erfahrungsmaterial bedacht werden.

Viren

Ein kurzes Wort bliebe noch zu sagen über die Bedeutung der *Viren* für die Erklärung des Lebens. Sie bestehen aus einer Proteinhülle und RNS-Großmolekeln. Erst wenn das Virus in eine lebende Zelle eindringt, veranlaßt es diese, ihren ganzen Stoffwechsel auf die Produktion ebensolcher neuer Viruspartikel umzustellen. Die Zelle baut nicht mehr sich selbst auf und geht zugrunde. Das Virus *„lebt"* also *nicht selbst.* Es fehlt ihm gerade das Charakteristische des Lebendigen, eine dynamische Ganzheit zu sein, die in einem beständigen Aufbau und Abbau ganz ist. Viren sind statisch und tot wie ein Kristall. Erst in der lebenden Zelle bekommen sie den *Anschein* des Lebens. „Anzunehmen, daß die Viren ‚Urformen des Lebens' sind, wie immer wieder behauptet wird – diesen Kummer wird mir hoffentlich kein Leser dieses Büchleins bereiten. Zellen mit ihrer gegenüber einem Virusteilchen unerhört komplexen und vor allem dynamischen Organisation sind die unabdingbare Voraussetzung für die Propagierung von Virusteilchen, und das Leben beginnt erst auf dem zellulären Niveau." [65]

[65] W. Weidel, Virus und Molekularbiologie. [2]1964, S. 155 – Naturwissenschaft heute. Bähr. 1965, S. 15 (Butenandt).

Auf ihnen baut Oparin seine Theorie von der spontanen Entstehung des Lebens auf. Koazervate (= Anhäufungen) könnten sich im Urmeer, der „Weltsuppe", als Konzentrationen organischer Molekel gebildet haben, nach rein physikalischen Gesetzen. Es sei gelungen, makromolekulare Eiweißketten und Nukleinsäuren herzustellen. Möglicherweise könnten sie sich spontan innerhalb der Koazervate unter dem Einfluß von sich bildenden Enzymen zusammenschließen. Dann könnten sie auch Membranen ausbilden, durch die sie von ihrer Umgebung getrennt würden. Andererseits könnten sie aus ihr Stoffe entnehmen und chemisch entwickeln. So sei es vorstellbar, daß aus einem Koazervattröpfchen schließlich ein (lebender) Einzeller entstehen könnte.[66]

Die Forschung schreitet auf diesem Gebiet rasch voran, so daß man immer bereit sein muß, neue Resultate zur Kenntnis zu nehmen und eventuell in Gesamtauffassungen einzubauen. Natürlich muß man sie vorher ernsthaft prüfen. Es stellt sich heraus, daß Koazervate, als Zusammenballungen organischer Stoffe aus dem Urmeer, auch wenn sie sich durch bloß mechanische Kräfte, etwa Wellenschlag gebildet hätten, ja noch keine „Ganzheiten" wären, die in biochemischen Prozessen sich selbst zu ganzheitlichen dynamischen Gebilden aufbauen könnten. Dazu müssten in ihnen energieumsetzende und genetische Materialien zu einem ganzen Gebilde schon vereinigt sein, was bei „Koazervaten" gerade noch nicht der Fall ist. „Ganzheiten" können sie höchstens in einem unvollkommenen Sinn genannt werden. Sie sind unlebendige Ganzheiten. Auch von „natürlicher Zuchtwahl" kann bei ihnen nicht gesprochen werden. Zuchtwahl gibt es, wenn überhaupt, erst unter schon lebenden Organismen. Sie kann daher das Entstehen des Lebendigen aus Nochnichtlebendigem nicht erklären.

Man kann dem Pflanzenphysiologen Karl Höhn nur zustimmen, wenn er schreibt: „Solchen Überlegungen (Oparins) liegen keine bündigen experimentellen Hinweise zugrunde. Sie sind

[66] Oparin, Die Entstehung des Lebens auf der Erde. 1957, 255 ...

zweifellos geistreich, jedoch im Wesentlichen (bloß) spekulativ. Allerdings deutlich sichtbar wird darin die ungeheuere Problematik unserer Aufgabe ..., die daran zweifeln läßt, daß sinnvolle, d. h. übergeordneten Prinzipien unterworfene Strukturen allein aus der Materie entwickelt werden könnten".[67] Alle diese Prozesse (sind) nur Voraussetzungen, Bedingungen, Strukturen, die bei Entstehung des Lebens *verwendet* werden". D. h. sie allein genügen nicht, die Entstehung eines ersten Lebewesens zu erklären.

3. Das Lebensprinzip

Nicht Materie ist es, nicht Eigenschaften noch komplizierte Zustände der Materie, die das Leben entscheidend begründen. Das haben alle Versuche und Überlegungen hinreichend gezeigt. Ist vielleicht zu hoffen, daß weitere Versuche schließlich ein positives Resultat ergeben werden? Das kann nur jemand hoffen, für den es nur reine Empirie, aber keine Einsicht in Wesenszusammenhänge gibt. Das Perpetuum mobile hat man jahrhundertelang trotz aller Mißerfolge zu konstruieren versucht. Warum hat man schließlich solche Versuche als hoffnungslos aufgegeben? Weil man zu der Einsicht gelangte, daß aufgrund der Wesenszusammenhänge ein Perpetuum mobile unmöglich ist.

Ist nicht auch im Lauf der Geschichte immer wieder versucht worden, den *Kreis* mathematisch in ein *Quadrat* des gleichen Flächeninhalts umzuwandeln? Das versucht niemand mehr, weil inzwischen die Einsicht gewonnen wurde, daß es *wesensmäßig* unmöglich ist.

Und die labile Ganzheit des Lebewesens, die dauernd gegen den Trend der Materie zur Vermehrung der Entropie aufrechterhalten werden muß, hofft man allein aus Kräften und Prozessen dieser Materie zu erklären? Man muß sich fragen, ob man prinzipiell am rechten Ort sucht, wenn man das Leben der Lebewesen, *ganzer Individuen*, ausgerechnet in ihren kleinsten *Teilen* zu entdecken sucht.

---

[67] K. Höhn, Naturwissenschaftliche Rundschau 14 (1961) 251 ...

Man kann reines Eiweiß aus rohen Eiern vor sich haben, aber es „lebt" nicht. Der Baum lebt, der Hund lebt, der Mensch lebt: immer ein *Individuum als Ganzes.* Man kann ein *Eiweißmolekül* in vitro (= im Glas, im Laboratorium) am „Leben" erhalten. Es behält seine Struktur wie im lebenden Organismus und reagiert auch so. Aber „lebt" es? Nur in einem abgeleiteten und abgeschwächten Sinn: es ist *nur Teil,* Baustein eines lebenden Ganzen und wird nie ein ‚lebendes Individuum'.

Es ist jetzt auch möglich, ein solches Großmolekül zu synthetisieren, zusammenzubauen und in ihm Rückkopplungsvorgänge, katalytische Prozesse u. a. zustandezubringen, die es sonst nur im lebenden Organismus gibt. Aber „Leben" ist das noch nicht. Ein wirklich Lebendes ist ein *selbständiges Ganzes,* das sich solcher *Teilprozesse* bedient. Nur im Rahmen dieses Ganzen laufen sie ab.

Für die Deszendenztheorie bleibt das große Problem der Systementstehung von Geordnetem aus Ungeordnetem. Sowohl morphologisch wie physiologisch sind die Systeme in einem Organismus nach Art und Hierarchie geordnet, in Über- und Unterordnung. Jede hierachische Stufe besitzt eine eigene Systemgesetzlichkeit. Bisher gibt es keinen Weg, aus den Gesetzmäßigkeiten der tieferen Stufe, etwa Teilung einer Zelle, die der höheren, Teilung eines Hystosystems, eines Drüsenläppchens u. a. abzuleiten.[68]

Ist es nicht logisch begründet, von der den Lebensphänomenen wesentlichen Ganzheit auf eine zugrundeliegende Realität zu schließen, die diese Ganzheit selber in ihrem Wesen besitzt und sie an der Materialvielheit bewirkt? Da es ja Grundeigenschaft der Materie ist, Vielheit zu sein und zu begründen.

Was ist nun dieses Lebensprinzip? Vor allem ist es aus den empirisch gegebenen Tatsachen *erschlossen.* Die durch Beobachtung und Experiment gewonnenen Tatsachen sind der Grund, der logisch dazu berechtigt und nötigt. Dieser Lebensgrund ist *Substanz.* Damit ist nur gesagt, daß er eine *eigene* Realität ist und nicht bloß ein Akzidens *an* der vorhandenen Materie,

---

[68] Fr. Seidel, Naturwiss. Rundschau 22 (1969) 145.

nicht bloß ein „Bewegungszustand“ der Materie. Die Lebenssubstanz kann daher auch *nicht selbst Materie* sein mit ihren Eigenschaften und Gesetzmäßigkeiten. Sie stehen aus Physik und Chemie fest und sind der Materie wesentlich, überall wo sie sich findet, in leblosen Steinen, in nicht mehr lebenden Individuen und auch im lebenden Organismus. Die *Lebenssubstanz* ist *außerdem* vorhanden, zusätzlich zur Materie des Lebendigen, und ist selbst *immateriell.* Sie ist gerade nicht durch die Grundeigenschaften der Materie bestimmt. Vor allem kann sie daher nicht *ausgedehnt* sein, sich nicht in nichtidentischen Teilen „in den Raum hinein verströmen“. Wie also? Weil sie das Einssein und Ganzsein des lebenden Individuums begründet, muß sie selbst eins sein, ganz sein. Sie besitzt also ihre Realität in einem einzigen Hier, nicht in „Teilen auseinander“. Wenn man von der Lebenssubstanz die Existenzweise aussagen müßte, die die Materie aufgrund der Ausdehnung hat, dann brauchten wir die Lebenssubstanz nicht. Sie würde über die Eigenschaften und Fähigkeiten der Materie hinaus nichts anderes, nichts Neues beitragen. Sie muß also eine *nichtmaterielle Existenzweise* haben[69], nicht ausgedehnt, sondern „einfach“ sein, so daß sie in ihrem Kern und Wesen „eins“ ist, „ganz“ ist. Gerade deshalb kann sie auch den „vielen“ Bestandteilen des Organismus Einheit *verleihen,* es zu einem ganzen Individuum machen, die „vielen“ materiellen Prozesse des Lebewesens auf *ein* Resultat hinordnen: das ganzheitliche System des lebenden Individuums.

Gewiß, die Lebenssubstanz ist eine *unanschauliche* Realität, nicht zu messen, nicht zu wägen – fremd für den empirisch arbeitenden Naturwissenschaftler. Aber nicht für den Philosophen, auch nicht für den „gesunden Menschenverstand“. Man darf nicht vergessen, daß der Bereich der *Phänomene* einer Wissenschaft nicht die ganze Wirklichkeit ist. Philosophie geht von ihnen aus, nimmt sie von der empirischen Wissenschaft entgegen, sucht aber über sie, die empirischen Tatsachen *hinaus* vorzudringen in den Bereich des *Seins,* der den Phänomenen

[69] Das heißt noch nicht, daß sie „geistig“ sei. Darüber weiter unten.

zugrundeliegt. Sie will sagen können, was das Leben *ist,* das sich in den Phänomenen *zeigt.*

Daß die Lebenssubstanz im Einklang mit den empirischen Tatsachen gedacht werden muß, wurde schon gesagt. Sie ist daher *nicht* eine *souveräne* Instanz, der das materielle Substrat sich unbeschränkt zu fügen hätte. Die Materie ist Materie auch im Lebendigen, Materie mit ihren festgestellten Eigenschaften und Fähigkeiten. An sie ist die *Wirksamkeit* der Lebenssubstanz *gebunden.* Die Tatsachen der Mutation, embryonaler Mißbildungen, die Ergebnisse H. Spemanns aus seiner jahrzehntelangen experimentellen Forschung machen das deutlich. Das Lebensprinzip kann ungünstige Mutationen nicht ausgleichen, in materiellen Zellgeschehnissen begründete Mißbildungen nicht reparieren![70]

Andererseits können Mutationen nur in *begrenztem* Rahmen ein Lebewesen *mutieren.* Mutationen haben sich immer als Mikromutationen herausgestellt und können nicht die zoologische oder botanische Gattung oder Familie ändern. Rund 1000 verschiedene Mutationen kann man an der Taufliege Drosophila melanogaster konstatieren. Was aber nach einer solchen Mutation herauskommt, ist immer wieder eine Taufliege! Das heißt wohl, daß auch umgekehrt die Materie eines Lebewesens seinem Lebensprinzip nicht eine unbegrenzte Änderung aufnötigen kann.

Die Lebenssubstanz ist Substanz, aber in ihrem Wirken und daher auch in ihrem Sein *abhängig* von der Materie des Lebewesens. Das ist positiv und negativ zu verstehen, insofern die Lebenssubstanz ihre *ganze Aufgabe* und Wirksamkeit im Lenken der Materie zur Ganzheit erfüllt und darin auch *erschöpft.* Ihr irgendwelche darüber hinausliegende Fähigkeit oder Wirksamkeit zuzuschreiben, ist durch keine Tatsachen begründet. Unbegründete Aussagen solcher Art sind daher abzulehnen.

Aber aus dem Gesagten ergibt sich, daß Lebenssubstanz und Materie eines Lebewesens aufeinander angewiesen, *hingeordnet* sind. Es sind 2 *komplementäre Realitäten,* die sich zu dem einen

[70] Otto Mangold, Hans Spemann, 132...

individuellen Lebewesen ergänzen. Ein Lebewesen „besteht" also aus materiellem „Leib" und immateriellem Lebensprinzip, „Seele". In ihm sind diese 2 Realitäten nicht gleichen Ranges, *nicht koordiniert* zu denken, sondern subordiniert. D. h. die *bestimmende* Rolle ist der lenkenden, gestaltenden Entelechie eigen und wesentlich. Die Materie ist das Gelenkte, von sich aus Bestimm*bare.*

Bleiben wir im Bereich des organismischen Lebens der Pflanze. Dann muß man sagen: eine Kokospalme und ein gleich großer Eichbaum unterscheiden sich nicht durch die Materie, die sie haben. Sie ist in beiden das gleiche, wenn auch verschieden geordnet (Chromosomen, Genom) und kann in ihrer Zusammensetzung quantitativ festgestllt werden. Was sie unterscheidet, muß also letztlich ihre verschiedene Entelechie sein, die Lebenssubstanz, die „Baumseele". Die bestimmbare Rolle der Materie und anderseits die bestimmende der Entelechie eines Lebewesens ist das, was philosophisch nach Aristoteles als „Materie" und „Form" bezeichnet wird. Entelechie ist Form des Leibes.

Nun müßten wir noch fragen: Wo kommt das Lebensprinzip her? Das je nach der Organismusart ein verschiedenes Prinzip sein muß? Jedes konkrete Einzellebewesen muß ja auch sein eigenes Lebensprinzip besitzen! Diese Frage wollen wir noch verschieben.

C. *Das Bewußtsein*

1. das *sinnliche* Bewußtsein

Methodisch können wir jetzt anders vorangehen, von unserem eigenen Bewußtsein her. Es ist ja das innerste, unmittelbarste Wirkliche, das uns gegeben ist. Bewußtsein ist die Gesamtheit meiner psychischen Erlebnisse, meiner Akte des Erkennnens, Fühlens, Strebens. *Mir* sind immer nur meine *eigenen* Bewußtseinsakte gegeben. Ich kann nicht in ein fremdes Bewußtsein hineinsteigen und dessen Akte als meine eigenen erleben. Daß es überhaupt außer meinem eigenen noch andere Bewußtseine gibt, ist mir nicht so unmittelbar gegeben, sondern bedarf einer Untersuchung und Begründung, damit ich darüber eine reflexe, eine philosophische Sicherheit haben kann. Eine „natürliche", fraglose Sicherheit darüber besitzt jeder normale Mensch.

Beginnen wir mit einer solchen Untersuchung bei den Tieren unserer Umgebung. Vorausgesetzt ist hier der oben begründete Realismus unserer Erkenntnis, daß die Gegenstände real und unserem Erkennen vorgegeben sind. Wenn nicht in allen Einzelzügen, aber wenigstens in den fundamentalen Wesenszügen.

Als erstes fällt auf, daß Hunde, Katzen, Pferde u. a. *ähnliche Sinnesorgane* haben wie wir selbst: Augen, die so gebaut sind wie unsere Augen; Ohren, die wie unsere aus einem inneren Hörapparat und dem äußeren Ohr bestehen; eine schmeckende Zunge; eine witternde Nase; Hautorgane für das Wahrnehmen von Kälte, Druck usw. Werden diese Organe von den Tieren gebraucht, um zu sehen, zu hören usw. wie entsprechend von uns? Ist bei ihnen mit der äußeren Tätigkeit der Organe (Augen öffnen und schließen usw.) ein entsprechender *Akt des Sehens, Hörens* verbunden? Dem natürlichen Alltagsempfinden ist das eine selbstverständliche Überzeugung. Aber läßt sie sich auch begründen? Oder muß man sie als unbegründet und irrig aufgeben? Die Frage muß gestellt werden, weil es auch Lebewesen gibt mit sehr anders gebauten Sinnesorganen; Tiere, die ohne besondere Augen mit ihrer ganzen Haut Licht wahrnehmen, so daß man nicht so schnell entscheiden kann, ob sie psychische Erlebnisse haben oder nicht. Bei manchen Lebewesen ist es bis heute eine offene Frage. Anderen glaubte man früher Bewußtsein absprechen zu müssen und hielt sie daher für Pflanzen, bis man sich überzeugte, daß z. B. „Seelilien" sinnliches Bewußtsein besitzen und daher Tiere sind!

Deshalb ist es wichtig, daß nicht bloß das Vorhandensein von Sinnesorganen eine positive Antwort möglich macht, sondern noch eine andere Tatsache: das verschiedene *Verhalten der Lebewesen.* Ein *Hund* z. B., den man ruft, wendet den Kopf dem Rufenden zu und blickt ihn mit seinen Augen an oder kommt herbei und schnüffelt herum usw. So wird uns klar, daß der Hund dabei psychische Erlebnisse hat: *sieht, riecht* usw., wie wir bei ähnlichem Gebrauch unserer Sinnesorgane entsprechende Wahrnehmungserlebnisse verschiedener Art haben oder haben wollen. Man könnte versucht sein, sich jedes weitere Wort darüber zu sparen. Aber es gibt viele, die darüber anderer Meinung sind.

2. Reflexe

Schon *Descartes* behauptete, Tiere seien bloße Automaten, ohne seelisches Erleben. Ihr Verhalten wie Laufen, Trinken, Schlafen, Knurren usw. erkläre sich völlig als *Reaktion* auf *kausale Einwirkungen;* erkläre sich nicht psychisch, sondern mechanisch. Gestützt auf jahrzehntelange Versuche mit Hunden, lehrte der Physiologe *Pawlow* wesentlich dasselbe: das Verhalten der Tiere, die Äußerungen der Hunde in Laut und Bewegung, seien *bloße* Reizreaktionen, physikalisch-physiologisch durch kausale Prozesse eindeutig bestimmt, raum-zeitlich determiniert. Es seien *Reflexe auf* vorher einwirkende *Reize.* Ein Lichtreiz z. B. bewirke Veränderungen in der Netzhaut des Auges, entsprechende in der Nervenbahn und schließlich im Gehirn: zusammen der „afferente" (herbeibringende) Teil der Reiz-Reaktionsbahn, das *Sensorium.* Im Gehirn werde „umgeschaltet" auf den „efferenten" (hinaustragenden) Teil des Systems, der die dem Reiz entsprechenden Bewegungen, Re-Aktionen im Endmuskel bewirke. Diese Bahn sei eindeutig determiniert, *ohne* Beteiligung *psychischer* Erlebnisse. Es seien „Reflexe", nicht vom Bewußtsein gesteuerte, gewollte Bewegungen.

Der Amerikaner Watson begründete den *„Behaviorismus"*, der besonders in Amerika stark vertreten ist. Er hat wesentlich dieselbe Auffassung: Das Verhalten (behavior) von Tier – und Mensch – erkläre sich völlig eindeutig als *Antwortreaktion* auf empfangene Reize, rein *physiologisch*-physikalisch, nicht psychisch.

Diese Auffassung wird so konsequent durchgeführt und festgehalten, daß in dieser sogenannten „objektiven Psychologie", die im Grunde nicht Psychologie, sondern *reine Physiologie* ist, allen Ernstes von manchen Vertretern behauptet wird: „Es gibt *kein Bewußtsein*". Andere: Es gibt vielleicht Bewußtsein, aber keinen Beweis dafür. Wieder andere: Es gibt Bewußtsein, aber Gegenstand der Forschung können nur die zugrunde liegenden physiologischen Prozesse sein. Schließlich meinen neuerdings einige: Die Frage ist überholt ... es ist uns gelungen, Maschinen zu konstruieren, die denken und planen, Irrtümer aufdecken und Schäden ausbessern (Kybernetische Systeme). Descartes Meinung, Tiere seien Automaten, ist nicht mehr Hypothese, denn heute können wir Automaten bauen, die es dem Menschen gleichtun. Wir brauchen nicht mehr nachzuweisen, daß Hirne Maschinen sind, denn wir haben Maschinen, die Hirne sind.[71]

In diesen Auffassungen wird auch das eigene Bewußtsein übersprungen, von dem doch der einzelne „objektive Psychologe" unmittelbare Erfahrung hat. Mit dem eigenen Bewußtsein befaßt man sich nicht. Weil *nur die äußere* physiologische, letztens materielle *Leistung* beachtet und anerkannt wird, spricht man vom „Denken der Maschinen", vom „Bewußtsein kybernetischer Gehirne". *Kybernetische* Leistungen können aber *nur vergleichsweise* ein Denken" oder „Bewußtsein" genannt werden. Im eigentlichen Sinn kann vom „Bewußtsein" der Maschinen, vom „Denken" elektronischer „Gehirne" keine Rede sein. Die Analogie zum Denken des Menschen liegt allein in der äußeren, sinnenfälligen Leistung. Sie beruht auf Kombination und Selektion der materiellen Elemente, die durch *eingegebene Information* gesteuert wird. Es ist eine bestimmte Auslese der verschiedenen materiellen Möglichkeiten gemäß der vorgegebenen Information. Sie nützt die gegebenen und in bestimmter Weise gelenkten *Möglichkeiten der Materie.*

Der denkend *planende Mensch,* der gefaßte Pläne mit vielleicht einfachen Instrumenten ausführt, tut dasselbe, was die äußere Leistung betrifft. Nur, daß dieser menschlichen Leistung *psychische Akte* zugrunde liegen: Sehen, Hören; Denken, Überlegen oder auch Versuchen geht voraus und *bestimmt* die äußere Leistung, bringt sie so zustande. Daß ein solches *psychisches* Erleben und Tun im eigentlichen Sinne kybernetischen Systemen innewohne, kann im Ernst nicht behauptet werden. Dazu fehlt

[71] Erwin Strauss, Vom Sinn der Sinne. ²1956, 113–114.

auch jeder hinreichende Grund. Sie erklären sich vollkommen aus den Eigenschaften und Möglichkeiten der verwendeten Materie und den Informationen, die vom denkenden, planenden Menschen eingegeben sind.

Kann man die *Tiere* als solche „seelenlose Automaten" ansehen, *ohne Bewußtsein* und informierende psychische Akte? Von wem stammt dann aber ihre Information? Die Tiere sind ja nicht Produkte des denkenden, Apparate bauenden Menschen. Bevor man daher auf einen übermenschlichen Planer zurückgreift, der den Tieren, diesen „biologischen kybernetischen Systemen" die Informationen eingestiftet habe, muß daran gedacht werden, daß Tiere ihre äußeren sinnvollen Leistungen auf ähnliche Weise zustandebringen wie wir Menschen: durch Bewußtseinsakte wie Sehen, Fühlen, Streben.

Das läßt sich auch *begründen.* Beim Sehen sind es zunächst nur viele *Einzelelemente,* die auf Organ und Bewußtsein wirken. Erst wenn die vielen *zu einer Einheit* zusammengefaßt werden, als Einheit *bewußt werden,* „sehen" wir Gegenstände. Auf einem Platz können wir viele hundert Blumen wahrnehmen, aber erst vom Turm oder Flugzeug aus sehen wir, daß sie das Wort „Willkommen" bilden. Das Zusammenfassen vieler Elemente zu einer *Einheit* geschieht *durch* den *Bewußtseinsakt,* und ohne ihn sind und bleiben es nur viele einzelne, materielle Elemente. Wenn also aus der äußeren Leistung ersichtlich wird, daß die Einzelelemente *als Gestalt,* als Hund, Katze, Affe die Leistung zustandebrachten, dann war das nur möglich durch einen zugrunde liegenden Bewußtseinsakt.

Noch deutlicher wird das im *zeitlichen Nacheinander.* Töne, die wir nacheinander hören, erkennen wir schließlich als eine vielleicht schon *bekannte Melodie.* Wir hören nicht nur die einzelnen Töne, die einer nach dem anderen verhallen und nicht mehr physisch real sind, sondern erfassen sie als eine Einheit. So erst hören wir eine Melodie, auch wenn sie höher oder tiefer transponiert ist und daher sich aus ganz anderen materiellen Schwingungen aufbaut! Ein solches *Zusammenfassen* zu einer *Einheit* ist nur in einem *immateriellen Bewußtseinsakt* möglich. Nur dem *Bewußtseins-Ich* können materielle Elemente, die räumlich und zeitlich auseinanderliegen, in einem einzigen Hier und Jetzt gegenwärtig sein.

Wenn ein Hund vom ersten Stock auf die Straße sieht, rührt er sich nicht, wenn der oder jener Mann vorübergeht. Kommt aber der „Herr“, dann springt der Hund vom Fensterbrett herunter, läuft vom Fenster fort zur Tür, die Treppe hinunter, vielleicht ums Haus herum und dann erst den geraden Weg zu seinem Herrn. Das läßt sich nimmermehr durch bloße materielle Reaktionen auf materielle Einwirkungen, durch Reflexe als Reizantworten, durch bloße Physiologie erklären. Materielle Reaktionen, *Reflexe* u. ä. erfolgen *notwendig*, gemäß den Gesetzen der Materie, determiniert durch Richtung, Intensität und welche quantitativen Daten auch immer. Das Verhalten des *Hundes* dagegen ist diesen Gesetzen geradezu *widersprechend* und nur möglich, wenn der Hund seinen *Herrn als Einheit*, die ihm bekannte „Gestalt“ erfaßt hat. In den materiellen Einzelelementen unterscheidet sich der Herr nur so geringfügig von anderen Männern, auf die der Hund überhaupt nicht reagiert, daß die so starke qualitative Reaktion bei der Begrüßung des Herrn durch rein materielle Reize und Reflexe nicht erklärt werden kann. Erst die *erkannte Gestalt* als solche ruft im Hund die ganze Folge verschiedenster Reaktionen hervor: der Hund „erkennt“ seinen Herrn, er hat also Bewußtsein. Innere psychische Akte sind beim Tier der Grund für die nach außen feststellbaren Leistungen. Tiere sind keine Automaten, sondern Lebewesen mit Bewußtsein.

Gewiß soll damit nicht bestritten werden, daß die physiologisch-*materiellen Funktionen* der Sinnesakte sich mit *kybernetischen Begriffen* erfassen und wiedergeben lassen; und daß die Biologie und Sinnesphysiologie als ein Anwendungsgebiet der Kybernetik zunehmend Interesse in Anspruch nimmt. Nur daß diese allein nicht die letzte befriedigende Erklärung bieten kann. Den kybernetisch ablaufenden physiologisch-materiellen Prozessen liegen bei Mensch und Tier Akte zugrunde, die psychisch erlebt werden.

Bewußtsein kennnen wir nur *von uns selbst* her. Daß auch Tiere es haben, darauf *schließen wir* aus den 2 besprochenen

Tatsachen: einmal dem Besitz ganz ähnlicher Sinnesorgane, wie wir sie haben und zu Bewußtseinsakten benutzen; und aus dem Verhalten der Tiere in vielen Situationen, das nur durch Bewußtseinsakte zustandekommen kann.

Gewiß soll nicht Bewußtsein gleich Bewußtsein gesetzt werden. Aus allen äußeren Anzeichen muß man wohl annehmen, daß gegenüber dem „hellen" Bewußtsein des Menschen das der Tiere und besonders der „niederen" absteigend *dämmeriger* und *dumpfer* wird. So kann wohl ein Seeigel im Meer ein Schiff und eine Wolke über ihm nur als einen Schatten wahrnehmen. Er hat ein nur dumpfes Bewußtsein von einer qualitativ undifferenzierten Gegenstandswelt.[72]

3. Kybernetik

Das Wichtigste über Kybernetik sei hier zusammengefaßt:

1. Computer, Rechenautomaten, automatische Programmiersysteme und wie sie sonst genannt werden, erlangen durch ihre Leistungen immer größere Bedeutung. Sie führen in kurzer Zeit komplizierte Rechnungen aus, an denen ein ganzes Team von Mathematikern wochenlang hätte arbeiten müssen. Sie übersetzen Dokumente, z. B. die Bibel, in eine andere Sprache. Sie rechnen einen Reiseplan mit der günstigsten Reihenfolge aus, etwa für einen Abgeordneten im Wahlkampf, der 100 Orte in einem begrenzten Gebiet besuchen muß. Sie beantworten die Frage, ob die angewandten Maßnahmen die Wirtschaft eines Landes sanieren werden oder nicht. Sie klären den Mechanismus biologischer Funktionen, und auch psychologischer und soziologischer Abläufe und Abhängigkeiten. Im Ganzen zeichnen sie sich aus durch Schnelligkeit und Zuverlässigkeit.

Natürlich müssen diese Automaten für die betreffende Aufgabe eingerichtet sein, und der Auftrag muß die ganz bestimmten Daten enthalten, die von dem Automaten „verarbeitet"

[72] Jakob von Uexküll, Streifzüge durch die Umwelten von Tieren und Menschen. Rohwolt 53, 97.

werden und so das gewünschte Resultat liefern sollen; Daten wie z. B. die Entfernungen der Orte und die zu benutzenden Verkehrsmittel mit ihren Reisezielen und Fahrplänen. Von den Automaten ist für die Zukunft viel zu erwarten, was dem Menschen auf verschiedensten Gebieten langwierige und komplizierteste Arbeit abnehmen und viele Vorhaben überhaupt erst ermöglichen wird.

2. Es ist aber nicht zu begrüßen, daß vom Automaten so gesprochen wird, als wäre er ein psychisches Subjekt wie ein Mensch oder auch nur ein Tier. Kann man denn im eigentlichen Sinne, ohne Metapher, sagen, daß der Automat „prüft", „wählt", „entscheidet", „verbessert", „lernt", daß er „Begriffe bildet" und „logische Schlüsse zieht"? Manche Autoren gehen so weit, daß sie keinen wesentlichen Unterschied mehr sehen wollen zwischen denkenden Menschen und Automaten. Sie bedauern, daß die heutigen elektronischen Automaten dem menschlichen Gehirn noch unterlegen sind, weil im Gehirn auf einem Raum, der hunderttausendmal kleiner ist als ein solches Ungetüm von einem Automaten, – heute schon sehr viel kleiner – dennoch millionenmal mehr „Schaltelemente" vorhanden sind. Grundsätzlich bestehe aber die Möglichkeit Automaten zu bauen, die dem menschlichen Gehirn gleichkämen, freilich mit ungeheueren Kosten, die kein Staat dafür werde aufwenden wollen.

„Bis zum Beweis des Gegenteils ist zu vermuten, daß ein solches System von sich behaupten würde, es habe ein Bewußtsein." (!) Sie würden sogar „über die menschliche Intelligenz hinauswachsen ...", durch „Mutation und Zuchtwahl" wie die natürliche Intelligenz, aber in kürzerer Zeit als diese, die Milliarden Jahre für ihre Evolution gebraucht habe. Durch den Ingenieur würden „die Voraussetzungen für Mutation und Zuchtwahl so günstig gestaltet, daß das System rasch in Richtung auf intelligentes Verhalten konvergiert." [73]

Mit solchen Gedankengängen ist doch wohl die exakte Methode der Naturwissenschaft verlassen, von Tatsachen auszugehen, die empirisch gegeben sind. Bewußtsein und Denken des

[73] K. Steinbuch, Automat und Mensch. 1965, 346.

Menschen sind solche Tatsachen. Wenigstens das *eigene* Bewußtsein und Denken wird der Kybernetiker nicht leugnen wollen. Von ihm sind die Automaten erdacht und konstruiert. Weil sie infolgedessen äußere Leistungen zustandebringen wie vergleichbar der Mensch, kann man doch nicht behaupten, daß die Maschine auch die psychischen Erlebnisse des Bewußtseins und Denkens habe wie der Mensch! Zwischen äußeren Leistungen und Bewußtseinsakten bestehen zwar Beziehungen, auch bindende, aber nicht allen erlebten Bewußtseinsakten entsprechen äußere Handlungen. Und umgekehrt! Ein Mensch kann stundenlang intensiv nachdenken, ohne daß diese Bewußtseinsakte von äußeren Handlungen begleitet oder gefolgt werden! Erst recht kann man nicht äußere Leistungen mit psychischen Akten, Erlebnissen identifizieren.

Hier ist die völlige Abhängigkeit im Entstehen und Funktionieren vom erlebend denkenden, konstruierenden und programmierenden Menschen übersehen. Mensch und Automat werden wie Wesen auf gleicher Ebene angesehen und ausschließlich ihre äußeren Leistungen verglichen, die in Erscheinung treten; während doch der Automat notwendig aus dem *erlebten* Planen und Denken des Menschen herkommt. Ohne die wesentliche Beziehung auf den Menschen ist der Automat nicht begreifbar und nicht realisierbar. Der Automat ist nicht Partner oder Konkurrent, sondern *Werkzeug* des Menschen. „Der Weg des Computers zum Geist führte ihn bisher zum Nonsens". Ein Redner im Deutschlandfunk im Januar 1969 belegte diese Behauptung mit einem Test in England. Man stellte fest, welche Buchstaben im Englischen am häufigsten vorkommen, welche Buchstabenverbindungen und welche Worte. Danach wurden vom Computer Sätze gebildet. Ausländer, die mehr oder weniger gut englisch sprachen, sagten, es seien englische Sätze, die sie allerdings nicht verstanden hätten. Engländer sagten, es klinge englisch, sei aber Nonsens (= Nichtsinn). D. h. nur Geist kann Sinn setzen. Bloß lokale Bewegung materieller Elemente, deren Umstellung, Permutation, Kombination kann keinen Sinn erzeugen.

3. Kehren wir zu nüchterner Besinnung zurück. Die Materie ist nicht formloser Brei, sondern reich an Strukturen, Eigen-

schaften und Fähigkeiten. Sie sind in „Naturgesetzen" formuliert. Das regelmäßige Verhalten und Reagieren materieller Größen bietet die Handhabe, durch „Induktion" zu den Erhaltungssätzen von Masse, Energie u. a. zu gelangen. Als Grund der Regelmäßigkeit sind notwendige Strukturen und Beziehungen in der Materie erkannt. Nur weil der Materie solche Strukturnotwendigkeiten innewohnen, lassen sich über das Verhalten der Materie Voraussagen machen.

Weil ferner das Reagieren der Materie von der veränderlichen Konstellation der materiellen Umwelt, den je und je anderen „Versuchsbedingungen" abhängt, ist es möglich, dieser realen Umwelt Prägungen, Bestimmungen, „Informationen" zu geben, aufgrund deren dann das materielle System gerade so und nicht anders reagiert.

Wenn die Hausfrau einen Dampfdruckkessel aufs Feuer setzt, kann sie ruhig anderen Beschäftigungen nachgehen, bis der Kessel ein „Signal" gibt: der Dampf strömt pfeifend aus dem Überdruck und vermittelt die „Bedeutung": das Wasser kocht! Prinzipiell geschieht in einem Automaten auch nichts anderes, als daß der denkende Mensch sich der Eigenschaften und Strukturen der Materie bedient, die seinem Denken vorgegeben sind. Er gibt den materiellen Bestandteilen die ganz bestimmte Anordnung, in „binären Schaltelementen". Schickt er dann elektrische Stromstöße hindurch, so ist es nur materiellgesetzliche Folge, daß bestimmte Schaltelemente ihre Stellung ändern, etwa einen Stromkreis schließen und einen anderen unterbrechen usw. Auf diese Weise werden eingegebene Daten „verarbeitet", „Zeichen" und „Bedeutung" verbunden und so „logische Schlüsse gezogen". Aber die Logik wird im Denken des *Menschen* vollzogen, der sie in den materiellen Elementen „objektiviert", „materialisiert" hat. Der Automat selber „denkt" nicht, weder logisch noch unlogisch. Logik steckt in ihm, sofern die Materie notwendige Strukturbeziehungen in sich hat, und sofern die Konstellation der materiellen Bestandteile eine bestimmte Anordnung, zusätzliche „logische" Prägung, eine vielfache „Information" empfangen hat. So können Rückkopplungen und umfangreiche Regelungsvorgänge ablaufen.

Auf der Hannoverschen Messe 1965 führte Prof. *W. T. Runge* aus, manche Menschen würden von der Angst des Zauberlehrlings bedrängt, der leblose Dinge in dienstbare Geister verwandelt hatte und ihre automatische Tätigkeit nicht wieder abschalten konnte. Sie fürchten, das menschliche Gehirn werde von dem maschinellen im Denken übertroffen und allmählich ersetzt. Aber das seien laienhafte Befürchtungen, denn die elektronische Maschine könnte nur die eingegebenen Daten „logisch entwickeln“, aber nicht selber „denken“. Ihre Leistung bestehe darin, den real bestehenden, aber noch nicht erkannten Zusammenhang zwischen verschiedenen Daten im Ablauf der mechanischen Vorgänge wirken zu lassen, so daß der Zusammenhang im Ergebnis sich zeigt und erkennbar wird: die „logische Verknüpfung“, der „logische Schluß“! Die programmierten Großrechner von heute verarbeiten zwar die ihnen eingegebenen Daten bis zu Ergebnissen, aber sie handeln nur Schritt für Schritt nach Befehlen, die der Programmierer vorher sorgfältig durchdacht und ihnen eingespeichert hat. Sie sind also nur Denk*werkzeuge*, nicht Selbstdenker.“ [74] Sie sind „Fleißarbeiter“ und „erkennen nicht“. Humorvoll sagen andere Kybernetiker von den Automaten: „Ziemlich dumm, aber ungeheuer fleißig!“ „Viele logisch-mechanische Denkarbeiten, die den Menschen viel Zeit kosten oder ihn langweilen, können uns die Maschinen abnehmen. Aber die großen, nicht der abstrakten Logik zugänglichen Probleme wie das des Weltfriedens werden auch etwaige zum „freien Denken“ programmierte Maschinen nicht lösen können ... die Gefahr, daß uns die Maschinen alles Denken völlig abnehmen, besteht nicht. Die Angst des Zauberlehrlings ist unbegründet.“

Alles das gilt auch von den „lernenden Automaten“, die mit „bedingten Reflexen“ arbeiten: ein Zwischenergebnis der Abläufe im Automaten kann diesen oder einen anderen weiteren Ablauf veranlassen, je nachdem welche Gesamtkonstellation der

[74] Selbstverständlich braucht der Konstrukteur nicht schon im Voraus die Ergebnisse zu wissen. Daraus folgt nicht, daß der Automat selbst sie gedacht hat. So wenig als beim Rechnen mit dem Rechenschieber dieser das Ergebnis durchdacht hat!

materiellen Elemente sich durch das Zwischenergebnis herausbildet. Es ist auch hier kein wesentlich Neues, was die „lernenden Automaten" leisten, kein Sprung auf die völlig andere, wesentlich höhere Ebene des Psychischen oder gar des Geistigen.

G. Günther gibt zu, daß es prinzipiell nie möglich sein wird, ein volles menschliches *Selbst*bewußtsein als Robotgehirn zu entwerfen (187); weil das denkende Planen übergeordneten, höheren Ranges sein muß als der gedachte Apparat; oder wie Günther es ausdrückt: die logische Sprache, mit der der Automat geplant, entworfen wird, muß eine „Metasprache" sein in Bezug auf die Sprache, in der dann der Automat seine Funktionen vollzieht. Damit ist gesagt, das Grundverhältnis der Überordnung des denkenden Menschen und der Unterordnung des von ihm konstruierten Werkzeuges bleibt erhalten und kann nicht aufgehoben werden (188). Wenn Konstrukteur und Automat „die gleiche Sprache sprächen, dann wären Schöpfer und Geschöpf ebenbürtig. Dies ist absurd.". (189)[75]

Anderseits sagt Günther, „daß es prinzipiell möglich ist, Bewußtsein (d. h. einfaches, direktes Bewußtsein, nicht Selbstbewußtsein! d. V.) in einem ‚mechanischen Gehirn' durch konstruktive Methoden hervorzurufen" (192). Diese Aussage schränkt er dann in einer originellen Weise ein: „In der Schöpfung und Ingangsetzung eines ‚mechanischen Gehirns' setzt der Konstrukteur *sein* Bewußtsein in Handlung um. Eine Handlung aber ist kein Bewußtsein mehr" (203) ... „Es geschieht also gar nichts Mystisches im Robotgehirn und dasselbe hat gar kein eigenes Bewußtsein", sondern die Realisierung dieser Gedanken (die heute noch nicht möglich ist), würde „bedeuten, daß es dem Menschen gelungen ist, Bewußtseinsvorgänge partiellen Charakters von seinem Organismus abzulösen und auf ein anderes Medium zu übertragen." (203)

Bewußtsein „ablösen" und auf die Maschine „übertragen", so daß es „gar kein Bewußtsein mehr ist": so wird klar, daß man unmöglich Psychisches mit Begriffen von Materiellem erfassen kann. Genauer und sachgerechter müssen wir sagen: der innere

[75] Das Bewußtsein der Maschinen, [2]1963.

Zusammenhang (die „Logik“) der materiell-physiologischen Prozesse, die den *sinnenhaften* Bewußtseinsakten wesentlich zugrunde liegen, kann einem Apparat konstruktiv eingebaut werden. Aber daß so auch das *psychisch erlebte* Bewußtsein selbst dem Automaten zukomme, und sei es der in Zukunft komplizierteste, das ist und bleibt unmöglich. Nur weil der Grundunterschied zwischen erlebten Bewußtseinsakten und zugrunde liegenden materiellen (Gehirn-)Prozessen nicht beachtet wird, weil man dazu neigt, sie einfach als identisch anzusehen, kann man es für möglich halten, daß eine materiale Maschine schließlich Bewußtsein erlangt.

Bei einem Naturforscherkongreß wurden biologische Substrate für das Lernen und Erkennen bejaht. Doch werde so eigentliches Denken bei weitem nicht erreicht. Auch die sensationelle „Eßbarkeit von Gedächtnisbesitz“, der im materiellen Substrat niedergelegt sei, habe sich unter sauberen Versuchsbedingungen nicht bestätigt.[76] Erkennen, Behalten, Lernen geht demnach nicht in materiellen Substraten auf, wenn es sie auch als Grundlage voraussetzt. Es sei ohne eigene Bewußtseinserlebnisse nicht zu denken. Den entsprechenden Modellen Steinbuchs liege eine zu äußerliche Phänomenologie zugrunde, in Analogie zu Pawlows bedingten Reflexen (Weizsäcker).[77]

4. Tierseele

Im Alltag unterscheiden wir ohne besondere Schwierigkeit Tiere und Pflanzen voneinander. Im Bereich der empirischen Wissenschaften werden Kriterien benannt, nach denen Pflanzen und Tiere unterschieden werden: daß *Pflanzen* die Fähigkeit zur Photosynthese besitzen, anorganische Nahrung assimilieren, einen festen Standort haben u. ä. *Tiere* dagegen sind auf Nahrung angewiesen, die von anderen Organismen stammt. Sie sind darauf angewiesen, diese Nahrung zu suchen und daher nicht an einen festen Standort gebunden, sondern mit Wahr-

---

[76] Ratten mit erworbenen, „gelernten“ Erfahrungen wurden an andere Ratten verfüttert, die nun diese Erfahrungen hätten besitzen sollen.

[77] Naturwiss. Rundschau 21 (1968) 159.

nehmungsorganen, mit Nerven und Muskeln ausgestattet. Sie bewegen sich in ihrer Umwelt von einem Ort zum andern. *Empirisch* ist auch die heute oft gebrauchte Einteilung in Pflanzen, Tiere und Mikroben. *Ontologisch* aber ist entscheidend, ob ein Lebewesen Bewußtsein hat oder nicht. Lebewesen mit Bewußtsein sind „Tiere", solche ohne Bewußtsein „Pflanzen"! So gibt es „fleischfressende Pflanzen" und Tiere, die einen festen Standort beibehalten. In manchen konkreten Fällen kann es sein, daß die Frage offen bleiben muß.

Erinnern wir uns, daß Bewußtsein ein Kollektivbegriff ist, mit dem die Gesamtheit der psychischen Akte eines Individuums gemeint ist. Kann also ein Tier eindeutig sicher solche Akte vollziehen wie Sehen, Fühlen, Streben, dann muß in ihm *ein Subjekt* sein, das sie vollzieht. Ähnlich wie wir aus den biologischen Phänomenen auf eine biologische Substanz, die Pflanzenseele schlossen, müssen wir hier auf die den Bewußtseinsakten der Tiere zugrundeliegende „Tierseele" schließen. Es ist ja nicht möglich anzunehmen, daß der materielle Leib, „das Gehirn", letztes Subjekt des Sehens, Fühlens, Strebens des Hundes ist. Wenn der Hund sieht, fühlt, strebt, woran nicht zu zweifeln ist, muß ein *psychisches Subjekt* in ihm sein, das diese psychischen Akte vollzieht und trägt, hervorbringt und erlebt. Die Frage, wie man dies psychische Subjekt benennt, ist zweitrangig. Wenn wir es „Seele" nennen, dürfen wir diese *Tierseele* selbstverständlich nicht mit der Menschenseele gleichsetzen, sondern ihr nur die Eigenschaften zuschreiben, die in den empirischen Daten enthalten sind oder aus ihnen notwendig geschlossen werden müssen. Der Ausdruck „Tierseele" hat den Vorteil, daß sie von vornherein nicht als zweite *selbständige* Substanz aufgefaßt wird, sondern als „Seele *des Leibes*", zwar substanzhafte Realität, aber von vornherein in *Vereinigung*, Hinordnung und Abhängigkeit zum materiellen Leib; so, daß „Seele" und Leib den *einen ganzen,* individuellen *Hund* ausmachen!

Empirisch ist noch zu beachten, daß die *psychischen* Funktionen des Tieres *dasselbe Resultat* haben, dasselbe „Ziel verfolgen" wie die vegetativ-*biologischen Funktionen* des Wachsens, der vielfachen Regeneration und der Fortpflanzung. Alles

Sehen, Suchen, Streben des Tieres *dient* seinem *biologischen* Leben. Es geht darin auf. Beobachte man das unermüdliche Mückenfangen der Schwalben den ganzen Tag, das ständige Grasrupfen, Kauen und Wiederkäuen der Kühe Tag und Nacht! Es ist die *eine* immaterielle Lebenssubstanz, die das Tier zu einem Lebewesen macht, zugleich mit der neuen Fähigkeit ausgestattet, diese Aufgabe auch mit Hilfe psychischer Funktionen zu leisten. Die „Seele“, die in der Pflanze die allerdings wesentliche Fähigkeit besitzt, die Materie vegetativ umzuordnen, hat im Tier außerdem noch die Fähigkeit, psychische Akte zu leisten, die *im Dienst* des biologischen Lebens des Individuums stehen.

Bei den *Pflanzen* machen wir diese Feststellung aufgrund der Erfahrung, daß sie *niemals eine Spur* von psychischen Funktionen verraten. Nur in der dichterischen Phantasie kann man sagen, daß Bäume „miteinander flüstern“. Bei *Tieren anderseits* zwingt die Erfahrung zu der Feststellung, daß sie psychische Funktionen haben. Sie müssen also auch ein psychisches Subjekt haben, eben die „Tierseele“.

Die *Tierseele* ist demnach eine von der Materie des Tierleibes verschiedene Realität; selber nicht Materie, sondern eine *immaterielle Substanz.* Eine sinnenhafte Vorstellung von dieser Tierseele können wir uns nicht machen. Das ist immer nur von materiellen Dingen möglich, die wir mit den Sinnen wahrnehmen konnten.

Auch die Art und *Weise, wie* die Tierseele mit dem Leib *verbunden ist,* können wir abgrenzen. Die Leistungen der Tierseele vollziehen sich ausschließlich *am materiellen Leib.* Im Umordnen, Steuern und Einigen der Materie bzw. ihrer chemisch-physikalischen Prozesse geht sie auf und erschöpft sie sich. Es gibt keine Leistungen der Tierseele, die nicht am materiellen Tierleib geschähen, die ihn nicht zum wesentlichen Inhalt und notwendigen Gegenstand hätten; die nicht mit den Kräften der Materie durchgeführt würden. Anders gesagt: die *Tierseele* ist nicht etwa nur räumlich „in“ dem Tierleib, sondern *durchdringt* ihn, *„formt“ und beseelt* ihn und bestimmt ihn zum „Tierleib“ dieser oder jener Gattung oder Familie. Ein Hund von 50 kg

Gewicht und ein Kalb von 50 kg unterscheiden sich nicht wesentlich durch ihre chemisch-physikalischen Bestandteile oder die je verschiedenen molekularen Verbindungen der Elemente. Vielmehr ist die *Tierseele je eine andere* im Hund und im Kalb. Sie begründet die psychischen Unterschiede zwischen einem „bissigen Hund“ und einem „sanften Kalb“ mit all ihren verschiedenen Verhaltensweisen. Die Materie des Tierleibes ist das *„Material“*, das die verschiedensten Möglichkeiten, zu pflanzlichen oder tierischen Organismen zu werden, in sich trägt. Die Tierseele ist die bestimmende *„Form“*, die das bestimmbare Material nun gerade zu einem Baum, einem Hund, einem Kalb „bestimmend formt“. Die Materie ist dabei das passive Substrat, die Tierseele das aktive Prinzip.[78]

Anderseits ist die Tierseele wesentlich und total auf die Materie des Tierleibes *hingeordnet.* Durch diese Hinordnung ist die Tierseele innerlich, wesentlich abhängig von der Materie. Sie ist Tierseele nur, *indem* sie den Tierleib bestimmend formt. Ohne diese totale und aktuelle Formung kann Tierseele nicht sein und nicht verstanden werden. *Begriff und Existenz* der Tierseele schließen die Hinordnung zur Materie und damit die Abhängigkeit von ihr ein. Tierseele und materieller Leib bilden in ihrer einander durchdringenden Einigung das lebendige *individuelle Tier!*

Von dem durchgehenden, engsten Verbundensein in den vegetativen und psychischen Lebensvorgängen *schließen wir* auf die totale engste *Einigung im Sein:* das Tier ist ein leibseelisches Lebewesen mit vegetativen und psychischen Lebensakten.

Die Frage nach der Herkunft der nach Gattung und Individuum verschiedenen Tierseelen wollen wir noch aufschieben.

[78] Das ist die Antwort der *Philosophie* auf die Frage nach dem letzten Prinzip des Lebens im Lebewesen. Damit werden selbstverständlich nicht die Ergebnisse der natur*wissenschaftlichen Forschung* verneint. Das genetische Erbe im Zellkern und -plasma der je verschiedenen Arten erscheint so als bestimmende Zwischeninstanz, zu der die „Pflanzenseele“ bzw. „Tierseele“ übergeordnetes Prinzip des Lebens ist, nicht erreichbar für naturwissenschaftliche Methoden, sondern Gegenstand philosophischer Schlußfolgerungen.

5. Sinnliches Bewußtsein und Materie

Wenn man zusammennimmt, was Physiologie und Psychologie über die *Funktionen der Sinne* aussagen, so ergibt sich eine wichtige Feststellung: Zwischen materiell-physiologischen Funktionen und gleichzeitigen psychologischen Erlebnissen besteht eine *enge Entsprechung*, ein strenger Parallelismus. Wird durch äußere Einwirkung – mechanische oder chemische Reizung (Rauschgifte!) – der materiell-physiologische Ablauf geändert, so ändert sich auch das seelische Erlebnis (Empfindung, Wahrnehmung, Gefühl u. a.). Und umgekehrt, wird im normalen Wahrnehmungsablauf ein unerwarteter Gegenstand wahrgenommen oder ein plötzlicher Schrecken erlebt, so sind auch die physiologischen Prozesse andere. Sie bleiben dann oft nicht auf die entsprechenden Nervenbahnen oder Gehirnbereiche beschränkt, sondern wirken auf andere Organfunktionen hinüber: durch einen plötzlichen Schrecken wird der Rhythmus des Herzschlages verlangsamt („das Herz blieb mir stehen"), um dann vielleicht umso schneller zu schlagen: die Blutgefäße werden je nachdem verengert oder erweitert („blaß vor Schrecken", rot vor Freude") usw.

Tatsache ist, daß *psychische* sinnenhafte Erlebnisse von dem Mitfunktionieren leiblicher Organe, Nervenbahnen, besonders bestimmter Hirnbereiche, *abhängen.* Diese Abhängigkeit ist so eng, daß ohne entsprechende Hirnzentren psychische Erlebnisse nicht möglich sind. Die Prozesse in den Organen und Nervenbahnen können u. U. ausfallen, das Funktionieren der entsprechenden Hirnzentren aber ist unerläßlich. Wie der Virtuose ohne Geige nicht spielen kann, so kann der Mensch *ohne Sehzentrum* im Gehirn *nicht sehen.* Gewiß sind solche „Zentren" keine scharf umrissenen Bereiche, so daß nach Verletzungen andere Bereiche im Gehirn, die wohl schon vorher mitwirkten, jetzt allein die Funktion übernehmen.

Aus allem wird hinreichend deutlich, daß das *Gehirn Organ des* sinnenhaft Psychischen ist, aber *nicht Subjekt!* Nicht „das Hirn sieht, hört usw.", sondern der Mensch, das Tier sieht und hört mit dem Gehirn (das dafür wichtiger und unersetzlicher ist als die äußeren Sinnesorgane!). Das Gehirn ist Instrument für das Subjekt wie die Geige für den Geiger.

Zwischen physiologischem und psychischem Bereich besteht nicht nur Parallelität, sondern *auch Wechselwirkung*, wie oben festgestellt wurde. Sie sind aber deshalb nicht zwei selbständige Bereiche, sondern bilden eine komplementär *subordinierte Einheit*. In einem vollständigen *Sinnes*akt ist auch das physiologische Element *Wesensbestandteil* und konstituiert ihn mit, ist *nicht nur Bedingung* für das Zustandekommen des Psychischen.

Entscheidend wichtig ist auch, daß sich alle Sinnesakte des Sehens, Hörens usw. *inhaltlich* auf materielle Gegenstände beziehen. Sehen, Hören kann man *nur materielle Dinge*, Eigenschaften, Vorgänge, mit Akten, die ebenfalls materiell sind. Aus allem ergibt sich, daß sinnenhafte Akte inhaltlich und funktionell an Materie gebunden sind. Anders ausgedrückt sind sinnenhafte Bewußtseinsakte innerlich wesentlich *von Materie abhängig*.

III. DER MENSCH SELBST

Was ist der Mensch? Das ist schließlich die Kernfrage. Der Mensch selbst steht in der Mitte. Von ihr aus werden die Welt und die Dinge in ihr erkannt. Es ist *seine* Welt und *sein* Erkennen. Daher mußte beides untersucht werden. Über den Menschen selbst hat sich damit schon ergeben, daß er Materie ist, wie sie uns auch sonst begegnet; daß er vegetatives Leben hat wie Blumen und Bäume; und daß er ein sinnenhaftes Leben führt wie die Tiere unserer Umwelt. Ist also der Mensch nichts anderes als ein Tier?

Wir werden ihn sorgfältig betrachten, wie er sich empirisch in seinem Tun und Verhalten darstellt, und werden finden, daß er alles das ist, was Materie, Pflanze, Tier ist: doch nicht *nur* das, sondern von all dem geschieden durch eine Realität, die darüber hinaus im Menschsein und nur in ihm enthalten ist: den *Geist.* Und es wird sich zeigen, daß Geist etwas wesentliches Anderes, Höheres ist als das *sinnenhafte* Bewußtsein.

A. Der Geist

1. Geistige Akte

Inhalte

Durchforscht man den Bereich unserer erlebten Bewußtseinsakte, so stößt man auch auf Akte ganz anderer Art als die sinnenhaften. Sie sind gekennzeichnet durch ihre *Unabhängigkeit* von Materie. So haben wir auch Erkenntnisse von *Gegenständen,* die *nicht materiell* sind: Begriffe und Aussagen über Recht, Pflicht, Problem, Lösung, Frage, Idee, Verneinung, Seele usw. Solche Inhalte besagen nichts Materielles. An ihnen sind keine materiellen Eigenschaften zu entdecken, keine raum-zeitlichen Bestimmungen, überhaupt keine, die etwas mit Quantität oder Ausdehnung zu tun haben. Es ist sinnlos zu fragen, wo jemand etwa sein Recht auf Leben aufbewahre. Auf solche Erkenntnisgegenstände sind *materielle Kategorien nicht* anwendbar.

Sie werden geradezu verneint: *Materielles* ist notwendig *konkret, individuell, vorstellbar.* Solche „geistigen" Inhalte dagegen, wie sie eben genannt wurden, sind nicht konkret, sondern *abstrakt;* nicht individuell, sondern *allgemein;* nicht vorstellbar, sondern *unanschaulich.* Das kommt nicht etwa daher, daß diese Gegenstände undeutlich, ungenau erfaßt würden. Im Gegenteil, man kann von ihnen genaue Definitionen geben. Es liegt an diesen Gegenständen selbst, daß sie Materie und materielle Bestimmungen nicht enthalten. Wir haben mithin Erkenntnisse von nichtmateriellen Gegenständen, „geistige" Erkenntnisakte.

Das zeigt sich noch deutlicher an der Tatsache der *Selbsterkenntnis.* Alle Bewußtseinsakte werden vollzogen vom *Ich. Ich* sehe und fühle, *ich* bin froh oder traurig, *ich* will oder verabscheue etwas. Dasselbe Ich hat meist zugleich mehrere solche Akte. Es ist wie ein Bewußtseins*strom,* in dem die verschiedenen Akte sich gegenseitig durchdringen. Man kann sie voneinander unterscheiden, aber kaum trennen und isolieren. In jedem solchen Bewußtseinsakt ist das *Ich miterfaßt,* mitenthalten; freilich nicht als Gegenstand. An dem Sehen eines Hauses kann ich den Gegenstand Haus oder das sehende Ich oder schließlich den Akt des Sehens unterscheiden und beachten. Das Ich wird also nicht als Gegenstand, sondern *„ungegenständlich"* wahrgenommen. Aber in einem eigenen Erkenntnisakt des Bewußtseinsstroms kann dies Ich auch selbst Gegenstand des Erkennens werden: das Ich erkennt *sich selbst.* Es ist gleichsam ein Sichzurückbiegen (= reflektieren) des Ich auf sich selbst, *Reflexion,* reflexe Selbsterkenntnis.

Wäre das Ich materiell, in nichtidentischen Teilen auseinanderliegend, dann müßte in dieser „Selbsterkenntnis" immer je ein Teil des erkennenden Ich einen Teil des erkannten Ich wahrnehmen. So käme nie ein Sichselbsterkennen des einen ganzen Ich zustande. Die Tatsache der Selbsterkenntnis zeigt, daß das erkennende und erkannte *Ich nicht materiell ist,* sondern seine Realität in einem einzigen Hier besitzt, ohne rechts und links, oben und unten; und daß es erkennend und erkannt ist. Eben das verstehen wir unter „Geist": eine nichtmaterielle Realität, die erkennt und auch *sich* erkennt. Selbsterkenntnis ist ein geistiger Akt, vollzogen ohne wesentliche Beteiligung materieller Faktoren, daher *wesentlich verschieden* von *sinnlichen* Bewußtseinsakten.

Die geistigen Gegenstände sind unserem Erkennen ebenso vorgegeben wie die materiellen. Sie werden wie diese nicht durch das Erkennen einfachhin *gesetzt,* sondern zumindest in ihrem *realen Kern vorgefunden* und dann allerdings *ausgestaltet.* Daraus folgt, daß nicht nur Materie wirklich ist. Das Wirkliche hat einen *nichtmateriellen Bereich:* substanzhafte Dinge (z. B. Entelechien), Eigenschaften, Beziehungen, Sachverhalte.

Sinnenhafte Elemente. Es ist richtig, daß geistige Akte oft nicht isoliert für sich auftreten, sondern *verbunden* mit sinnenhaften *Elementen,* Bildvorstellungen oder wenigstens Vorstellungen der zugehörigen Worte. Dazu sagt aber die experimentelle Psychologie Genaueres: „Im Gedankenablauf sind Vorstellungen *sekundär,* nicht in der streng parallelen Entsprechung der einzelnen Elemente wie das Physiologische und Psychologische bei Sinnesakten, sondern *lückenhaft.* Bei Versuchspersonen liefen 40 % verstandener Sätze *ohne Vorstellungsbilder* ab! Wenn geistige Inhalte von sinnlichen Elementen begleitet werden, können bei gleichen Begriffen die sinnlichen Elemente die *größten Verschiedenheiten* aufweisen. Müller-Freienfels sagt von sich, er denke in Schlagwörtern, die oft bloß angedeutet sind; angefangene Sätze werden nicht zuendegeführt, weil längst neue Gedanken vorliegen. Daraus ergibt sich, daß Worte, Wortvorstellungen, Wortverbindungen nur *bruchstückhafte Zeichen* für das eigentlich gedachte Geistige sind. James sagt, ein gut Teil des psychischen Lebens bestehe aus flüchtigem Überblicken noch nicht formulierter *Gedankenreihen.* Die Bilder machen nur den kleinsten Teil unseres tatsächlichen Seelenlebens aus. Daneben gibt es das Bewußtsein der *Relationen* (Beziehungen) ... Die Ergebnisse dieses Relationsbewußtseins sind in unserm Denken fast alles, der inhaltliche Träger der Relation, die Vorstellung, fast nichts ... es können richtige Urteile gegeben werden, auch wenn Vorstellungsbilder fehlen ...“ [79]

Aktivität

Der Geist ist nicht wesentlich gebunden an das Materielle und von der Materie Abkünftige. Er ist frei von dieser Bindung und wohl deshalb auch bemerkenswert fähig zum aktiven Wirken. So kann er Bestandteile eines Gesamtkomplexes voneinander *trennen.* Das ist deshalb wertvoll, weil er es schließlich mit nur *wenigen Elementen* zu tun hat, die sich *überall* wiederfinden ... So kann der Geist die *Ähnlichkeit* mancher Elemente bemerken. Dies Bemerken der Ähnlichkeit ist eine *Grunderscheinung* des Denkens. Erkenntnis der Ähnlichkeit bietet die Möglichkeit *Allgemeinbegriffe* zu bilden, denen die konkreten Begriffe untergeordnet werden.

Anderseits kann der denkende Verstand auch *verbinden,* in mehreren vorliegenden Dingen *die Einheit* erfassen, etwa mehrere räumliche Strecken in eine Gesamtstrecke zusammenfassen; Eigenschaften zu einer Gesamtheit vereinigen, die einem bestimmten Ding zukommen. Durch ein solches Verbinden mehrerer Elemente gewinnt der Geist Erkenntnis bestimmter Dinge, etwa eines Heilmittels aus der Verbindung verschiedener Eigenschaften (Fröbes).

Die dem *Geist* eigene *Aktivität* tritt besonders auch in *Urteilen* in Erscheinung. In Urteilen wird ein bestimmter Tatbestand *behauptet* und ausgesagt, daß einem gegebenen Subjekt eine Beschaffenheit, *ein Prädikat zukommt* oder nicht zukommt. Das Urteil läßt sich nicht in Vorstellungen und Begriffe auflösen, obwohl es sie als Material enthält. Zu diesem Vorstellungsstoff tritt notwendig die Behauptung hinzu. Sie ist eine unableitbare Denkleistung.

Es ist also ein *wesentlicher Unterschied* festzustellen zwischen sinnenhaftem Bewußtsein, das in seinen Akten inhaltlich und

---

[79] Fröbes, Lehrbuch der experimentellen Psychologie II 185.

funktionell an die Materie gebunden ist: innerlich, wesentlich von der Materie abhängt; und auf der andern Seite dem geistigen Bewußtsein, das in seinen Akten inhaltlich nicht materiell ist und wesentlich unabhängig bleibt von Vorstellungen materieller Dinge oder Worte; wenngleich es sie als Stütze benützt. Verwunderlich ist dies nicht, da ja Begriffe von Dingen der äußeren Erfahrung von *sinnenhaften* Wahrnehmungen herkommen und durch die Tätigkeit des Verstandes von ihnen abstrahiert sind. So erklärt es sich vollkommen, daß solche geistigen Begriffe zwar *wesentlich unabhängig* sind von Materie und dennoch von bildhaften Vorstellungen oder Wortvorstellungen *begleitet* und gestützt werden. Daß dies nicht wiederum eine *wesentliche* Abhängigkeit besagt, zeigt das Bruchstückhafte und Lückenhafte solcher Begleitvorstellungen.

Umgekehrt gesehen: Müßten nicht in geistigen Inhalten auch materielle Elemente aufscheinen, wenn zu deren Erkenntnis materielle Aktivität mitwirkte? Daß *inhaltlich* keine materiellen Elemente erkannt werden, ist ein Zeichen dafür, daß geistige Erkenntnisakte von Materie wesentlich unabhängig sind.

Einsicht

Noch eine andere Tatsache weist nachdrücklich auf die wesentliche Eigenständigkeit des Geistigen, und das ist die dem Geistigen eigene *logische Einsicht.* Im sinnenhaften Bewußtsein können verschiedene Wahrnehmungen, die inhaltlich nichts miteinander zu tun haben, durch ihre örtliche und zeitliche Nähe verbunden werden. Sie werden dann im Gedächtnis verbunden bleiben. Das ist die *raumzeitliche Assoziation* sinnenhafter Inhalte resp. Gefühle. Letztlich läßt sich das nahe Wiederauftreten sinnenhafter Erlebnisse im Bewußtsein darauf zurückführen, daß sie ein erstes Mal *zusammen erlebt* worden sind.

Wenn ich auf der Straße unverhofft einen lieben Freund aus Australien nach 30 Jahren wiedertreffe, und wir bleiben unter der Laterne in freudigem Erzählen eine Zeitlang stehen, dann verbinden sich in meinem Gedächtnis die Laterne und das frohe Wiedersehen. Zwischen den *zwei Inhalten,* die an sich *nichts miteinander* zu tun haben, wird durch die Gleichzeitigkeit des Erlebens eine „Assoziation", eine *äußere Verbindung* gestiftet. Wenn ich später wieder an der Laterne vorübergehe, zieht das Sehen der Laterne von selbst das Wiedersehen mit dem Freund aus dem Gedächtnis ins Bewußtsein. Ganz ebenso macht ein Hund einen Bogen um einen Mann, von dem er einmal geprügelt worden ist. Es handelt sich um *psychologische Gesetze* äußerer, zufälliger Verbindung, nach denen die sinnenhaften Akte ablaufen. Sie beruhen auf den raumzeitlichen Eigenschaften der Materie.

Geistige Akte dagegen können auch *logische, innere* Zusammengehörigkeit erfassen. Bei einer Verlosung kann die Zahl 12 zu einer Puppe gehören oder zu einer Flasche Wein, die so gewonnen werden können; eine äußere, zufällige Verbindung! Wenn ich aber frage: gehört die 12 zu der Größe 3 mal 4 oder der Größe 3 mal 5?, dann ist es die *innere notwendige* Beziehung zwischen der 12 und der Größe 3 mal 4, die ich *„einsehe"* und die mich nötigt zu sagen: 3 mal 4 ist 12. Es ist ein *logischer* Zusammenhang, den nur der *geistige Verstand* einsehen, aber nicht das leibliche Auge sehen kann. Eine solche innere Notwendigkeit ist auch die, daß Seiendes nicht zugleich im selben Sinne nichtsein kann, also generell die Notwendigkeit der ersten Prinzipien; auch die der Folgerichtigkeit, mit der aus zwei Prämissen, Obersatz und Untersatz eines Schlusses der Folgesatz zu ziehen ist. Eine solche innere, logische Verbindung kann nicht sinnenhaft gesehen, gehört, getastet, sondern nur mit dem denkenden Verstand, dem Geist „eingesehen" werden. Solche ‚einsehenden' Akte erweisen sich damit als *wesentlich verschieden* von den sinnenhaften. Es sind *geistige* Akte.

Die geistigen Akte unterscheiden sich schließlich auch durch ihre *Funktionsweise* von den sinnenhaften. Für das Sehen, Hören, Tasten usw. gibt es je ein eigenes materiell-leibliches Organ, Auge, Ohr usw.; ferner Nervenbahnen und als Drittes einen je verschiedenen Bereich im Gehirn. Das geistige Denken nichtmaterieller Begriffe und Urteile hat das alles nicht. Es gibt *kein „Denkorgan"*, keine Nervenbahn für das Denken und auch *kein Denkzentrum im Gehirn!* Das Letztere wird zwar oft behauptet oder mit einer gewissen Selbstverständlichkeit angenommen, aber nur wo ein wesentlicher Unterschied zwischen Sinnenhaftem und Geistigem von vornherein nicht ernsthaft in Betracht gezogen wird. Der amerikanische Forscher *Head* bekennt „nach einem lebenslangen Studium dieses Gegenstandes, daß es keine *kortikalen Zentren* für normale *geistige* Tätigkeiten gibt, daß es aber gewisse Regionen gibt, innerhalb deren Gewebszerstörung zu einer Störung einer bestimmten Art des *Verhaltens* führt.“ [80]

In bezug auf die *Funktion selbst* besteht ein wesentlicher Unterschied zwischen sinnenhaften und geistigen Akten, der auch empirisch nachzuweisen ist. *Vom Gehirn* können schwache *elektrische Ströme* abgeleitet und analysiert werden, in einem sog. Elektro-enzephalogramm, EEG. Alpha-Wellen mit bestimmter Wellenlänge und Frequenz herrschen im Wachzustand vor: im Schlaf und bei Krankheit treten langsamere Delta-Wellen auf. Wenn Versuchspersonen Denkaufgaben zu lösen haben, können Art, Frequenz dieser Wellen ebenfalls verändert werden, wie das EEG zeigt. Die Änderung tritt aber nur dann ein, wenn die Erkenntnisakte der Versuchsperson sinnenhafte, materielle Elemente mitenthalten. Dann ist es ja erklärlich, weil Sinneszentren im Gehirn mitfunktionieren, so daß die elektrischen Hirnströme beeinflußt werden. *Reine Denkakte* dagegen, etwa mit mathematischen Aufgaben, hatten keine Veränderung der elektrischen Ströme zur Folge. „Das EEG (ist also) kein Spiegel der menschlichen Seele, sondern der *vegetativen Zellvorgänge.* Nicht die Intelligenz als solche bewirkt Besonderheiten im EEG, ebensowenig wie man es dem EEG ansehen kann, ob jemand im Augenblick der Untersuchung bewußt lügt oder nicht (65).“ „Als der erste Weltkrieg soviele Verletzungen im Stirnhirnbereich mit sich brachte . . ., war man oft auch enttäuscht . . ., daß in manchen Fällen selbst große Substanzdefekte des Stirnhirns gar keine psychopathologischen Symptome mit sich brachten. Das *Stirnhirn* ist von Bedeutung für die Funktion des Ganges

[80] Karl Stern, Die dritte Revolution, 48. A. E. Adams, Sprache und Gehirn. Naturw. Rundschau 26 (1973) 57–65.

und der *Körperhaltung* ... die Ansicht, das Stirnhirn sei *Intelligenzzentrum*, hat sich *nicht aufrechterhalten* lassen (80)." „Was man unter Intelligenz versteht, (wird) bei reinen und lokalisierbaren Stirnhirnerkrankungen eigentlich nie betroffen ... dasselbe gilt auch für das Denkvermögen. Wenn einmal geäußert wurde, die Gedanken ständen im gleichen Verhältnis zur Hirnrinde (des Stirnhirns) wie der Urin zur Niere, so entbehrt eine solche Behauptung jeder Begründung (98)." [81]

Was ist also *Geist*? Geist ist *immateriell*, von der Materie wesentlich unabhängig im Sein und Handeln. Er hat die Fähigkeit zu *Bewußtseins*akten, die wesentlich *nicht* an Materie und ihre Eigenschaften *gebunden* sind. Ein Geistsubjekt kann daher reflektierend sich selbst erkennen, „zu sich selbst zurückkehren" (zurück von der Gegenstandswelt); besitzt *Selbstbewußtsein* und *Selbstverfügung*, Freiheit.

Sprache

Die Kraft und Aktivität des Geistes im Unterschied zum sinnlichen Bewußtsein zeigt sich besonders deutlich in der Bildung der Sprache. Schon im Kleinkind erwacht in der Kommunikation mit der Umwelt eine aufmerksame Hinwendung zu den Dingen, die es betrachtet, anspricht, ergreift. Entscheidend ist bald danach die Entdeckung, daß *zu jedem Ding ein Zeichen* gehört, mit dem es benannt werden kann. Damit erwacht der Fragedrang des Kindes nach den Namen der Dinge, so daß es sich schnell einen wachsenden Wortschatz erwirbt. [82]

Das Ich unterscheidet sich in dieser erobernden Geisteskraft wesentlich von seiner bloß sinnlichen Tätigkeit. Bei dieser wird es von dem *Strom der Bilder* mitgerissen und vermag sich nicht darüber zu erheben, kann den Schleier der Erscheinungen nicht zu dem Erscheinenden hin durchstoßen. Im Prozeß der Sprachbildung dagegen wird die Fülle der Eindrücke vom erfassenden Ich *gegliedert* und *benannt*. Gerade im Benennen erwacht das Ich zum Selbstbewußtsein. Es weiß sich als ein Bleibendes, Sei-

[81] F. Laubenthal, Hirn und Seele.
[82] W. Stern, Psychologie der frühen Kindheit.

endes, dem die benannten Dinge gegenüberstehen. Damit ist die Möglichkeit gegeben, daß auch andere die Namen dieser Dinge kennen lernen und gebrauchen. So vollzieht sich *Verständigung:* Sprache. Wenn wir sagen: das ist ein Tisch, ist die besondere sinnenhafte Sicht, unter der er uns erscheint, schon verlassen und der Schritt zum *Begriff* ‚Tisch' getan. Die Allgemeinvorstellung, die auch das Tier haben kann, nachdem es viele verschiedene Sichten gehabt hat und nun ein Sammelbild, eine Allgemein*vorstellung* besitzt, wird überstiegen zu dem *Begriff* des Dinges, der unter allen Sichten gleichbleibt.

Jede Benennung setzt den Begriff des Dinges voraus. Das Benennzeichen tritt mit dem Anspruch auf Geltung auf: Ob der Anspruch richtig oder irrig ist – wichtig ist, daß er überhaupt erhoben wird. Durch die Aktivität des Geistes wird ein sinnlich Einzelnes, der *physische Sprechlaut,* zum Träger einer *allgemeinen Bedeutung.* Das ist nur dann möglich und verständlich, wenn dem Ich die Grundfunktion des Bedeutens schon vor dem Setzen des Zeichens aufgegangen ist. So sind die Sprechlaute physisch-sinnliche Größen, weisen aber über das Sinnliche hinaus auf geistige Gehalte hin. Lautverbindungen, die nur geringfügig voneinander abweichen, können völlig Gegenteiliges bedeuten: „Er ist angekommen" und „Er ist umgekommen".

So unterscheidet sich in der Grundfunktion der Zeichengebung erst wahrhaft das geistige Bewußtsein vom sinnlichen. Die menschliche Sprache hat mithin ihren Grund nicht in physiologischen Tatsachen, etwa dem Vorhandensein des Kinns als Ansatz bestimmter Sprechmuskeln, vielmehr darin, daß der Mensch etwas zu sagen hat, was dem Tier abgeht.[83] Es sind auch nicht bestimmte Hirnbereiche wie „motorische Sprechregionen" entscheidend. H. Jackson machte seine Studenten darauf aufmerksam, daß eine Läsion zu lokalisieren, die die Sprache zerstört, und die Sprache selbst zu lokalisieren, zwei verschiedene Dinge sind.[84]

[83] G. Siegmund, Stimmen der Zeit. 157 (1955) 39 ff.
[84] Karl Stern, Die dritte Revolution, 48.

Taubblinde. Die Erfahrung mit Taubblinden zeigt, wie *G. Siegmund* berichtet[85], daß für die Bildung der Sprache die aktive *Kraft des Geistes* entscheidend ist. Er kann sich den Zugang zur Welt der Dinge von innen her öffnen, auch wenn die Hauptsinne, Auge und Ohr, von Geburt an verschlossen bleiben. Daß Tasteindrücke, die der Taubblinde erfährt, *etwas bedeuten,* daß sie Zeichen von etwas anderem sind, muß der eingeschlossene Geist *selbst entdecken.* Lehren kann man das von außen nicht, weil das ja das Verständnis der Zeichenhaftigkeit der Tastempfindungen schon voraussetzt. Zur Weckung des Geistes ist der Mensch nicht unbedingt auf die höheren Sinne Auge und Ohr und auf die Lautsprache angewiesen. Schon *der Tastsinn* kann die Basis sein, auf der sich volles begriffliches Denken entwickelt.

Bekannt ist der Fall der *Helen Keller,* die seit ihrem 3. Lebensjahr taub und blind, sich dennoch eine umfassende Bildung erwerben konnte und eine weltweite Vortragstätigkeit entfaltete. Aber auch in solchen Kindern, die *von Geburt an* blind und taub waren, ist es gelungen, den eingeschlossenen Geist zu wecken. *Marie Heurtin,* blind und taub geboren, galt bis zu ihrem 10. Jahr als völlig idiotisch. Dann kam sie in eine Anstalt. In der ungewohnten Umgebung vor Heimweh krank, war sie wie rasend. Der Geduld einer Schwester gelang es, in persönlichen und geistigen Kontakt mit dem Kind zu kommen und ihm eine Gebärdensprache beizubringen. Dann lernte das Mädchen die Fingersprache der Taubstummen und bald auch das Braillealphabet für Blinde, so daß sie nicht nur sich äußern, sondern auch die in Zeichen niedergelegten Gedanken anderer lesen konnte. *Alle 3 Systeme* lernte sie in *einem Jahr!* Sie besaß also eine hohe Intelligenz und konnte sich durch jahrelangen Unterricht in Literatur, Geschichte, Geographie, Religion eine übernormale Bildung aneignen.

In allen solchen Fällen werden dem Taubblinden nur *Tasteindrücke* geboten, die freilich eine bestimmte Ordnung, einen Sinn enthalten, der aber dem Taubblinden von außen nicht erschlossen werden kann. Gespannt muß der Lehrer auf den

[85] Scholastik 33 (1958) 186–208.

Augenblick warten, in dem der Zögling stutzt und selbst die Absicht in der Anordnung der Tastdaten entdeckt und ihren *Sinn findet.* Es hängt also entscheidend von der eigenen Aktivität des Kindes ab, von der Kraft seines Geistes, ob eine Verständigung hergestellt wird oder nicht. In leider allzuvielen Fällen bleibt die Antwort aus. Der Geist bleibt zwar in seiner Entfaltung an die Entwicklung der leib-seelischen Organisation gebunden, hat aber die Fähigkeit, aus sich heraus, ohne Nachahmung, sprachlichen Ausdruck zu *setzen.* Die taubblinde *Laura Bridgman* bildete etwa 60 willkürliche Laute aus, die zuerst nur Affektäußerungen waren, dann aber zur Bezeichnung von Personen verwendet wurden, so beständig, daß die blinden Mädchen um sie immer wußten, wer gemeint war. Dabei hatten diese selbstgebildeten Namen keine lautliche Beziehung zu den wirklichen Namen, die das Mädchen erst später durch das Fingeralphabet kennen lernte.

Von dem Augenblick an, da die *taubblinde Marthe Obrecht* als 8-jähriges Kind begriffen hatte, daß man Gegenstände durch Gebärden bezeichnen kann, hatte sie den Schlüssel des ganzen Systems und war im Besitz einer rein intellektuellen Einsicht. Mag es sich um materielle Dinge handeln, so ist doch die *Einsicht* in den *Beziehungszusammenhang* etwas durchaus Nichtmaterielles. Als dasselbe Kind die Fingersprache als zweites System lernte, war es eine neue Offenbarung: die allgemeine Einsicht, daß die beiden Zeichensysteme gleichbedeutend sind.

Geistige Eroberung der Welt geschieht grundsätzlich bei Taubblinden ebenso wie bei Normalen. Dabei ergibt sich kein absoluter Gegensatz zwischen *konkreten* und *abstrakten Begriffen.* Die Schwester bemühte sich, Marie Heurtin den Begriff ‚Zukunft' klarzumachen. Da kam Marie der Schwester zuvor: sie erhob sich plötzlich, streckte die Arme vor und schritt rasch voran.

Als Marthe Obrecht mit 10 Jahren nur erst die Gebärdensprache konnte, begriff sie doch die sozialen Rangunterschiede zwischen Erzieherinnen und Zöglingen, der Oberin und den Schwestern und erfaßte schließlich den Begriff eines absoluten, höchsten Herrn, Gottes. Nicht zu beschreiben, welchen Eindruck die Kenntnis der höheren Seinsordnung auf die junge Seele machte![86]

Antrieb zu dieser Erweckung des Geistes ist eine oft erstaunliche *Energie*. Bei Helen Keller erzeugte der Gedanke, durch ihre Taubblindheit anderen unterlegen zu sein, Trotz und das ehrgeizige Bemühn, ihren Nachteil auszugleichen. Diese Energie muß als geistige Kraft neben der intellektuellen Begabung vorgegeben sein. Helen Keller versuchte, ihrem *Hund* ihre *Zeichensprache beizubringen*. Zu ihrem Ärger blieb der Hund stumpf, unaufmerksam und gab nie ein Zeichen des Verstehens. Die Wissenschaft versucht es auch, aber ohne Erfolg. Das Tier strebt nicht nach geistigem Erwachen. „Man ist immer wieder erstaunt und oft genug geärgert, wenn man sieht, wie an einem klugen und sonst zugänglichen Tier ... jeder Versuch einer Umbildung von seinen biologischen Eigenschaften fort ganz wirkungslos abgleitet“[87]

2. Das Zwischenwesen ‚Tier‘

Sprache?

Vollsinnigen *Affenjungen* wurde wiederholt die gleiche Erziehung wie Menschenkindern gegeben; man versuchte mit aller Mühe, ihnen die ersten Elemente der menschlichen *Sprache* beizubringen; alle Versuche glitten erfolglos ab, und es gelang nicht einmal, wie bei Papageien *Assoziationen* von Lauten mit Dingen zu stiften, was ja auch noch nicht eine eigentliche sinnvolle Sprache ist. In seiner „Schimpansenpsychologie“ schreibt Tembrok: Ein Versuch, bestimmte Gegenstände durch Namen, die ihnen ein Versuchsleiter gab, vom Schimpansen unterscheiden zu lassen, gelang nicht.

Neuerdings berichtet aber *B. Rensch*, daß „die Schimpansin Vicky lernte, 3 Wörter zu sprechen und 2 davon sinngemäß zu verwenden: beim Frühstück hielt sie die leere Tasse an die Kaffeekanne, sagte „Mama“ und dann „cup“ (= Trinkgefäß und

86 G. Siegmund. Scholastik 33 (1958) 186–208.
87 W. K. Köhler, Intelligenzprüfungen an Menschenaffen, 49.

‚trinken'). Als eindeutigen Beweis dafür, daß hier die Zeichenhaftigkeit auch für abwesende Dinge begriffen war, kann man aber dies konkrete Umgehen mit Tasse und Kanne und einem solchen Lautkomplex noch nicht nehmen. Rensch selbst fügt hinzu: Vor allem fehlt ihnen die *Sprache,* die abstraktes Denken in Wörtern, Bildung höherer Abstrakta, das Ausdrücken von kausalen und logischen Beziehungen und vor allem eine Traditionsbildung ermöglicht.[88]

Muß man nicht umgekehrt sagen, daß das Denken das Sprechen ermöglicht? Schließt doch die „Sprache" abstrakte Begriffe schon ein, setzt sie also voraus! Wie wenig geistige und sinnliche Leistungen unterschieden werden, ist aus dem anschließenden Text von Rensch zu entnehmen: „Bei den Vormenschen, die keine großen Eckzähne als Waffen besaßen und wahrscheinlich in einer offenen Landschaft lebten, in der Nahrungserwerb erschwert war, ist dagegen Selektionsdruck anzunehmen, der zu einer unverhältnismäßig schnellen Vergrößerung und Verbesserung des Vorderhirns, zur Entwicklung der motorischen Sprachregion und damit (!) zur Entstehung einer Kultur führte!"

Siegmund stellt fest, daß im *Tier kein „Geist"* vorhanden ist, der auf seine erste Sinnfindung wartet. Begreifendes Erfassen kann nicht von außen beigebracht werden. Rein passive Aneignung von Worten aus der Umgebung führt nicht langsam zur menschlichen Sprache. „Niemals kann aus bloßem Nachplappern menschliche Sprache entstehen. Dazwischen steht das *aktive Begreifen* und *Sinnstiften* zwischen dem bezeichneten Ding und dem bezeichnenden Symbol". Der Mensch dagegen ist von Kindheit an auf geistiges Selbstergreifen ausgerichtet (204).

Der *Sensualismus* behauptet einen strengen Parallelismus zwischen dem Maß der Sinnesdaten und der geistigen Bildung. Geistige Akte unterscheiden sich nach ihm nicht wesentlich von den sinnlichen. Sie sind nur besondere Umbildungen, Verbindungen oder Fortlassungen sinnlicher Elemente. Urteile und Schlüsse stellen nur Assoziationen sinnlicher Vorstellungen dar: Abstraktion sei nur Fortlassung von Teilen eines ganzen sinn-

[88] Naturwiss. Rundschau 18 (1965) 100.

lichen Komplexes. Bei Ausfall der zwei höheren Sinne Sehen und Hören, denen 7/8 der Sinnesdaten verdankt werden, müsse daher alles geistige Leben ausbleiben und der Mensch idiotisch sein.

Die *Erfahrungen* lehren aber das *genaue Gegenteil:* ein Tier, das alle Sinne besitzt, kann trotz aller Bemühung geistig nicht geweckt werden. Auf der anderen Seite können Menschen nicht nur das, sondern über die Brücke der Restsinne zu Persönlichkeiten mit dem vollen Maß menschlicher Bildung werden! Da wird Bedingung und ursächlicher Ursprung verwechselt: *Sinnestätigkeit* ist *nur Bedingung* und Voraussetzung der geistigen Tätigkeit, niemals aber kann sich Geist aus der bloßen Mehrung der Sinnestätigkeit ergeben. Bindung des Geistes an Sinne und leibliche Organisation ist nur relativ: der Tastsinn wird bei Ausfall von Sehen und Hören nicht zu übernormaler Feinheit überkompensiert. Im Gegenteil, Lesefinger von Blinden stumpfen in ihrer Tastempfindlichkeit ab, werden durch das beständige Reiben an den erhöhten Typen hart. Vielmehr wird Ersatz geleistet durch *erhöhte Aufmerksamkeit* und erhöhte *Deutungsfähigkeit* der restlichen Sinnesempfindungen. Die Gesamtintensität, die sonst dem Sehen und Hören gilt, wird hier den Restsinnen zugewendet (205).

Relativ gleichgültig ist auch die *Art des sinnlichen Materials* für die Sprachzeichen. Rein sinnlich ist die normale Lautsprache *völlig verschieden* von der Gebärdensprache oder von der Punktsprache des Braillesystems. Der gleiche Gedanke wird auf ganz verschiedene Weise ausgedrückt, ohne daß er inhaltlich im geringsten verändert würde. „Ist einem Fehlsinnigen das *Prinzip* des neuen Zeichensystems aufgegangen, so weiß er damit von vornherein um die *Äquivalenz* des neuen Systems mit den bisher bekannten alten Systemen. Darum macht es ihm keine Mühe, Gedanken von einem System ins andere zu transponieren". Dasselbe geschieht ja auch beim normalen Übersetzen von einer Sprache in eine andere. Anderseits ergeben sich für denselben Lautkomplex ganz verschiedene Bedeutungen. ‚Sol' z. B. bedeutet in slavischen Sprachen ‚Salz', im Lateinischen ‚Sonne', in der Chemie eine bestimmte Lösung.

Auch die Bindung der geistigen Leistung an ein Organ ist, wie seine Auswechselbarkeit und Ersetzbarkeit zeigt, nur relativ. Die normale Lautsprache hat ihr *„Sprachzentrum“* im linken Schläfenlappen des Gehirns. Hier knüpfen sich Verbindungen zwischen akustischen Wortbildern und motorischen Innervationen der Sprechorgane. Diese Stelle hat die ererbte Prädisposition, den sprachlichen Funktionen zu dienen. Dagegen haben die Bewegungen der Finger, Hände, Glieder bei der Fingersprache ihr Zentrum in ganz anderen Hirnteilen! Es liegt also ein stellvertretendes Mitwirken anderer Organteile vor. Dennoch wird mit dem anderen Material grundsätzlich das Gleiche geleistet (206).

Es gibt also Erweckung Taubblinder zum Geist über die schmale Basis des Tastsinnes. Dagegen bleibt die *Unerweckbarkeit von Affenkindern* wie dem Schimpansenkind Gua, mit dem sich das Ehepaar Kellog die größte Mühe gab, trotz gesunder Sinne, trotz Aufnahme in die menschliche Kinderstube mit dem gleichaltrigen Söhnchen Kellog, trotz affektiver Bindung an Menschenkind und Pflegeeltern – dem Sensualismus ein „Wunder“. Der Unterschied wird nur verständlich durch besondere Fähigkeiten, die beim Menschen vorliegen und beim Tier nicht (207).

„Eine lineare Ableitung der Sprache aus den Kontaktmitteln der Tiere ist unmöglich. Von der *„Tiersprache“* kann nur metaphorisch die Rede sein. Über ihr Verhältnis *zur Menschensprache* sind phantastische *Fehlmeinungen* im Gang. Die Versuche, ‚Affen im Hause aufzuziehen‘, sie in Gemeinschaft mit Kindern heranwachsen zu lassen und der menschlichen Sprache teilhaft zu machen, ... (zeigen) nicht geringes tierpflegerisches Geschick, aber ärgsten tierpsychologischen Dilettantismus. Aber auch ernste Untersuchungen gehen von ungeklärten theoretischen Voraussetzungen aus ... Die Sprache ist ein Prärogativ menschlicher Geistigkeit und Vernunft, das von den kommunikativen Aktionssystemen der Tiere auch nicht annähernd erreicht wird“ [89]

[89] F. Kainz, Die „Sprache“ der Tiere. 1961, 271.

Experimente mit *Delphinen* konnten an diesem Urteil nichts ändern. Wenn von einem „Sprachaustausch zwischen Mensch und Delphin gesprochen wird, von einem Überspringen des „Sprachfunkens“ u. ä., so sind das vermenschlichende Deutungen der tierischen Lautgebung. Besonders im Raum der modernen Verhaltensforschung kann man öfters auf solche vermenschlichenden Deutungen stoßen, die man früher schon kannte und heute für überwunden hielt. Wer in tierisches Verhalten geistige und sittliche Inhalte hineinprojiziert, „geht weit an der Wirklichkeit vorbei“.[90]

Ein amerikanisches Forscherteam beobachtete monatelang unter Wasser eine Herde Delphine. Man kam zu dem Ergebnis, daß es ein Mythos sei, von einer eigentlichen, der menschlichen vergleichbaren „Sprache“ der Delphine zu reden. Ihre Lautgebung ist, im Gegensatz zu Landsäugetieren, fast die einzige Ausdrucksform zur Kommunikation. Ihr Tonsystem enthält neben den emotionellen Säugetierlauten solche, die durch das Echo dem Erkunden ihres bewohnten Gebietes unter Wasser dienen. Das Pfeifen schließlich ist für jeden einzelnen Delphin individuell charakteristisch. Es unterscheidet sich von dem aller anderen Delphine, so daß ein bestimmtes Individuum und seine Position, auch in einer Gruppe, leicht erkannt werden kann. So wie wir einen bestimmten Menschen an seiner Stimme erkennen. Von einer „Sprache“ der Delphine oder auch nur echten Ansätzen dazu kann keine Rede sein.

Sinnenhafte Wahrnehmungen beim Tier und beim Menschen

Erinnern wir uns, daß sinnenhaftes Erleben ein Empfangen von Eindrücken ist, die stärker oder schwächer das Tier „affizieren“, be-eindrucken. Von diesen Eindrücken seiner Sinne, den durch sie geweckten Trieben und Instinkten wird es geleitet und reagiert entsprechend auf sie, so daß Selbsterhaltung und Fortpflanzung erreicht wird.

---

[90] S. die (nicht erschöpfende) Kritik an Dröscher „Die freundliche Bestie“: Naturwiss. Rundschau 22 (1969) 185, ebenda „Delphine“ 216/17.

In diesem Strom von sinnenhaftem Wahrnehmen, Fühlen, Streben des Tieres sind keine geistigen Akte enthalten. Geistiges Bewußtsein empfängt nicht Eindrücke, sondern setzt Objekte, die es entweder unreflex, als von ihm distanziert, seiend erkennt, oder objektivierend zu „Gegenständen" macht. Wo aber kein *geistiges* Bewußtsein ist, fehlt diese Richtung auf das Sein. Tiere können daher gar nicht die Frage stellen nach dem Sein ihrer Sinnesinhalte; ob die wahrgenommenen Inhalte, Gestalten wirklich sind oder nicht. Tiere sind in die Bilder- und Triebwelt ihrer Wahrnehmungen, Erinnerungen, Träume, ihrer Instinkte und Strebungen eingebannt. Sie sind sozusagen „Traumwesen", die nicht über das Realsein ihrer Erscheinungswelt urteilen können; Zwischenwesen zwischen dem Geistwesen ‚Mensch' und den bloßen Materiedingen ohne Bewußtsein.

Der Mensch dagegen hat sinnenhafte und geistige Erkenntnisse, die nicht säuberlich voneinander getrennt vollzogen werden, sondern einander durchdringen und durchwirken. Der Mensch ist daher nie bloß seinen Sinneseindrücken hingegeben und gleichsam ausgeliefert wie das Tier, sondern erkennt auch seine Sinnesinhalte unter dem Gesichtspunkt des Seins, des Realseins. So wird für ihn die Frage überhaupt erst möglich, ob die Sinneswahrnehmungen *wahre* Erkenntnisse der *seienden* Dinge sind. Für den Menschen ist die geistige Sicht auf das Sein von vornherein gegeben, nicht reflex und nicht ausdrücklich, aber tatsächlich. Er unterscheidet daher zwischen Wirklichem und bloß Vorgestelltem oder Geträumtem. Danach kann er auch reflex die objektiven Gründe des Wirklichen herausheben und ‚beweisen', daß die Sinnesinhalte den wirklichen, ‚seienden' Dingen entsprechen, daß unsere Sinneswahrnehmungen *wahre* Erkenntnisse der *wirklichen* Dinge sind.

Das Gehirn

In der Frage, ob es sich bei *fossilen Funden* um Schädelreste wirklicher Menschen oder doch nur tierischer Individuen handle, gehn die Urteile der Fachleute noch sehr auseinander. „Von der *Größe des Gehirns* auf das geistige Vermögen zu schließen, ist nicht möglich. Das Gehirnvolumen aller fossilen Menschen liegt innerhalb der Variationsbreite heutiger Menschen, zwischen 850-2000 ccm, ... hat aber keinen erkennbaren Einfluß auf Begabung und geistige Leistungsfähigkeit. Hochbegabte Menschen hatten ein Gehirn nach der oberen und unteren Grenze hin. Weder die Masse noch das Oberflächenrelief des Gehirns (Dichte und Tiefe der Furchen, die man durch Ausgießen der Innenwände der Schädel erhielt) ist eindeutiger Ausdruck ... ‚Behauptungen der Paläoanthropologen, der Neandertaler oder Pekingmensch z. B. sei Rechts- oder Linkshänder gewesen, hätte sprechen oder schreiben oder bloß stammeln können, je nach flacheren oder tieferen, engeren oder weiteren Eindrücken an der Innenseite der Schädel, haben keine wissenschaftliche Basis... *Kulturelle Hinterlassenschaften* sind die einzigen Hinweise für geistige Lebensäußerungen‘ (Weidenreich).“ [91]

Werkzeuge

So weisen *Steinwerkzeuge* eindeutig auf echtes Menschentum. Dabei ist noch sorgfältig zu untersuchen, ob die Werkzeuge von Individuen stammen, deren Knochenreste am Fundort vorliegen, oder vielleicht von ganz anderen Individuen, die dort nur die Reste ihrer verzehrten Beutetiere hinterlassen haben. „An den gefundenen Werkzeugen ist eine sich entwickelnde Technik festzustellen: Werkzeuge, zu deren Herstellung nur 3–5 Schläge mit einem anderen Stein notwendig waren; 20–25 Schläge für Werkzeuge einer anderen Epoche in *einem* Arbeitsgang. Wieder andere forderten 2 Arbeitsgänge mit 60–70 Schlägen. Es steigert sich bis zu 11 Arbeitsgängen mit 200–250 Schlägen für Klingen mit Griff beim Cromagnon-Typ“ (Overhage). Eindeutige Zeichen technischer Bearbeitung sind entscheidend für die Feststellung, ob die Werkzeuge von Menschen stammen oder nicht. „Menschen *fertigen* sich ihre *Werkzeuge selbst* an. Das taten schon die primitivsten Menschen durch Zurechtschlagen von Geräten aus Feuerstein. Somit ist beim Menschen das *Herstellen* eines

[91] Overhage, Stimmen der Zeit 173. Bd. (1963/64) 361–62.

Werkzeuges ein wichtiges Zwischenziel seines Handelns, bevor er sein endgültig lebenswichtiges Ziel wie Nahrung, Wärme oder Schutz zu erreichen sucht. Ein *Schimpanse* benutzt ein Werkzeug dagegen nur dann, wenn er es unmittelbar für ein vitales Ziel einsetzen kann. *Nie stellt er es selbst her.* Und wenn er irgendwo einen Zweig abbricht, um ihn für diesen oder jenen Zweck zu benutzen, kann man nicht gut von Werkzeugherstellung reden, weil dazu die Leistung zu primitiv ist. Auch dem Kistenbau fehlt das entscheidende Kennzeichen echter Werkzeugherstellung, nämlich das Bearbeiten und Verändern eines Gegenstandes mit dem Ziel seiner Verwendbarkeit ... Als Werkzeuge benutzen Schimpansen ausschließlich *vorhandene* Gegenstände, während nur Menschen sich jene selbst herstellen können ... nicht das Verwenden, sondern das Herstellen von Werkzeugen ist spezifisch menschlich". [92]

Intelligenz und Instinkt

Man muß also feststellen, daß Tiere keine eigentliche Sprache besitzen, und zwar deshalb nicht, weil sie nicht begrifflich denken können. Es fehlt ihnen die Fähigkeit dazu, der Geist. Wie sind dann aber gewisse kluge, „intelligente" *Leistungen von Tieren* zu erklären? Viele an Tieren beobachtete Handlungen verlangen zu ihrer Erklärung zwar nicht geistige Abstraktion, Begriffe, Urteile und Schlüsse; nicht Verstand und Vernunft. Aber sie lassen erkennen, daß die Tiere in solchen Fällen eine *konkrete, sinnlich* erfaßbare *Beziehung* zwischen sinnlichen Größen erfassen können. Ein Affe sieht z. B. zu einer hoch hängenden Banane verlangend hinauf. Er „denkt" jetzt nicht die „Mittel" durch, mit denen er dieses „Ziel" erreichen könnte: ‚danach springen oder mit etwas werfen wird erfolglos sein.' Aber da sieht er eine Kiste dastehen, und schnell schiebt er sie unter die Frucht, steigt hinauf und holt sie sich. Hier liegt nicht Urteilen und Schließen vor, *nicht Einsehen* der Beziehung zwischen Mittel und Zweck, was alles geistige Abstraktionen ent-

[92] W. Fischel, Kleine Tierseelenkunde. Dalp-Taschenbuch 302, 102. – Stimmen der Zeit 147. Bd. (1950/51) 390–93.

hält. Wohl aber sieht das Tier die *beiden Dinge* Banane und Kiste und ihr konkretes Zueinander, die *konkrete Beziehung* zwischen ihnen, so daß die zweckmäßige Handlung erfolgen kann. Es hat sich durchgesetzt, hier von „Intelligenz" zu sprechen, obwohl dieses Wort ursprünglich dem menschlichen Geist vorbehalten war. Heute spricht man allgemein von *tierischer „Intelligenz"* und versteht darunter die „Fähigkeit, Erfahrungen zu sammeln und sie bei Gelegenheit vorteilhaft zu verwenden" (Fischel). Man stellt verschiedene Grade der Intelligenz bei verschiedenen Tierarten fest, etwa in absteigender Reihe: Affe, Hund, Katze, Elefant, Löwe, Schwein, Pferd.

Immer geht es dabei in erster Linie um die *äußere Leistung*. Sie wird von den Autoren besonders betont: „Dauernde Leistungsfähigkeit, welche Intelligenz heißt" (Jaspers); Intelligenz ist ein „Leistungsbegriff, der eindeutig keine Aussage über die zugrunde liegenden seelischen Vorgänge zuläßt" (Lersch); „Biegsamkeit und Geschmeidigkeit der Anpassungen" (Munn).

Von der Intelligenz unterscheidet man die *Instinktausstattung* der Tiere, die jeder Tierart angeboren ist. „Instinkte sind arttümliche, angeborene Fähigkeiten" (Fischel). Die Abgrenzung ist umstritten. Manche Forscher meinen, die Instinkte ließen sich durch Erfahrung umbauen; andere, sie seien ein absolut starrer Komplex von Inhalten und Antrieben. Es kann hier dahingestellt bleiben, was an den beobachteten Leistungen der Tiere auf angeborene Instinkte, was auf Erfahrung und Gedächtnis oder auf eine Kombination von beiden zurückzuführen ist.

Die Leistungen der Tiere

Hier geht es immer um Beschaffen von Nahrung, um Schutz vor Sonne und Unwetter, um das Entkommen aus schwierigen Lagen, kurz um das *biologisch Wichtige*. Auch bei Menschenaffen bleibt das „Ziel" immer etwas rein Animalisches. Sie übertreffen die anderen Tiere nicht in den Zielen, sondern nur in den „Mitteln, diese animalischen Ziele zu erreichen. Außer seinen Nestern, die er seinen *angeborenen* Fähigkeiten verdankt, stellt sich kein Schimpanse jemals etwas selbst her, wie es ein Mensch tut. Nur der Mensch strebt nach selbstgesetzten Zielen, die weit über das biologisch Wichtige hinausgehen und in der Natur nicht fertig zu finden sind."

Die *Leistungen* der Tiere bestehen z. B. darin, daß ein *Schimpanse* mit einem Stock eine Frucht vor sein Gitter heranscharren kann; er kann 2 passende Rohre, die man in seinen Käfig legte, ineinanderstecken, um so einen längeren Stock zu bekommen und die Frucht zu erreichen. Er schwingt sich an einem Seil hängend immer höher, so daß er schließlich die Frucht erreicht. Schimpansen lernen, Metallscheiben in einen Automaten zu stekken und so eine Rosine zu bekommen. Sie unterscheiden dabei farbige Scheibchen und graue ohne Wert. Verschiedene Tiere können es lernen zu ihrem Futter zu gelangen, indem sie auf bewegliche Scheiben steigen, über eine, über zwei usw. und einfache Riegel wegziehen. Weiße Mäuse schaffen 2 Scheiben, Katzen 7, Affen bis 20 Scheiben und 5 Riegel. Ein amerikanischer Dachs schaffte 22 Scheiben und 7 Riegel, holte sich die Nahrung und legte den Weg umgekehrt genauso ruhig und sicher wieder zurück (C. Warden).

Einige *Hunde* wurden in ein Zimmer mit 4 Türen gesperrt, von denen 3 verschlossen, die vierte unverschlossen war. Verhältnismäßig schnell fanden die Hunde aus dem Raum hinaus, indem sie die unverschlossene Tür aufstießen. Das wurde einige Male wiederholt und dann eine andere Tür offen gelassen. Die Hunde versuchten *immer wieder* die *vorhin* offene Tür aufzustoßen, während sie den anderen Türen keinerlei Aufmerksamkeit schenkten. *Affen hingegen*, die der gleichen Prüfung unterzogen wurden, versuchten sofort, auch bei veränderter Anordnung, alle 4 Türen zu öffnen und entkamen so schnell wie ein Mensch.

All das wurde *früher als „Einsicht* in die Beziehung zwischen Mittel und Zweck" erklärt, die nur den Menschenaffen zukomme. Das erwies sich als *Irrtum.* Auch niedere Affen, z. B. Kapuzineraffen schieben eine Kiste unter die Frucht. Es hat sich ergeben, daß die Fähigkeit der niederen und der Menschenaffen nur dem Umfang nach verschieden ist, nicht wesentlich.

Es liegt angeborener *Instinkt* vor, zu dem *Lernen* hinzukommt, das auf Erinnerung beruht. Schimpansen besonders haben in der Kindheit einen starken Spieltrieb und *große Neugier.* So benutzen sie alle möglichen Gegenstände und erlangen viele Erfahrungen, die dann verwendet werden können. *Erinnerung* an ein „erfolgreiches Verhalten kommt *wie ein Einfall*, der unter Umständen lange auf sich warten läßt". Ein Schimpanse bekam erst am 12. Tag einen solchen „zweckmäßigen" Einfall, sauste wie der Blitz von der Schaukel, ergriff eine hingelegte Stange und stieß mit ihr aus einem langen, an beiden Enden offenen Kasten die Frucht, die er mit den Armen nicht hatte erreichen können (Fischel).

Manche Tiergruppen haben sogar eine angeborene Instinkt*kultur* oder, wenn man will, einen „Kulturinstinkt". In ihrer Wohnung sind besondere Eß- und Trinkstellen, Bade- und Schlafstellen, Vorratsstellen und Klosette, Sonnenterrassen und Kinderstuben usw. Nur eine Örtlichkeit, die in keiner noch so primitiven Negerhütte fehlt, finden wir *bei keinem einzigen* Tier, nämlich die *Feuerstelle!* (Hediger).

„Unter dem Instinktantrieb kommen ‚Hunger und Liebe' erst an zweiter Stelle. Beides ist aufschiebbar, nicht aber die Flucht vor einem drohenden Feind. Selbst das größte und stärkste Tier hat seine Feinde. Die *Flucht* ist daher u. U. das *biologisch wichtigste* Verhalten. Fluchtbereitschaft ist erste Pflicht des Individuums zur Erhaltung seiner Existenz und damit der Art. Daher ist ununterbrochene Wachsamkeit, ein dauerndes Sichern ... die Hauptbeschäftigung des frei lebenden Wildtieres." [93]

Wolfgang Köhler berichtet von 3 *Spielen* der Schimpansen, „die ich *nicht für möglich* halten würde, wenn sie sich nicht Tag für Tag vor meinen Augen wiederholt hätten: 1. Der Schimpanse hält zwischen einem Biß und dem nächsten sein Brotstück in die weite Masche des Netzes. Das Huhn nähert sich zum Picken, und wenn es gerade zufahren will, zieht der Affe blitz-

---

[93] Hediger, Beobachtungen zur Tierpsychologie im Zoo und im Zirkus. Basel 1961.

schnell das Brot wieder fort. Der Spaß wird an einem einzigen Mittag wohl an die 50 mal ausgeführt ... 2. Rana, die dümmste, füttert ohne jeden Zweifel die Hühner wirklich und durchaus absichtlich ... Dabei ruht ihr Blick mit einem Ausdruck schlaffer Gutmütigkeit auf dem pickenden Tier ... 3. Das Huhn wird mit dem Brot am Gitter nähergelockt. Aber in dem Augenblick, wo es zupicken will, rennt ihm die freie Hand des Schimpansen oder ein anderer, der daneben hockt, den Pfahl oder noch schlimmer, einen starken Draht in den ungeschützten Leib. Wenn 2 Schimpansen mit verteilten Rollen dies Spiel treiben, so haben sie sich gewiß nicht vorher verabredet; die Umstände bringen es mit sich, daß die Tätigkeit von zweien zusammenpaßt; sie verstehen das und bleiben dabei." [94]

3. Die Geistseele

Wir sahen schon beim Tier, daß die „Seele", die Träger und Prinzip der *biologischen* Lebensprozesse ist, zugleich auch die *sinnlichen* Bewußtseinsakte hervorbringt und trägt. Es ist *die eine* Tierseele, die beides leistet.

Beim Menschen ist es ebenfalls *dasselbe Ich*, das sieht und fühlt, und andererseits denkt und geistig tätig ist. Es ist daher auch *die eine Geistseele*, die im Menschen Prinzip der sinnlichen und geistigen Akte, dann auch der vegetativen Lebensprozesse ist. Die Geistseele des Menschen leistet mit der Leibmaterie zusammen die biologischen Prozesse wie Verdauung, Blutkreislauf, Betriebs- und Baustoffwechsel usw., die primär nicht ins Bewußtsein treten. Dieselbe Geistseele wirkt auch zusammen mit den materiellen Sinnesorganen, Nerven und Gehirnbereichen die sinnlichen Bewußtseinsakte. Schließlich wirkt dieselbe eine Geistseele auch, diesmal *ohne* wesentliche Beteiligung der Leibmaterie, die ihr ureigenen geistigen Bewußtseinsakte.

Sinn und *Leistung* der Pflanzen- und entsprechend der Tierseele ist danach, die *Materie* des Pflanzen-resp. Tierleibes in den Vorgängen von Wachstum, Regeneration, Fortpflanzung zu der

[94] W. K. Köhler, Intelligenzprüfungen an Menschenaffen, 61.

einen Ganzheit des Individuums *zusammenzusteuern.* In diesem Zusammenwirken mit der Leibmaterie *erschöpft sich* die pflanzliche und tierische Entelechie und geht darin auf. Niemals sind darüber hinausgehende Leistungen bei Pflanze und Tier festzustellen. Die Entelechie taucht also gleichsam in der Materie unter und durchdringt sie. Gegenüber der „Materie", die in Pflanze und Tier von derselben Art ist, muß die *Seele* als *„Form"* (*substantiale* Form) der Pflanze, des Tieres bezeichnet werden. Aus dem nichtbestimmten, nicht „geformten" Material gestaltet die Entelechie als Substanzform das betr. Pflanzen-resp. Tierindividuum. Die Seele als Form ist ihrem Begriff nach der Leibmaterie zugeordnet, sie kann ohne Materie nicht sein und nicht gedacht werden.

Und die Seele des *Menschen?* Die *Geistseele* vollzieht die *biologischen* Lebensprozesse und entsprechend die *sinnenhaften* Bewußtseinsakte im wesentlich notwendigen Zusammenwirken mit der Materie des Menschenleibes so, daß sie ohne Beteiligung der Materie weder real vollzogen noch als Funktionen dieser Art begriffen werden können. Sie sind in ihrem Kern und Wesen *an Materie gebunden* und schließen in ihrem Begriff materielle Inhalte, Eigenschaften, Kategorien ein. So ist die Seele (substantiale) *„Form"* des Menschen bzw. des *Leibes.*

Die *geistigen* Bewußtseinsakte dagegen weisen einen fundamentalen Unterschied auf: Ihre Inhalte und ihre Funktionsweise sind *nicht materieller* Art. Nach dem Ausweis der empirischen Tatsachen sind geistige Akte im Gegensatz zu den sinnenhaften *nicht an Materie gebunden.* Gewiß kann im lebenden Menschen der reale Vollzug geistiger Akte von materiellen Faktoren kausal beeinflußt bzw. gehemmt werden. Aber ihr Inhalt, Kern und Begriff schließt materielle Kategorien nicht ein, sondern ist *von Materie frei.* Um es scharf zu formulieren: der Begriff „sinnlich", „sinnenhaft", wie er von den empirischen Tatsachen her abstrahiert ist, schließt Materie ein, wesentlich; der Begriff „geistig", wie er von empirischen geistigen Akten her gebildet wurde, schließt Materie wesentlich aus.

Wenn wir nun fragen – und diese Frage ist im wissenschaftlichen Bereich ebenso legitim wie im gewöhnlichen Leben –:

Was *ist* das für eine *Realität,* die sich in solchen Phänomenen manifestiert? Dann bleibt nichts anderes übrig als zu antworten: eine Realität, die materieunabhängige Funktionen vollzieht, *ist selbst* materieunabhängig. D. h. im Menschen, sosehr er auch eine Einheit ist, ist nicht bloß Materie real, sondern außer ihr noch eine andere Realität, die nicht Materie ist, im Wesen ihrer Akte Materie nicht einschließt und von ihr nicht abhängt: die *Geist*seele. Diesem Schluß ist nicht auszuweichen, auch wenn man alles im Auge behält, was den Menschen als innige Ganzeinheit erweist. „Schließlich ist der Intellekt volles, immaterielles Leben, das *in sich* wesensmäßig Körper und Materie nicht verlangt, während die animalische Seele *in sich* und wesensmäßig das tut. Die menschliche Geistseele erfordert in diesem Leben als conditio sine qua non Leib und Materie, aber nicht „in sich". Sie kann sich davon lösen und tut es im Tode, allerdings um wieder mit ihnen vereinigt zu werden am letzten Tag." [95]

Aber Geistseele und materieller Leib sind auch nicht 2 selbständige Individuen, sondern 2 *komplementäre* Substanzen, die aufeinander hingeordnet sind, einander fordern, im Wirken und daher auch im Sein. Sie sind wie ineinander verzahnt und machen *zusammen* den *einen ganzen Menschen* aus. Der Mensch ist nicht bloß Materie und nicht bloß Geist, sondern beides: das eine Leib-Geistwesen Mensch.

Sofern der Mensch ein biologisches Sinnenwesen ist – wie das Tier –, ist seine Geistseele „Form" des Menschen. *Als Prinzip* der *geistigen* Akte aber ist sie *nicht Form,* gerade weil die geistigen Akte in ihrem Begriff und Wesen die Hinordnung auf ein zu formendes Material nicht enthalten. Zusammenfassend muß man also feststellen: Die *Geistseele* hat die Fähigkeit, mit der Materie des Leibes zusammenzuwirken und so die vegetativen und sinnenhaften Lebenserscheinungen zu vollziehn; so ist sie „Form". Sie hat aber auch die Fähigkeit, sich gleichsam *über die Materie* des Leibes *zu erheben* und von ihr wesentlich unabhängige Bewußtseinsakte zu vollziehn; deshalb ist sie *Geist*seele.

[95] Th. Haecker, der Geist d. Menschen und d. Wahrheit. Hegner. 1973, 26.

Tiere, denen nach Ausweis der Erfahrung geistige Leistungen völlig abgehen, sind der Materie wesentlich verhaftet. Auch ihr sinnenhaftes Bewußtsein geht darin auf, dem biologischen Leben zu dienen.

Zu diesem Ergebnis führt nicht naturwissenschaftliches Messen und Wiegen, Konstatieren und Ordnen von Versuchsresultaten, sondern philosophisches Fragen nach dem Sein: Was *ist* das für ein Wirkendes, das hier wirkt und erscheint? Liegen also hinreichend ‚Wirkungen' vor, empirische Tatsachen, die wir ja gerade den *empirischen* Wissenschaften, hier der psychologischen Forschung verdanken, dann ist auch der (philosophische) *Schluß* auf das zugrundeliegende *Sein,* das Wirkende und Wirkliche, gerechtfertigt und notwendig: die geistigen Bewußtseinsakte werden von einer *geistigen Seele,* einer Geistsubstanz gewirkt und vollzogen: anderseits „gehabt" und „getragen". Unter Substanz ist ja nichts anderes verstanden als das Wirkliche, das selber *ist* und Eigenschaften, Fähigkeiten, Akte hat und „trägt".

Was mögen wohl für Mißverständnisse vorliegen, wenn für manche die Seele des Menschen etwas „Mystisches" oder „Übernatürliches" ist? Methodisch ist es doch nüchternes Denken, das vom Empirischen ausgeht und wie in allen Bereichen menschlichen Wissens zu den Gründen dieser Tatsachen vordringt. Und da zeigt es sich, daß zum Sein, zur Natur des Menschen die Geistseele gehört. Sie ist also durchaus „natürlich" für das, was der Mensch ist.

Unsterblich

Wenn die Geistseele eine eigene reale Substanz ist, die anderseits auf den materiellen Leib so wesensmäßig hingeordnet ist, daß sie mit ihm zusammen den einen individuellen Menschen ausmacht – kann dann auch etwas Begründetes darüber ausgesagt werden, was mit dieser Geistseele geschieht, wenn der Mensch stirbt? Über den *Leib* besteht kein Zweifel, daß er *verwest,* d. h. die Ganzheit aus Materie sich auflöst in die Materieteile, Stoffe und Stoffverbindungen, die wir sonst kennen, aus Physik und Chemie. Sie bleiben auch nicht zusammen, sondern werden durch physikalische und chemische Einwirkungen zerstreut, mit andern benachbarten Stoffen verbunden, kurz: der Leib ist nicht mehr vorhanden.

Die Geistseele ist, wie wir sahen, nicht ausgedehnt, d. h. sie hat keine Teile, kann daher auch nicht in Teile aufgelöst werden. *Auflösung in Teile* ist aber die einzige Weise der Zerstörung eines Wirklichen, die wir in der Erfahrung antreffen. Zerschmettern, Zerschneiden, Zerreiben, Verbrennen usw. zerstört Dinge, Pflanzen, Tiere, die so in ihre Teile zerlegt und aufgelöst werden. Aber „*vernichten*", so daß nichts übrig bliebe, können wir weder Organismen noch Dinge, nicht Geräte und nicht Naturdinge wie Steine oder sonst etwas. Bleibt vom Menschen auch nur die Materie übrig? In ihren Molekülen und Atomen, die nicht „vernichtet" werden können? Die *Geistseele* ist nicht auflösbar in Teile, weil sie keine hat. Hört sie *als ganze* auf zu existieren? Tatsächlich müssen wir das von der Pflanzenseele und von der *Tierseele* annehmen. Sie sind ja nicht Materie, nicht ausgedehnt und können daher nicht in Teile aufgelöst werden. Sie hören aber als *ganze* auf zu existieren. Diese Entelechien gehen ja bei ihrem Wirken im biologischen Leben der Pflanze, des Tieres auf! Ihr Wirken *erschöpft* sich darin, das vegetative und sinnenhafte Leben des konkreten Lebewesens durchzuführen und aufrechtzuerhalten. Wenn Pflanze und Tier sterben, ist kein Sinn und Zweck mehr für die Seele vorhanden und erkennbar um weiterzuexistieren. Selbst in den *Begriff* würde ein Widerspruch hineingetragen, wenn man Tierseele ohne ihren zu beseelenden Leib denken wollte. Ein Sieb ohne Löcher, ein Messer ohne Klinge, das kann nicht *sein* und nicht einmal *gedacht* werden. Der Gedanke, daß diese nichtmateriellen Substanzen allein weiterexistieren, ist vielleicht veranlaßt durch christliche Auffassungen von Mensch und Menschenseele, die unbewußt auf die Tierseele übertragen werden. Daß der tote Liebling, Hund oder Katze, im Himmel sei, ist Trost und Hoffnung für kindliche Tränen.

Aber die Menschenseele! Hört sie beim Tod des Menschen als ganze auf zu existieren? Ebenso wie Pflanzen- und Tierseele? Das anzunehmen verbietet eine schwerwiegende Tatsache:

die *Geistseele* ist zwar Prinzip des *biologischen* und sinnenhaften Lebens des Menschen. Aber sie geht darin *nicht auf*. Schon in den Akten des geistigen Erkennens, Fühlens, Wollens selbst ist sie wesentlich nicht an die Materie und ihre Prozesse gebunden und beweist dadurch ihre selbständige Freiheit vom Schicksal des materiellen Leibes. Sie zeigt darüber hinaus in ihrem gesamten geistigen Tun eine *Grundtendenz*, die *nicht* auf das biologische Leben des Menschen geht; vielmehr auf Ziele, die das Biologische wesentlich übersteigen. Diese Tendenz, nicht zu übersehen und nicht zu verdrängen, ist dem Geist immanent und wesentlich.

Sie zeigt sich zunächst im Feld der Erkenntnis, das grundsätzlich unbegrenzt ist, *alles Erkennbare* einbezieht, weil und insofern von ihm „Sein" ausgesagt werden kann. Auch auf das *unendliche* Sein Gottes richtet sich das unstillbare Verlangen des Geistes nach Erkenntnis. Niemand wird leugnen, daß im Sterben auch des ältesten, weisesten, gelehrtesten, erfahrensten Menschen diese Tendenz erst zum kleinsten Teil erfüllt ist. Ein *Anfang nur!* Unerforschte Bereiche, ungelöste Probleme, tiefgreifende Irrtümer lagern sich wie eine dunkle Wolke des Nichtwissens über den menschlichen Geist. Soll alles so bleiben, und das Verlangen seines Wesens nicht erfüllt werden? Trug, Illusion von Anfang an? So wäre es, wenn die Geistseele mit dem Tod des konkreten Menschen aufhörte zu existieren. Unmöglich, daß das geistige Leben des Menschen, „Frucht einer Evolution von Millionen Jahren", auf eine solche Sinnlosigkeit angelegt sei. Es kann nicht mit dem Sterben „alles zuende sein". Die Geistseele ist fähig und gedrängt, auch nach Auflösung des Leibes ihren immanenten Daseinszweck zu erfüllen. Sie stirbt nicht mit, sie ist *unsterblich*.

Schwerer noch wiegt die Tatsache, daß dem Menschen in seinem *sittlichen Wollen* das unbedingte Gesetz auferlegt ist, ein guter Mensch zu werden! Diesem seinem sittlichen Lebensziel strebt der Mensch zu, in einem häufigen Fallen und Wierderaufstehen; in sittlichem Versagen und wieder Vorankommen. Haben die meisten Menschen, wenn sie sterben, ihr sittliches Lebensziel *erreicht*? Das wird man leider nicht sagen können, eher das

Gegenteil! Bestenfalls ist ein Anfang gemacht mit der begründeten Hoffnung auf weiteres Vorankommen. Vieles, das Meiste, bleibt noch *zu tun übrig*. „Ewig strebend sich bemühen“! Die Geistseele hat daher auch nach Auflösung des Leibes ihren vollen Daseinszweck. Sie kann, sie muß weiterleben, um ihn zu realisieren. Sie stirbt nicht mit, sie ist unsterblich!

Vielleicht leichter einzusehen ist das Grundverlangen des Menschen nach *Gerechtigkeit*. Besinnen wir uns darauf, wie verschieden die Grundeinstellung der Menschen ist, die Motivgesamtheit, von der sie sich in ihrem Leben leiten lassen: Menschen, die grundsätzlich „anständig“ vorangehen und sich bemühen ihre Pflichten zu erfüllen, auch unter Opfern, und anderen kein Unrecht tun wollen. Abgesehen von Einzelfällen ist das ihr Grundwollen und bleibendes Bemühen, nach ihrem Gewissen zu handeln; *sittlich „gute“* Menschen!

Zweifellos gibt es viele andere, die im Grunde immer nur ihren eigenen Vorteil als Ziel verfolgen und sich dabei durch nichts aufhalten lassen. Das Gewissen bringen sie zum Schweigen. Die Rechte anderer sind ihnen kein Hindernis, sie „gehen über Leichen“. Wieviel empörendes Unrecht und dauernde *Ungerechtigkeit* geschehen unter uns Menschen! Kommt nie ein Ausgleich? Es sterben gute und böse Menschen. Ohne einen gerechten Ausgleich, daß das Gute schließlich Anerkennung und Lohn findet, das Böse seine Strafe, müßten praktische Konsequenzen gezogen werden: dann „lohnt“ es sich ja nicht, Opfer und Verzicht im Leben auf sich zu nehmen, um dem absoluten Anspruch der sittlichen Pflicht zu gehorchen. Dann ist der *Egoist der Kluge*, der es verstanden hat, ohne solche „schwächlichen“ Rücksichten es im Leben zu etwas zu bringen und sein Leben auszukosten. Unannehmbar! Und wenn das absolut unannehmbar ist, dann folgt daraus: Bis zum Sterben gibt es für den Einzelmenschen keine Gerechtigkeit, keinen Ausgleich für Gut und Böse. Dem tiefen unüberwindlichen Verlangen nach Gerechtigkeit muß daher *nach dem Sterben* Erfüllung werden. Auch nach Auflösung des Leibes muß daher die Geistseele weiterleben. Sie ist Subjekt und verantwortliche Instanz des sittlichen Strebens im Leben gewesen, sie trägt daher auch den

Rechtsanspruch auf Gerechtigkeit. Sie kann nicht aufhören zu sein.

Noch ein Letztes. In allem Streben und Mühen des Lebens ist Hintergrundmotiv das *Verlangen nach Glück*, ohne Beeinträchtigung und ohne aufzuhören. Daß das irdische Leben, bis zum Sterben, uns das schuldig bleibt, wird jeder zugeben. Wenn aber im Sterben auch die Seele stirbt, ist Hoffnung und Verlangen nach letztem Glück für immer betrogen; eine Illusion, die dennoch kein Mensch aufgeben konnte. Dann ist der Mensch eine Mißgeburt und Narrenkreatur von seinem Wesen her. Wenn das nicht sein soll, muß die Geistseele über das Sterben des Menschen hinaus Erfüllung dieses Sehnens nach vollem letzten Glück erlangen. Sie kann nicht mitsterben, sie ist unsterblich, um Sinn und Zweck des Menschendaseins zu erfüllen.[96]

B. Der Wille

Daß unser menschliches Erkennen auch geistige Akte umfaßt, läßt sich im Hinblick auf die angeführten Tatsachen nicht bezweifeln. Mehr Mühe hat es der psychologischen Forschung gemacht nachzuweisen, daß auch das *Gefühlsleben* des Menschen nicht nur im Sinnenhaft-Materiellen sich bewegt, sondern auch einen geistigen Bereich hat. Unser *Streben* endlich richtet sich sehr anders als beim Tier über den Bereich der bloß biologischen Werte hinaus auf Inhalte, die mit Materie nichts zu tun haben und mit materiellen Kategorien nicht zu fassen sind. In einem ähnlichen methodischen Vorangehen wie beim geistigen *Erkennen* läßt sich nachweisen, daß wir nicht nur Biologisches und Sinnenhaftes erstreben, sondern auch eigentlich Geistiges „wol-

[96] Ohne schon den Glauben zu befragen, bieten sich dem forschenden Verstand Tatsachen des empirischen Menschenlebens, aus denen logisch einwandfrei geschlossen werden kann und muß, daß die Menschenseele nicht stirbt, wenn der Mensch stirbt. Ihre Unsterblichkeit ist nicht nur Aussage des christlichen Glaubens, sondern auch der Philosophie, Erbgut aller Völker auch primitiver Kulturen. Sie läßt vieles offen über das Wie und Wann, ist aber wesentlich und unaufgebbar für die Erkenntnis dessen, was der Mensch ist.

len". Der Beweis dafür braucht wohl nicht eigens geführt zu werden, weil er dem für das geistige *Erkennen* weithin parallel läuft.

Aber auch die folgenden Sachverhalte der Freiheit und Sittlichkeit des menschlichen Wollens stellen heraus, daß es sich dabei nicht um bloß sinnenhaftes Streben, sondern um geistiges handelt, um „Wollen". Die Geistseele des Menschen ist Prinzip auch *geistigen* Erkennens, Fühlens, Wollens.

1. Die Willensfreiheit

Die Frage nach der Willens*freiheit* stellt sich hier mit Nachdruck. Sie hat Gemüt und Verstand der Menschen immer wieder bedrängt. Im 19. Jahrhundert – vielleicht mitunter noch jetzt – ist sie unter der Formel ‚Determinismus oder *Indeterminismus*' diskutiert worden. Schon an dieser Formulierung läßt sich erkennen, daß nichtsachgemäße Elemente in das Problem hineingenommen wurden. Das Problem ist zunächst dahin abzugrenzen, daß es sich um die Freiheit des *Wollens* handelt, nicht um die Freiheit des äußeren *Handelns*. Es geht also nicht um die Freiheit, sich in den äußeren Bereichen des Lebens nach eigenen Entschlüssen zu bewegen, im Bereich des Gewerbes, der Politik, der Presse, der öffentlichen Meinung überhaupt, des privaten und öffentlichen Rechts usw. In diesen äußeren Lebensbereichen kann konkret leider viel Unfreiheit bestehen. Es geht vielmehr um die *innere* Freiheit *zu Wollen*, und auch hier nicht um die „moralische" Freiheit in dem Sinne, daß jemand in seinem Wollen nicht durch Pflicht oder Gesetz gebunden sei. Wenn in einem Land gesetzliche Wahl*pflicht* besteht, dann hat der Bürger nicht die „moralische Freiheit", zu wählen oder nicht zu wählen. Er ist nicht „frei", sondern gebunden. Diese Willensfreiheit ist hier nicht gemeint, vielmehr die Art und Weise, wie ein psychischer Akt des Wollens vom Ich realisiert wird.

Struktur des Wollens

Als psychische reale Größen müssen unsere *Willensakte*, wenn sie einmal sind und dann wieder nicht, im Sinne des Kausalprinzips von entsprechenden Ursachen *hervorgebracht* werden. Es müssen die kausalen Faktoren vorhanden sein, aus denen der psychische Akt des Wollens real wird. Wenn nun in einer gegebenen Situation *alle* notwendigen *Faktoren* vorhanden sind, ist dann das Ich, dessen ja die Akte sind, *dennoch frei zu wollen* oder nicht zu wollen, bzw. *dieses Gute* zu wollen oder statt dessen *jenes*, das sich in derselben psychischen Situation ebenfalls anbietet? Das ist das Problem.

Willensfreiheit in diesem spezifischen Sinn besagt folgendes: Wenn alle notwendigen Kausalfaktoren gegeben sind und *nichts* dazu *fehlt*, daß der *Akt real werden* kann, dann ist dennoch das Ich *nicht genötigt*, den Akt real zu setzen. Es ist nicht gebunden an die dem Kausalzusammenhang innewohnende Notwendigkeit, sondern frei. Das Ich kann wollen oder den Willensakt ungeschehen lassen, es kann *diese* Möglichkeit realisieren oder statt ihrer eine andere, die als realisierbar vorschwebt.

Wenn man diesen Bereich psychischer Akte ausschließlich unter dem Gesichtspunkt realen Geschehens betrachtet wie irgendeinen Vorgang im *physischen* Bereich, wird man leicht einwenden wollen: Wenn das Ich durch die vorliegenden Kausalfaktoren nicht genötigt ist zu wollen, ist es eben noch *nicht völlig determiniert*, es fehlt noch dieser oder jener Kausalfaktor, der das Wollen endgültig real werden läßt (Determinismus).

Aber es darf nicht übersehen werden, daß diese realen psychischen Akte *intentionale* Akte sind. Sie können und müssen nach ihrem *Innen*aspekt als Bewußtseinsakte betrachtet werden, und da ergibt sich folgendes: Jeder Akt des Wollens richtet sich auf einen „*Wert*", konkret auf ein Gutes, das dem wollenden Ich gegeben sein muß und von ihm als „gut für mich" erfaßt sein muß. Sonst ist ein Wollen nicht möglich. Dem Wollen ist so der „unbegrenzte Horizont des Guten" vorgegeben, innerhalb dessen die einzelnen konkret gewollten Werte stehen müssen, damit sie *als Werte erfaßt* und als „gut" *gewollt werden können.*

Wie für das Sehen ‚farbig flächig' Formalobjekt ist, für das Hören das tönende Schallen, für das geistige Urteilen das Sein, so für das Wollen das ‚*gut für mich*'. Formalobjekt ist die allgemeine ausschließliche Rücksicht, unter der das sinnliche Wahrnehmen, das geistige Erkennen, das Wollen je sein Objekt erfaßt: der spezielle (Teil-)Aspekt einer Objektganzheit. Wie das Sehen nichts erfassen kann, was nicht farbig flächig ist, so kann das Wollen sich nicht auf etwas richten, das nicht ‚gut für mich' ist, was nicht in dem unbegrenzten Horizont der Werte erscheint. Das wollende Ich kann also nichts Nichtgutes, nichts Böses *als* Böses wollen, nichts, das ausschließlich als ‚nichtgut' erfaßt wird. Wenn das Ich etwas will, das *tatsächlich* doch *‚böse'* ist (Sünde!), dann nur, weil und *insofern* ihm an diesem tatsächlich Bösen dennoch ein Aspekt *‚gut' erscheint,* ‚gut für mich'. Wenigstens das Wollen selbst, bzw. das Nichtwollen muß in einem solchen Fall als gut erscheinen, wenigstens als relativ gut, als *‚weniger* schlecht'.

Es folgt unmittelbar, daß ein *Ich* nicht im eigentlichen Sinn *gezwungen* werden kann, zu wollen oder etwas Bestimmtes zu wollen, obwohl wir uns oft so ausdrücken („ich sehe mich gezwungen"). Zwingen ist – im Unterschied zu dem allgemeineren ‚Nötigen' – ein *Einwirken von außen,* das aber die innere Struktur des Wollens nicht aufheben kann: Wollen ist Erstreben eines intentional erfaßten ‚Guten'. Das wollende Ich wird zum Wollen bewegt wesentlich durch den *intentional erfaßten Wert,* das primäre *‚Motiv'* (movere = bewegen). Das Erfassen des bewegenden Wertes geht dabei dem Wollen nicht unbedingt zeitlich voraus. Auch wenn es das tut, ist es doch vor allem dem Wesensgefüge des Wollens innewohnend, konstitutiv. Das Wollen ist also in sich selbst nicht ‚blind', sondern ein *intentionaler* geistiger Akt.

Die Freiheit, mit der sich das Ich wollend dem erfaßten Wert zuwendet und ihn will, fügt den vorhandenen *Kausalfaktoren keinen neuen* hinzu. Das Ich verleiht so dem ‚Situationsfeld' der möglichen Willensakte die *reale Prägung* wie eine ‚Information', die unter den möglichen Akten gerade diesen nach Zielobjekt und Umständen bestimmten Akt realisiert.[97]

---

[97] Mit Max Scheler bezeichnen manche das Erfassen des Wertes im Wollen als *„Wertfühlen"*. Sie wollen damit sagen, daß dies Erfassen nicht ein „Erkennen" sei. Wenn geistiges Erkennen seine Objekte unter dem For-

Wie wir sahen, richtet sich das Wollen in seiner wesentlichen und notwendigen Struktur auf Werte. *Das Gute schlechthin „bindet"* das wollende Ich. Das Gute als solches schließt jedes *einzelne konkrete* Gute in sich; außerhalb dieses ‚unbegrenzten Horizontes des Guten' gibt es nichts Gutes, das gewollt werden könnte. Diesem Gesamt der Werte gegenüber ist das Wollen gebunden, *nicht frei.*

Es ist wohl deutlich geworden, daß dem Ich in der konkreten Situation des Wollens die realen Kausalfaktoren vollständig gegeben sein müssen, daß es also realisierbare Möglichkeiten des

---

malobjekt des Seins erreicht, dann ist es richtig, daß das Wollen als solches vom Erkennen verschieden ist und nicht auf Erkennen zurückgeführt werden kann, als wenn das Wollen nur eine Sonderart des Erkennens wäre.

Aber wieder muß darauf hingewiesen werden, daß das *Wollen* ein *intentionaler* Akt ist: dem Wollen wohnt als Konstitutivum inne ein *Erfassen* des Wertes. Dies Erfassen liegt dem eigentlichen *Streben* zugrunde. An dem komplexen Wollen läßt sich also ein Aspekt des erkennenden Erfassens finden: Ich kann nichts wollen, was ich nicht als gut *erkannt* habe. Das Erkennen des Guten ist dem Wollen des Guten irgendwie vorgängig, wenn es ihm auch nicht unbedingt *zeitlich* vorangehen muß. Die Alten sagten: nihil volitum nisi cognitum (nichts gewollt wenn nicht erkannt): d. h. nichts kann vom Ich gewollt werden, wenn es nicht von ihm erkannt ist. Gewiß ist dies Erkennen des Guten im Akt des Wollens nicht ein *theoretisches* Erkennen, sondern dem Fühlen und Wollen nahe, geradezu eingebettet in Affekt, Emotion. Das ändert aber nichts daran, daß es Erfassen eines Anderen ist, also im wesentlichen und allgemeinen Sinn ein Erkennen.

Man könnte diese Frage als eine um die Verschiedenheit der Benennung auf sich beruhen lassen, wenn sie nicht doch eine *große Tragweite* hätte. Wenn die Verschiedenheit von Erkennen und „Wertfühlen" radikal behauptet wird, dann ist der Bereich des Seins, vom Erkennen erfaßt, *radikal verschieden* von dem Bereich der Werte, durch Wertfühlen erfaßt. Diese Auffassung würde man dualistisch nennen: ein *Reich des Seins* und ein *Reich der Werte.* Haben sie nichts miteinander zu tun? Sein umfaßt alles, was irgendwie *ist.* Nur das, was nicht ist und nichts ist, gehört nicht in den Bereich des Seins. Nur dem Nichts ist das Sein kontradiktorisch entgegengesetzt und mit ihm unvereinbar (S. 28 ff). Sind die Werte nichts? Auch insofern sie *gewollte Werte* und nicht Erkenntnisgegenstände sind, muß man doch von ihnen sagen, daß sie *sind,* daß ihnen also irgendwie *Sein zukommt.* Sie gehören also dennoch zu dem Reich des Seins. Man kann daher diese Verschiedenheit der Auffassung nicht als bedeutungslos, als bloßen Streit ums Wort beiseiteschieben. Sie hat weittragende Konsequenzen.

Wollens vor sich haben muß. Aber *welche* der vorliegenden Möglichkeiten vom Ich wollend realisiert wird, dafür besteht in der konkreten Situation kein determinierender Faktor, der das Ich *nötigen* würde, *gerade diese* bestimmte Möglichkeit zu wollen.

Die nötigende Determinierung liegt nicht auf Seiten der möglichen *Gegenstandswerte.* Sie sind ja gegenüber dem ‚Guten schlechthin', dem unbegrenzten Bereich des Guten, immer nur *Teilwerte,* Einzelwerte! Wenn das wollende Ich wesentlich und notwendig auf das Gute als solches, also das unbegrenzte Gute hingeordnet und an es gebunden ist, dann wird diese umfassende und wesentliche Tendenz durch das einzelne konkrete Gute *nicht ausgefüllt;* das Ich kann sich noch allen anderen konkret vorliegenden Werten wollend zuwenden, d. h. es ist nicht genötigt, gerade dies einzelne konkrete Gute zu wollen: das Ich ist in der konkreten Situation frei, zu wollen oder nicht zu wollen, dies oder etwas anderes jetzt Mögliches zu wollen.

Die nötigende Determinierung liegt auch nicht auf Seiten des *wollenden Ich.* Oft denkt man dabei an determinierende Faktoren im Unbewußten, im Unterbewußtsein. Inwieweit es das gibt, bleibe hier dahingestellt. Auch das Gebiet der pathologischen Zwangshandlungen soll hier nicht besprochen werden. In solchen Fällen würde nicht mit Freiheit gewollt und gehandelt werden. Die These der Willensfreiheit behauptet auch nicht *ausnahmslos* freies Wollen. Aber im Bereich des normalen Willenslebens ist es doch so, daß die kausalen und *Motivgründe* eines konkreten freien Wollens *gewußt* und gesehen werden, d. h. innerhalb des Bewußtseins liegen, nicht transzendent dazu in unbewußten Schichten der Seele. Nur so kann sich überhaupt das Bewußtsein bilden, *frei* zu wollen, während andernfalls das Ich im Wollen einen unbekannten, nicht erklärbaren nötigenden Antrieb erleben würde, gerade so und dies zu wollen.

Erfahrung der Freiheit

Dies Ergebnis, das mehr auf metaphysischer Abwägung beruht, wird *empirisch bestätigt* durch unsere *innere Erfahrung.*

Psychologisch erleben wir es doch immer wieder, daß wir in einer konkreten Situation mehrere Möglichkeiten vor uns sehen, von denen wir dann eine real wollen. Schon *vor dem Wollen* kann es sein, daß wir ganz bewußt überlegen, vielleicht auch uns nicht entschließen können, *welche* der vorliegenden Möglichkeiten wir wählen sollen. Das zeigt, daß wir keine Nötigung erleben, nicht gebunden sind an eine von ihnen, sondern *frei* wollen.

Selbst wenn die Werthaftigkeit der einzelnen Möglichkeiten uns größer und kleiner erscheint, sind wir *nicht genötigt*, die zu wollen, die wir *als „besser"*, werthafter, erfassen. Nehmen wir ein banales Beispiel: An einem trüben Sonntagnachmittag überlege ich: Soll ich spazieren gehen? zum Kaffee Freunde besuchen, die mich einluden? schlafen, was auch gut wäre? zu Hause bleiben und ein Buch lesen, das ich schon lange lesen wollte? Jede dieser Möglichkeiten hat ihren besonderen Wert, aber *keine* von ihnen *nötigt* mich dazu, gerade sie zu wollen und die andere auszuschließen. Vielleicht kann ich mich nicht entschließen, greife zu Hut und Schirm und lege sie wieder weg; ich bin schon auf der Treppe und kehre wieder um. Schließlich liege ich im Bett, kann doch nicht schlafen und ärgere mich, nicht eine der anderen Chancen gewählt und gewollt zu haben. Alles das bestätigt, daß ich *frei* gewollt habe.

Dies Bewußtsein frei zu wollen bleibt auch in der folgenden psychologischen Phase: Wenn wir schließlich eine der Möglichkeiten wollend realisieren, sind wir uns noch *im Wollen* bewußt, daß wir ebensogut eine andere der vorliegenden Möglichkeiten wollen konnten, daß wir also das konkret sich vollziehende Wollen frei vollziehen.

Schließlich bestätigt uns die innere Erfahrung auch in einer dritten Phase *nach* dem Wollen, daß wir anders hätten wollen können: wenn wir hinterher *bedauern*, daß wir gerade so gewollt haben. Oder umgekehrt froh sind, uns *so* entschieden zu haben! Auch diese Tatsache zeigt, daß wir frei so gewollt haben.

Es ist kaum noch nötig darauf hinzuweisen, daß der genaue Ort der Willensfreiheit *vor* dem tatsächlichen Wollen liegt; da wo dem noch nicht wollenden Ich alle in Frage kommenden

Möglichkeiten, Faktoren und Motive vorliegen. Freiheit des Wollens besteht darin, daß das Ich die Möglichkeit A wollen kann, ebensogut B oder C usw. Sobald das Ich eine dieser Möglichkeiten realisiert, das Wollen *konkret vollzieht,* hat es von der Willensfreiheit Gebrauch gemacht und ist nun für diesen Fall *nicht mehr frei.* Der frei gewählte und nun real vollzogene Willensakt schließt damit, daß er real wird, die anderen vorher möglichen Akte aus.

2. *Das Sittliche*

Eigenart

Willensfreiheit ist wesentlich verknüpft mit Sittlichkeit. Sittlichkeit kann ohne Willensfreiheit nicht realisiert noch gedacht werden. Sittlichkeit schließt Willensfreiheit so wesentlich ein, daß wenn es keine Willensfreiheit gibt, auch Sittlichkeit nicht sein kann. Es geht daher darum, das Sittliche und seine wesentliche Eigenheit aufzuweisen.

Das sittlich Gute und Böse hebt sich wesentlich von anderen Arten des Guten bzw. Schlechten ab. Man kann zunächst das *„angenehm Gute“* herausheben, das dem Fühlen konveniert, Genüge tut, etwa das Wohlriechende, das Gutschmeckende dem sinnlichen Gefühl, entsprechend z. B. das Anerkannt-, Geehrtwerden dem geistigen Gefühl. Ganz anders ist das *„nützlich Gute“*; es schließt schon in seinem Begriff die Beziehungen zwischen Mittel und Zweck ein: das Gute und das, *wozu* es gut ist. Eine schlechtriechende und schlechtschmeckende Arznei kann nicht das Prädikat „angenehm gut“ bekommen; aber sie kann Fieber und Schmerzen lindern, Krankheit beheben und daher sehr wohl „nützlich gut“ sein. Oder wenn die Mühe des Lernens zu dem Resultat führt, daß einer Wissen oder praktisches Können besitzt, so ist die Mühe des Lernens „nützlich gut“. Das Wissen oder Können kann zu einem weiteren Zweck nützlich sein, aber es ist schon *in sich selbst* der Natur des Menschen angemessen, seinem Leib, seiner Seele konvenierend, „gut“: man kann es „natürlich gut“ nennen, um es vom angenehm Guten und nützlichen Guten zu unterscheiden. Natürlich gut wäre dem

Menschen etwa leibliche Gesundheit, oder ein frohes Gemüt, eine gute Auffassungsgabe, erworbene Sprachkenntnisse usw. Wir können demnach im nützlich Guten den „Dienwert“ erkennen, im angenehm Guten den „Reaktionswert“, im natürlich Guten den „Selbstwert“.

Das alles sind *Teilwerte*, deren wir viele am Menschen finden. Um ihretwillen nennen wir jemanden einen „guten Arzt“, einen „guten Dreher“, einen „guten Familienvater“ usw. Aber wir nennen jemanden mitunter auch einen *„guten Menschen“*. Offensichtlich meinen wir dann nicht mehr bloß einen Teilwert, den ein Mensch besitzt, während ihm andere fehlen können, sondern der Mensch *als solcher* ist „gut“. Es ist also auch nicht bloße Gutmütigkeit gemeint, sondern der ganze Mensch schlechthin, der Mensch als Mensch ist „gut“, *sittlich* gut. Hier wird der absolute Charakter des sittlich Guten offenbar, mit dem das Sittliche die vorhin dargelegten Arten des Guten übersteigt. Gewiß sind die „natürlichen“ Werte *in sich* gut, aber im Vergleich mit dem sittlichen Wert müssen sie dennoch als relativ bezeichnet werden. Von ihnen geht nicht wie vom sittlichen ein so unbedingter Anspruch aus. Beim angenehm Guten und nützlich Guten ist es klar, daß sie das wollende Ich nur in einem abgeschwächten Sinne „binden“ und nur *relative* Werte sind. Aber auch, was wir „natürliche“ Werte nannten, Gesundheit, Sprachenkenntnis und Ähnliches, stellt für den, der Menschennatur hat, nur einen bedingten Wert dar, den nicht jeder, weil er Mensch ist, anstreben *muß*.

Das sittlich Gute dagegen stellt absolut seinen Anspruch an das wollende Ich, in einem „du sollst“, das sich an keine Voraussetzungen oder Bedingungen des Wohlergehens oder bestimmten Planes knüpft, sondern *unbedingt gilt:* der absolute Charakter sittlicher Werte, das „unbedingte sittliche Sollen“.

Relative Werte werden gegeneinander abgewogen, nach ihrem Vorteil und Nachteil, nach Mühe und Zeit, die sie kosten usw. Das Sittliche dagegen stellt seinen Anspruch *ohne* Rücksicht auf *Vorteil und Nachteil* und verlangt unter Umständen große Opfer. Das Sittliche feilscht nicht um relativ Gutes für den Menschen; es geht vielmehr um den Menschen selbst, um seine innere Existenz als Mensch. Das Ich erlebt sich vor ein Sollen gestellt, dem es nicht ausweichen kann und nicht *darf*. Es wird zu einer Entscheidung genötigt, das betr. bestimmte Sollen zu erfüllen bzw. es abzulehnen. Eben weil es *Sollen* ist, führt es zu einer *freien* Entscheidung. Das Sittliche schließt freies Wollen wesentlich ein. Wenn man Sittlichkeit anerkennt, erkennt man auch Freiheit des Wollens an; wenn Willensfreiheit geleugnet wird, gibt es auch keine echte Sittlichkeit.

Verpflichtung des Sittlichen

Die „absoluten" Werte des Sittlichen gehören, wie gesagt, zum Menschen als solchen, zum Gesamtmenschlichen, zur „Natur" des Menschen. Sittlichkeit steht im Innenbereich der leibgeistigen Menschennatur und überschreitet ihn an sich nicht. Ist das noch so, wenn das sittlich Gute *Verpflichtung* wird? Durch sie tritt ja zu dem Grundbestand des Sittlichen etwas hinzu, das es unterstreicht und verschärft. Das Sollen wird zu einem wirklichen Imperativ. Ein *Befehl* wird an das Ich gerichtet, dem es noch viel weniger ausweichen kann. Er trifft den Menschen in seinem innersten Personsein. Da, wo der Mensch niemandem gehört, sondern erst eigentlich „sich selbst gehört", sein eigener Herr zu sein glaubt, erlebt er das verpflichtende kategorische „tu das" oder „du darfst nicht". Hier weiß er, daß es nicht mehr bloß um relative und auch nicht bloß um zwar „absolute", aber doch *innermenschliche Werte* geht, sondern um seine Gesamtexistenz, die sich nicht im Innenbereich der Menschnatur erfüllt, sondern über seine Grenzen hinausweist. In diesem Sinne hat das sittlich Verpflichtende einen *transzendenten Charakter*. Dieser Unterschied muß in seinem vollen Ernst bedacht werden. Wir kommen auf ihn zurück.

Die *freie Entscheidung* zum Erfüllen oder Nichterfüllen des sittlichen Sollens ist eine erste wichtige Größe im Bereich des Sittlichen. Mit der sittlichen Entscheidung übernimmt das Ich sittliche *Verantwortung*. Es wird verantwortlich für Gut und Böse; es hat zu verantworten, daß sittlich Gutes oder Böses von ihm realisiert wird. Das weiß es auch, es hat ein „*Gewissen*" für sittlich Gut und Böse, vor der Entscheidung, in ihr und nach ihr. Hatte sich das Ich für das sittlich Gute entschieden, hat es danach ein „gutes Gewissen“: hat es sich für das sittlich Böse entschieden, hat es nach dieser Entscheidung ein „böses Gewissen“, das ihm „Vorwürfe macht“.

Alle solche Ausdrücke wie „Stimme“ des Gewissens, die den Menschen „lobt“ oder ihm „Vorwürfe macht“ u. a., haben einen *übertragenen Sinn,* so daß man fragen muß, was ihnen an realem Sachverhalt zugrundeliegt. Nur in einem übertragenen Sinn „spricht“, „lobt“, „tadelt“ die „Stimme“ des Gewissens. Im *eigentlichen Sinn* heißt das, daß das Ich sich bewußt ist, ein sittliches Sollen zu erleben, das sein Ich bindet, und es erfüllen oder ablehnen zu können; sittliche Verantwortung zu haben, sich froh bewußt ist, das Gute gewollt zu haben bzw. bedrückt ist, weil es sich für das Böse entschiedenen hatte. Indem das Ich durch seine freie Entscheidung das Gute tut, wird es Stufe für Stufe mehr ein „guter Mensch“. Oder indem es sich für das Böse entscheidet, wird es „schuldig“, mehr und mehr „sündig“ und „schlecht“.

Alle diese Sachverhalte im Bereich des Sittlichen schließen *freies* Wollen ein, sonst sind sie nicht zu realisieren und auch begrifflich nicht zu vollziehen. Entscheidung ist nur dann sittliche Entscheidung, wenn sie freie Entscheidung ist. Schon das sittliche Sollen als solches hat die wesentliche Beziehung zur Freiheit des Wollens, gerade weil es nicht ein Müssen, sondern so oder so *Können* besagt. Erst recht das *verpflichtend* Sittliche: sittliche „Schuld“, „Sünde“ ist keine, wenn der Mensch sie nicht *frei* gewollt hat. Wenn er mit seinem Wollen keine andere Möglichkeit hatte, sondern aus allen inneren und äußeren Antrieben nur so wollen konnte, wie er gewollt hat, dann kann er nicht „verantwortlich“ dafür sein, dann hat er keine „Schuld“ begangen. Sünde, Schuld sind nur möglich und begreiflich, wenn sie aus freier Entscheidung des Wollens hervorgegangen sind.

Äußeres Handeln oder Nichthandeln hat nur, soweit es aus freiem sittlichen Wollen *hervorgeht,* selbst sittlichen Charakter. Wenn ein Auto vom Zug zertrümmert wird, weil die Schranke nicht geschlossen war, und man findet den Schrankenwärter von einem Schlaganfall gelähmt am Boden, so ist er für den Tod der Autoinsassen nicht verantwortlich, weil er ja die Schranke nicht schließen *konnte*, ein freies sittliches Wollen bzw. Nichtwollen also gar nicht vorlag.

Es möge noch darauf hingewiesen werden, daß auch hier, gemäß der überall angewandten Methode, vom konkreten Wirklichen ausgegangen worden ist, vom *erlebten* Sittlichen. Von da her wurde der Schritt zum *Sein* des Sittlichen gemacht. Der Begriff des Sittlichen, der sagt, was das sittlich Gute *ist*, ist also nicht apriorisch gleichsam aus der Luft genommen, sondern vom Wirklichen her, das zuerst dem erkennenden Ich begegnet sein muß. So allein erlangen wir legitime Begriffe, die vom Wirklichen abstrahiert und im Wirklichen begründet sind.

Je nach den verschiedenen materialen Bereichen des Menschlichen können wir *biologische Werte* unterscheiden von *intellektuellen* und *ästhetischen;* über ihnen kommen die *moralischen,* sittlichen und schließlich die *religiösen* Werte des „Heiligen" in Sicht. Sie liegen alle im Gesamtbereich des Menschlichen. Sie haben eine Beziehung zum Menschen, der durch sie beansprucht wird, im biologischen, intellektuellen oder ästhetischen *Teilbereich* seines Menschseins. Das Sittliche dagegen bindet und beansprucht den Menschen nicht in einem Teilbereich, sondern in seinem *ganzen* Menschsein, in seiner Menschen*natur.* Die sittlichen Werte sind in der Natur des Menschen als Leib-Geist-Wesen begründet. Die vernunftbegabte *Menschennatur* ist nächster Grund – und Norm der sittlichen Werte.

Vorgegebenheit des Sittlichen

Das muß richtig verstanden werden. Das Sittliche wird *nicht* etwa vom Wollen des Menschen *gesetzt,* nicht durch sein Belieben inhaltlich bestimmt. Es ist vielmehr dem Wollen *vorgegeben,* so daß es in seinem sittlichen Charakter und Inhalt vom wollenden Ich vorgefunden, erfaßt werden kann – und muß; nicht real-objektiv wie Seiendes, sondern immer mit seiner wesentlichen Beziehung auf das menschliche wollende Ich. Wenn für alle Menschen das Töten eines anderen Menschen sittlich böse ist und das eines Tieres nicht, so ist dieser sittliche Unterschied objektiv gegeben und zugleich durch die Beziehung auf das menschliche Ich begründet. Das Sittliche als solches ist *begründet* in der Hinordnung auf den Menschen, auf seine *leibgeistige Vernunft*natur, die nicht autonom ist, sondern über sich hinaus auf einen Höheren weist (Transzendenz). In ihr liegt die Norm des Sittlichen; nach ihr *richtet* sich das Sittliche. Stimmt es mit ihr positiv überein, ist es „gut"; widerspricht es ihr, ist es „böse".

Im Menschen als Leib-Geist-Wesen ist aber die Geistseele das formend Bestimmende, das Höhere. Wenn der Mensch ohne Rücksicht auf dies Unter-Überordnungsverhältnis von Leib und Seele etwa den biologischen Trieben freien Lauf ließe – im Essen, Trinken, sexuellen Sichausleben –, dann würde er sich in Widerspruch setzen zu seiner Menschennatur, die leib*geistig* ist. Er würde so vielleicht ein kraftvoller, ein „vitaler" Mensch, aber nicht ein „guter" Mensch! Das ist ein Beispiel. Das Sittliche verlangt vom Menschen die Einhaltung der Über- und Unterordnung der Werte und daher Maß, Mäßigkeit, Selbstbeherrschung und gegebenenfalls Verzicht, Opfer. *Menschliche* Sittlichkeit verlangt dies; bei einem reingeistigen Wesen hätte dieses Stück Sittlichkeit keinen Ort und Sinn.

Wo wir *verpflichtende* Sittlichkeit antreffen, ergeht in ihr ein Imperativ, ein kategorisches „du sollst" an das Ich. Das Ich wird auch durch diesen *befehlenden* Anspruch nicht gezwungen; es ist frei ihm zu folgen oder nicht zu folgen. Aber es wird von diesem Befehl in seinem persönlichen Kern getroffen und kann ihm nicht ausweichen; es muß sich in seinem innerlichsten Innen zu einem „Ja" entscheiden – dann handelt es sittlich gut, oder zu einem „Nein" – dann handelt es sittlich böse. Wenn wir nun fragen – und diese Frage drängt sich auf: *Von wem* geht dieser Befehl aus? Wer ist das, der eine solche Forderung an uns stellt, daß wir in unserm persönlichsten Innen, wo wir niemandem gehören und wir selbst sind, uns entscheiden müssen und dabei wissen, daß unsere Personexistenz, unser Schicksal, von unserer Entscheidung abhängt? Aus der Antwort auf diese Frage ergeben sich wichtigste Folgerungen! In den verschiedenen Moralsystemen sind sehr verschiedene Antworten gegeben worden.

Wenn schon das unbedingte Sollen als solches Kern des Sittlichen ist, dann kann „Nützlichkeit“ für die biologische Entwicklung oder für den Kulturfortschritt oder was sonst, nicht die rechte Antwort sein. Ganz allgemein: durch bloße *Sachwerte* kann der Imperativ an eine *Person*, wie er im *verpflichtenden* Sittlichen vorliegt, nicht begründet werden: eine Sache, so hoch sie auch in der Werteskala stehen mag, kann einem persönlichen Ich nicht *befehlen!*

Also geht das *verpflichtende* „du sollst“ von einer *Person* aus? Im konkreten Fall des Kindes z. B. gegenüber seinen Eltern ist es kein Problem, die Herkunft des sittlichen Befehls, der sittlichen Bindung zu erkennen: sie kommt von der mit übergeordneter Autorität ausgestatteten Person des Vaters, der Mutter. Aber so haben wir nur erst den *nächsten Ursprung*, noch nicht den, der *letzte* Antwort gibt. Sobald man sich erinnert, daß das Kind oder überhaupt ein Untergebener sittlich verpflichtet ist, unter Umständen Befehle von Eltern oder Vorgesetzten abzulehnen, die einen *un*sittlichen Inhalt haben, zeigt es sich, daß eine sittliche Verpflichtung von einer *menschlichen* Person her selbst noch einer sittlichen Begründung und Prüfung bedarf. Die Frage stellt sich daher von neuem: Wer gibt den Imperativ der sittlichen Verpflichtung, der uns auch Eltern oder Vorgesetzten überhaupt zu gehorchen befiehlt? Es muß letztens eine *Personinstanz* sein, die auch den konkreten menschlichen Personen übergeordnet ist. Auch staatliche oder Gemeinschaftsinstanzen können nicht die letzten „Gesetz-Geber“ sein. Über ihnen muß ein reales Personwesen stehen, von dem der Imperativ des sittlichen Sollens ausgeht. Wir kommen darauf noch zurück.

Vielleicht muß noch deutlicher darauf hingewiesen werden, daß das *einfach Sittliche* nicht schon auch das Verpflichtende ist. Verpflichtung kommt zu dem, was schon in sich sittlich ist, erst noch dazu. Das sittlich Gute *besteht* also nicht darin, daß es *verpflichtend* ist. Dis Sittliche ist vielmehr in einem Grundbestand da und kann je nachdem zusätzlich „schwer“ oder „leicht“ oder gar nicht verpflichtend sein, für alle oder nur für bestimmte Menschen. Zweifellos ist es sittlich gut, einem bedürftigen Menschen zu helfen. Ist es für einen Touristen auch *Pflicht,* jedem der zahllosen Bedürftigen in den Straßen einer indischen Stadt zu geben? Wohl nicht. Aber sicherlich wäre jemand schwer verpflichtet, einem Menschen beizustehen, der vor seinen Augen am Verhungern ist! Aus allem ergibt sich, daß „sittlich gut" und „sittlich verpflichtend" nicht dasselbe ist, daß ein Unterschied besteht zwischen „freiwillig Gutem" und „verpflichtend Gutem". [98]

Es ist aufschlußreich, daß *Kant* in seinem System diesem Unterschied nicht gerecht wird. Ganz konsequent zu seinem Erkenntnisformalismus erklärt er auch das Wesen des Sittlichen aus dem *Gesetzapriori* des *Vernunftwillens.* In der „Grundlegung zur Metaphysik der Sitten" heißt es: „Aus dem Angeführten erhellt, daß alle sittlichen Begriffe völlig apriori in der Vernunft ihren Sitz und Ursprung haben ... von größter praktischer Wichtigkeit sei, ihre Begriffe und Gesetze aus reiner Vernunft zu schöpfen ... das praktische Vernunftvermögen bis *dahin, wo* aus ihm der *Begriff der Pflicht* entspringt, (zu) verfolgen ..." [99] Das tut er dann auch, so daß sich als Resultat ergibt: Sittlich gut ist etwas, weil und sofern es *aus Pflicht* geschieht. Ein Wollen, das nicht aus dieser Ehrfurcht gegen das moralische Gesetz geschieht, ist ihm ohne sittlichen Wert; wenn etwa ein Almosen *aus Mitleid* gegeben wird. In diesen wenigen Strichen wird schon deutlich, daß Kants Moralsystem von einem kühlen, rigorosen Pflichtdenken erfüllt ist, und ein freiwillig über das Pflichtmäßige hinausgehendes Gutestun nicht als sittlich anerkennt.

Ferner wird nach Kant das verpflichtende Gesetz (nómos) nicht von einer anderen Personinstanz, etwa Gott, auferlegt (das wäre „Heteronomie"), sondern hat seinen Grund und Ursprung im eigenen (autós) Vernunftwillen, der Vernunftnatur: Kants Sittlichkeit ist *„autonom"*. Ein besonderer Absatz ist überschrieben: Die Autonomie des Willens als oberstes Prinzip

---

[98] „Freiwillig gut" meint natürlich hier nicht die psychologische Willensfreiheit, sondern die „moralische", die Frage, ob ein Mensch durch ein Gebot, eine Pflicht gebunden oder von ihr frei ist.

[99] 2. Abschnitt. BA 34 Weischedel 6 S. 39–41.

der Sittlichkeit.[100] Damit stellt sich Kants Sittlichkeit als innerweltlich dar, dem Menschen immanent, ohne die Tendenz, den menschlichen Bereich zu transzendieren.

Auch wenn Menschen ausdrücklich die Existenz Gottes leugnen, von dem das verpflichtende Sollen des Sittlichen herkommen würde, leugnen sie darum nicht jede Sittlichkeit. Sie wird von ihnen als Tatsache anerkannt, allerdings auf ein *unpersönliches* Sollen herabgesetzt, dem der verpflichtende Charakter abgeht. Dieser kann ja nur, wie wir sahen, von einem persönlichen Wesen ausgehen. Man erlebt das Sittliche dann mehr als einen Bereich des *Menschenwürdigen* und Anständigen, das Respekt und Beachtung verlangt, nach dem man sein Verhalten zu richten hat, um ein *„anständiger"* Mensch zu sein und nicht die Achtung anderer und die Achtung vor sich selbst zu verlieren.

Sittlichkeit, wenn auch in ihrer abgeschwächten Form, gehört so wesentlich zum vernunftbegabten Menschen, daß man behaupten darf: Menschen ohne jede Sittlichkeit kann es nicht geben; auch empirisch ist diese Aussage nicht zu widerlegen. In der geistigen Entfaltung des Kindes tritt nach einigen Vorstufen, etwa mit 6–7 Jahren, das volle Erlebnis des Sittlichen auf. Je nach der Erziehung entfaltet sich mit dem geistigen Leben auch das sittliche Empfinden und Erleben. Man findet daher Menschen mit sehr verschieden entwickelter Sittlichkeit, Menschen mit klarem und feinem Gewissen, und Menschen mit grobem und auch verkümmertem Gewissen. Soll es Menschen *ohne* jedes auch nur rudimentäre sittliche Innenleben geben? Diese „moral insanity" ist keine bewiesene Tatsache. Selbst von Kriminellen, die in sittlich und sozial sehr negativen Verhältnissen aufwuchsen und in ihrem Leben nur vorwiegend negative Einflüsse und Erlebnisse hatten, kann man das nicht behaupten. Das Sittliche ist in ihnen Rudiment geblieben oder abgestumpft oder in Formen realisiert, die vom Normalen so sehr abweichen, daß sie nicht als positiv sittlich erkannt und anerkannt werden.[101] Aber wenn es Menschen sind, ist ihnen mit ihrer Menschennatur auch das Sittliche wenigstens *als Anlage* gegeben, die

[100] BA 88 ebenda S. 74.

[101] Vgl. die Kopfjagd bei manchen Stämmen der Tropen.

dann im Leben mehr oder weniger realisiert wird: auch wenn das von anderen schwer festgestellt werden kann. Man erinnere sich, daß das Sittliche nichts anderes besagt, als was für den Menschen als solchen gut und böse ist!

Nicht zu vergessen ist, daß das Sittliche zuerst *empirisch erlebt* sein muß, damit von ihm überhaupt gesprochen werden kann. Es muß zuerst eine Begegnung im (inneren) Wirklichen geschehen. Erst wenn sie geschehen ist, kann dies Wirkliche, das „Sittlichkeit" heißt, analysiert und ihre Wesensbeziehung zur Menschennatur als solcher aufgedeckt werden. Dann erst kann man feststellen, daß Mord oder Lüge unsittlich sind, *weil* sie der Menschennatur widersprechen, d. h. dem Gesamtmenschlichen mit allen seinen Bereichen und Zieltendenzen. Aber *„ableiten"* kann man das Sittliche aus der Menschennatur als solcher *nicht*! Insofern ist es richtig, daß aus dem „Indikativ" (der erkannten Menschennatur) niemals ein „Imperativ (des sittlichen Sollens) werden kann. Wenn aber einmal das Sittliche in seinem unableitbaren Eigencharakter *erlebt* und bekannt ist, kann seine Wesensbeziehung, Harmonie und Widerspruch zur Menschennatur als solcher zweifelsohne gesehen und festgestellt werden. Dann läßt sich das Sittliche durch seinen Einklang und Widerspruch zur Menschennatur ausdrücken und präzisieren, auch abgrenzen.[102]

Erinnern wir uns, daß der Geist des Menschen *abstrahierend* vorangeht (s. S. 44). An dem Wirklichen, das ihm in der Erfahrung – der inneren oder äußeren – begegnet, kann er durch Abstraktion nicht nur Momente fortlassen, sondern – was viel wichtiger ist – das *„Wesentliche"* dieses Wirklichen sehen und herausheben, seine notwendige *Struktur* erfassen. Wenn ich im Urwald einem nie gesehenen Lebewesen begegne, von dem ich nicht weiß, ob Reptil oder Säugetier, und es erhebt sich unerwartet in die Luft, dann ist nicht jedes, aber doch einiges Wesentliche gesichert; daß es Vogel ist oder Flugechse (noch etwas

[102] Die Schwierigkeiten, die heute Moraltheologen vielfach darin sehen, genau zu sagen, was „Natur" des Menschen ist und wie weit sie reicht, liegen im Grenzfeld des Sittlichen und Christlichen und brauchen uns hier nicht zu bedrängen. Die Frage heißt dort, ob es abgesetzt von der „übernatürlichen", theologisch-biblischen Ethik eine „natürliche", philosophische gibt und geben kann.

Drittes möglich?); daß es Nahrung aufnimmt usw., auch wenn es nichts dergl. mir vordemonstriert. Abstraktion mit ihrem erkennenden Eindringen in Wesenszusammenhänge des Wirklichen erlaubt, diese Seinszusammenhänge als metaphysische Prinzipien zu formulieren, die dann auch ohne empirisches Erfassen sichere Erkenntnis ermöglichen.

Prinzipien des Sittlichen

So sind wir auch im Bereich des sittlichen in den Stand gesetzt, aus dem Einklang oder Widerspruch zu Wesensstrukturen der Menschennatur *Prinzipien des Sittlichen* zu formulieren, Prinzipien des sittlichen Sollens, sittliche Gebote. Solche „natürlich" sittlichen Gebote können ganz allgemein formuliert werden: dem Menschen sind auf Grund seiner leibgeistigen Menschennatur Ziele vorgegeben, der „unbegrenzte Horizont des Guten", der auch das sittlich Gute einschließt. Der Mensch soll also „das Gute wollen" und darf „das Böse nicht wollen". Das wäre ein oberstes, allgemeinstes sittliches Gebot *erster Ordnung: so allgemein, daß* es selbstverständlich erscheint und wegen seiner Allgemeinheit keinen reichen Inhalt hat.

Das ist schon anders bei den sittlichen Prinzipien *zweiter Ordnung*. Sie stellen das Sittliche in einem konkreteren, bestimmteren Bereich dar, sprechen z. B. aus, daß und inwiefern das menschliche Leben zu schädigen oder zu töten sittlich böse ist. Sie sind *Gebote,* d. h. allgemeingeltend für alle Fälle dieses sittlichen Bereiches, haben aber einen bestimmteren, reicheren Inhalt. Als solche sittlichen Gebote zweiter Ordnung kann man die *10 Gebote der Bibel* bezeichnen, die abgesehen von ihrem biblisch-heilsgeschichtlichen Zusammenhang ihrem Inhalt nach mit den sittlichen Forderungen der Menschennatur übereinstimmen: „Du sollst nicht töten" u. a.

Weiter absteigend zum Konkreten lassen sich sittliche Gebote *dritter Ordnung* formulieren, die in noch konkreteren, spezielleren Fällen generell sagen „du sollst" resp. „du darfst nicht". Ist Tötung auch dann unerlaubt, wenn durch sie das Leben eines anderen gerettet werden kann? Ist es sittlich erlaubt und gut – was dasselbe ist –, das ungeborene Kind zu töten, um das Leben der Mutter zu retten? Wenn man für alle *diese* Fälle das „du sollst nicht“ der Bibel wiederholt, hätte man ein solches sittliches Gebot dritter Ordnung, immer noch grundsätzlich und für diesen Bereich allgemein geltend, aber spezieller, konkreter, bestimmter in seinem Inhalt. Sie stellen Ableitungen oder besser vielleicht *Anwendungen* der allgemeineren Gebote erster und zweiter Ordnung dar.

Die Begründung dieser Gebote in der Menschennatur ist am Wesentlichsten bei denen erster Ordnung, und ist es weniger bei denen zweiter und dritter Ordnung. Daher ist es auch erklärlich, daß sie wegen der schwächeren, weniger notwendigen Beziehung zur Menschennatur nicht mehr mit der Sicherheit erkannt und anerkannt werden wie die *allgemeinsten* sittlichen Prinzipien; daß sich daher in bezug auf sie *eher irrige Auffassungen* bei verschiedenen Völkern finden. Kopfjäger erkennen das Gebot „du sollst nicht töten“ durchaus an, nicht aber für die Fälle, in denen die Sitte von einem Mann die Köpfe von Feinden oder Fremden verlangt. Das muß man doch wohl als Irrtum und Verkennung eines sittlichen Gebots bezeichnen. Ähnlich wird bei den Tuaregs der Sahara der Respekt vor fremdem Eigentum als sittliches Gebot anerkannt, nicht aber die Fälle, in denen eine Karawane fremder Kaufleute ausgeraubt werden kann. Das wird nicht als Übertretung dieses Gebotes angesehen, sondern als Heldentat, die nicht nur vorteilhaft, sondern auch ehrenvoll ist. Das muß man doch wohl als Irrtum und Verkennung eines sittlichen Gebotes bezeichnen! Tatsache ist, daß sittliche Gebote erster und zweiter Ordnung kaum irgendwo unter Menschen geleugnet werden, sondern von allen Völkern zu allen Zeiten als sittliche Imperative anerkannt werden; die spezielleren dritter Ordnung dagegen nicht überall und immer.

Allgemeine Norm und konkrete Situation

Wenn nun ein Mensch in einem konkreten *Einzelfall* eine sittliche Entscheidung zu treffen hat, ist sie nach solchen *allgemeinen* sittlichen Prinzipien oder Geboten zu entscheiden? Ist der *Einzelfall* aus ihnen rund und nett *abzuleiten*? Bzw. stellt er nichts anderes dar als eine Anwendung der allgemeinen Prinzipien? Das wird man nicht sagen können. In der Geschichte der Moral ist immer schon anerkannt worden, daß für den sittlichen Charakter eines Einzelfalles verschiedene *Umstände* moralisch belangvoll sein können. Wenn der Mensch, das sittliche Subjekt, nicht im vollen Besitz seiner Überlegung und Freiheit war, ist es mitbestimmend für die sittliche Beurteilung. Halbschlaf, Trunkenheit, Benommenheit u. ä. konnten das volle Bewußtsein herabmindern; Verlockungen oder Befürchtungen konnten die volle Freiheit des Willens einengen; in einem konkreten Fall können besonders schwere Folgen zu erwarten sein und dem ‚du sollst' eine übergroße Schärfe verleihen.

Aber wenn man diese Faktoren der „Situation" das gebührende Gewicht für den sittlichen Charakter des konkreten Wollens und Handelns zubilligt, schließen sie deshalb doch nicht aus, daß dies konkrete sittliche Wollen auch Einzelfall eines allgemeinen Prinzips ist und daher dessen sittlicher Forderung unterliegt. Es muß daher auch dem betr. Prinzip unterstellt werden. Anders ausgedrückt, die Tatsache, daß im konkreten Fall das Sittliche durch solche Situationsmomente mitbestimmt wird, hebt nicht auf, daß es der sittlichen Menschennatur entspricht oder widerspricht.

Die konkreten Situationsmomente *allein* entscheiden also nicht über den sittlichen Wert oder Unwert des Einzelfalles. Es ist wohl so zu sagen: *Primär* ist er nach dem betr. Gebot zu beurteilen, aber doch so, daß zur *vollständigen* Beurteilung die Situationsmomente entscheidend mitbestimmen und das sittliche Urteil erheblich, ja wesentlich ändern können. Tatsächlich gehen wir Menschen in unseren sittlichen Urteilen auch so voran. Eine reine *„Situationsethik"*, die allgemeine sittliche Prinzipien und ihre Begründung in der Menschennatur ablehnt, stellt die Sittlichkeit ausschließlich auf den Einzelfall des Einzelmenschen. Sie ist philosophisch (und u. E. auch biblisch) nicht zu rechtfertigen. Sie ist im Grunde auch reine *„Kasuistik"* (Kasus = Fall), die jeden Fall für sich beurteilt, ohne ein Gemeinsames sehen zu wollen. Eine wohlverstandene Kasuistik ist dagegen bemüht, außer den allgemeinen Grundsätzen auch das Gewicht der jeweils verschiedenen Situationsmomente zu würdigen. Man muß also darauf achten, in welchem Sinne von „Situationsethik“ oder „Kasuistik“ die Rede ist, um nicht mißzuverstehen.

Ändert sich die Moral im Gang der Geschichte, unter dem Einfluß des wirtschaftlichen, technischen, kulturellen Fortschritts? Hatten die alten Römer und haben die heutigen Indonesier eine *andere Ethik* als wir Abendländer von heute? Man wird unterscheiden können: Die Römer waren doch Menschen wie wir oder die Indonesier heute, mit der „Natur“ von *Menschen.* So sehr sich auch vieles geändert hat und ändert, das Wesen, die Natur[103] des Menschen ist doch wohl im Kern dieselbe, heute wie vor 2000 Jahren, und hat sich nicht geändert. Sonst hätten wir es ja nicht mehr mit „Menschen“ zu tun! Wenn nun die Sittlichkeit in dieser Menschennatur begründet ist, dann muß auch das Wesentliche der Sittlichkeit, müssen ihre allgemein geltenden Prinzipien, ihre „Gebote“, dieselben sein und geblieben sein. Insofern können wir von überzeitlichen oder „ewigen“, unveränderlichen sittlichen Geboten und der unveränderlichen Ethik sprechen.

Anderseits ist unsere Sittlichkeit, wie wir sahen, mitbestimmt von der *ethischen „Situation“*, und die ist ganz gewiß sehr anders bei Menschen der Antike, bei Negerstämmen heute und bei Europäern heute! Soziale Zustände und daher Auffassungen, nach denen die Kinder – und ähnlich die Frauen – Eigentum des römischen Vaters waren, und der Neger und seine Ehe viel stärker in das Rechts- und Pflichtengefüge der Sippe und des Stammes eingegliedert ist, sind *im Fluß begriffen* und ändern sich. Insofern ist auch die *Sittlichkeit veränderlich,* obwohl sie anderseits einen wesentlichen und daher bleibenden Kern hat.

Das mühelose *Zinsnehmen* stand im Widerspruch zu den sittlichen Grundsätzen über Eigentumserwerb und war daher im Mittelalter sittlich unerlaubt und von der Kirche verboten. Inzwischen haben sich durch Geldwirtschaft u. a. die Erwerbs-

---

[103] „Natur“ des Menschen ist vom „Wesen“ nur so verschieden, daß man sie als Prinzip des Handelns versteht. „Wesen“ ist mehr statisch, „Natur“ mehr dynamisch genommen.

verhältnisse so geändert, – das geliehene Geld „arbeitet“ für den, der es einsetzt – daß das Zinsnehmen im rechten Maß als berechtigt anerkannt wird und nicht mehr als ethisch unerlaubt gilt. Das ist ein Beispiel dafür, daß durch die ethische „Situation“ der sittliche Charakter einer Handlung verändert werden kann, und daß, wenn es sich nicht nur um eine Einzelsituation handelt, sondern eine bleibende, auch eine *dauernde Änderung* herbeigeführt wird.

Gewissen

Nachdem wiederholt vom Gewissen die Rede war, bleibt nur übrig darauf hinzuweisen, daß mit „Gewissen“ einmal das konkrete sittliche Urteil über ein *einzelnes sittliches Handeln* gemeint ist; vor, in oder nach dem Handeln. So sprechen wir vom „guten“ oder „bösen“ Gewissen, vom unsicheren Gewissen usw.; jedesmal betrifft es einen bestimmten Fall. Dann aber ist mit Gewissen auch die dauernde *Fähigkeit* gemeint, das Sittliche zu erleben, zu beurteilen, in seiner Struktur zu verstehen. So ist es eine *Anlage* des menschlichen Geistes, die erst entfaltet werden muß, durch Erziehung, Belehrung, Erfahrung. Das Gewissen des jungen Menschen muß *gebildet werden*, und auch der Erwachsene, der vielleicht auf verschiedenen Gebieten eine kenntnisreiche Urteilsfähigkeit erworben hat, muß bemüht sein, auch auf dem sittlichen Gebiet zu sachlich begründeten, sicheren Urteilen zu gelangen, d. h. sein Gewissen als das „Organ“ des Sittlichen zu pflegen, zu bilden.

Das Sittliche steht in der Ordnung der Werte sehr hoch, höher als bloß „natürliche“ Werte. Daher gebührt dem persönlichen Gewissen eines Menschen großer *Respekt*. Es ist verwerflich, diese Personmitte des Menschen, der mit Vorrang die freie Entscheidung des Menschen anheimgestellt ist, durch niedere Mittel wie Furcht und Lockung oder Druck *beeinflussen* zu wollen. Anderseits kann das aber nicht heißen, daß sich ein Mensch gegen auch ihm *einsichtige Gründe* sperren und von vornherein es ablehnen dürfte, sie *zur Kenntnis* zu nehmen und ruhig zu erwägen, mit Berufung allein auf sein Gewissen. Ist dies „Gewissen“ nicht oft genug nur ein *vages Gefühl* ohne irgendwelche Gründe, oder gar nur eine Ausflucht, um unbequeme Einwände und Vorhaltungen abweisen zu können? Berechtigt wäre ein solches prinzipielles Sichberufen auf das eigene Gewissen nur dann, wenn das Gewissensurteil in jedem Einzelfall durch eigene Intuition oder durch göttliche Inspiration zustandekäme. Aber das widerspricht doch wohl den nüchternen Tatsachen der Erfahrung. Es ist vielmehr eine der vornehmsten Lebensaufgaben des Menschen, das Gewissen als entscheidend menschenwürdige Fähigkeit zu bilden, nach den Einsichten und Werten der natürlichen (und theologisch-biblischen) Ethik.

C. Die Person

Wenn wir im Wirklichen, dem Reich des Seins, die schon bekannten Größen überblicken, sehen wir einen Aufstieg sich vollziehen von der niedersten Stufe des Wirklichen, der Materie, über Pflanze und Tier bis zur menschlichen Person als dem *höchstrangigen* Wirklichen in dieser sichtbaren Welt. Auf diesem Wege nimmt gleichsam die „Intensität" des Wirklichseins von Stufe zu Stufe zu. Die *Materie* ist das Wirkliche mit den Eigenschaften der Ausdehnung, Dynamik, Ganzheit. Vor allem das Phänomen der *Ausdehnung* ist etwas, worüber der Geist des Menschen immer wieder nachzudenken sich veranlaßt sah. Dies Wirkliche „erstreckt sich" in den Raum, den zu denken und vorzustellen wir anderseits durch die Tatsache veranlaßt sind, daß die Materie ausgedehnt ist. Dabei ist das Erste die wirkliche Materie, und *ihret*wegen erst denken wir den Raum, in dem das materiell Wirkliche ist und sein muß und ohne ihn nicht vorgestellt werden kann. Die Materie „streckt sich", „dehnt sich" aus, so daß sie in Teilen da ist, die nicht miteinander identisch sind und auch schon eine gewisse Anordnung haben. Diese Anordnung ist gewiß nicht starr, sondern veränderlich. Sie ist infolge der quantenphysikalischen Unbestimmtheit der Elementarteilchen noch weniger greifbar, offenbart noch mehr das Zerfließende der materiellen Existenzweise. Im Makroskopischen *verfestigt* sich diese „Hinfälligkeit" des materiell Wirklichen: ein Naturstein oder ein Betonhaus ist schon etwas „handfest“ Wirkliches. Obwohl sie aus nichts als solchen hinfälligen Materieteilchen bestehen, haben sie eine größere *„Intensität“* des Wirklichseins, wenn man so sagen darf.

Eine Stufe höher begegnet uns die *Pflanze*. Sie ist ein lebendiger Organismus, der seine Teile in der Ganzheit des Individuums „zusammenhält“. Hier zerfließt das Wirkliche nicht mehr. Es wird, obwohl ausgedehnt, obwohl aus Teilen bestehend – aber strukturierten, organisierten Teilen! – zu einem recht präzis *umgrenzten Ganzen*, einem Organismus, zusammengehalten. Es rafft eine gewisse Menge des zerfließenden materiell Wirklichen zusammen in eine Ganzheit. Diese Ganzheit ist *„Individuum“*, das *als* Ganzheit existiert, lebt, handelt.

Noch ausgeprägter und deutlicher zeigt sich diese Individuumsganzheit auf der nun folgenden Stufe der Tiere. Das *Tier besitzt* nicht nur – ontisch – diese Ganzheit aus Materieteilen und -teilchen, sondern *erlebt sich* auch – unreflex und unthematisch – im sinnenhaften Erkennen, Fühlen, Erstreben als Individuum. Das tierische Individuum *besteht* aus Materieteilen (und der nichtmateriellen Lebensseele), führt aber als Ganzheit sein eigenes erlebtes Leben, in den Lebensphasen des Aufwachsens, Kämpfens, des Absteigens von seiner vollen Lebensaktivität. Es hat sein eigenes individuelles „Schicksal“, wenn auch nicht im eigentlichen Sinne wie erst der frei sich entscheidende Mensch, und hört im Tod endgültig auf zu sein. Nichts bleibt übrig als die Materieteile, aus denen es „bestanden“ hatte. Umgekehrt gesehen war also das Tier eine individuell ganzheitliche *Zusammenraffung* von sich verlierender Materie *in eins*, zu dem einen individuellen Organismus: eine *„intensivere“ Seinsweise* des Wirklichen!

1. Subsistenz

Es läßt sich nicht bestreiten, daß *der Mensch* in dieser Stufenfolge den *höchsten Platz* einnimmt. Zu ihm hin setzt sich die Intensivierung des Seins fort. Der Mensch besteht ebenfalls aus zerfließenden Materieteilen, aber seine *Geistseele* strafft sie nicht nur zu einer individuellen Ganzheit zusammen wie die Pflanze, und erlebt sie nicht nur wie das Tier, sondern kommt im Menschen erst ganz „zu sich selbst". Dies *„Wissen um sich selbst"* ist gerade das, was wir geistiges Selbstbewußtsein nennen. Die Geistseele hat die Fähigkeit und Tendenz dazu in sich.

Ein primitiver oder ein noch unerweckter Mensch reflektiert wohl nicht viel, aber er vollzieht mit den Fähigkeiten seines Geistes viele Akte, die von diesem unreflexen Bewußtsein seiner selbst getragen sind. So ist ihm ein Wissen um Vater, Mutter, Frau und überhaupt „andere" Menschen möglich und ohne Zweifel Tatsache, ein unreflexes Wissen um die „Welt" und „Gott" oder Götter. Vor allem gibt ihm dies direkte „Geradeaus-Wissen" die *Möglichkeit,* selbst *Stellung zu nehmen* zu Mensch, Welt, Gott: es sind notwendige Voraussetzungen, um als Mensch handeln zu können; es sind Tatsachen und Inhalte, auf die er reflektieren und so zu einem geistigen Wissen im eigentlichen Sinne gelangen und entsprechend handeln kann.

Nur weil der Mensch Geist ist, kann er Distanz halten von einem Gegenüber, von Welt, von allem was er nicht selbst ist: er erlebt sich und erkennt, daß er *dieser einmalige* Mensch ist; er bejaht sich, in den vielen Akten des geistigen Erforschens und Eroberns der Welt, in den sozialen Akten zu einzelnen Menschen und Gemeinschaften, im sittlichen und religiösen, inneren und äußeren Tun.

Das alles heißt, daß das Leib-Geist-Wesen Mensch ontisch ein Individuum ist, mit den Fähigkeiten und Eigenschaften, die *jedem* Menschen zukommen und mit den *individuellen* Qualitäten der Anlage, des Charakters und Geschicks; als solches Individuum *erlebt* und *bejaht sich* der Einzelmensch. Individuell ist demnach der Mensch in der ontischen Schicht, in der biologischen, sinnenhaften und schließlich geistigen Schicht. Der Mensch *ist* Individuum, *erkennt* sich als Individuum und *will* sich als Individuum. Dieses einmalige, nicht auswechselbare und nicht übertagbare, reich gefüllte Wirkliche „Mensch" nennen wir *Person.*

In der Alltagssprache verstehen wir unter Person, was oben dargelegt wurde, natürlich nicht in einem durch philosophische Reflexion scharf umrissenen Begriff, sondern einigermaßen vage und unpräzis. Ethymologisch aus etruskischen und griechischen Quellen gespeist, sagt das lateinische ‚persona' nicht wie man oft meint, daß ein Überindividuelles durch das Individuum hindurchlebe (personare = hindurchtönen), sondern „hat schon als Vokabel sein Geheimnis in sich und ist das Wort für etwas *nicht näher Aussagbares*" (Otto Seel), nämlich für das menschliche Individuum, das „ineffabile" (= unaussagbar). Es ist unaussagbar, weil es einmalig, unwiederholbar und unübertragbar ist. Daher kann das *Individuum als solches* nicht unter Allgemeinbegriffe von Art und Gattung gefaßt werden und auch nicht definiert werden. In jahrhundertelanger Reflexion von den Griechen über Boethius (6. Jahrh.) zu Thomas von Aquin bis heute ist es durchdacht und herausgearbeitet worden: Person ist nicht eine Teilrealität in der Gesamtheit der Realitäten des individuellen Menschen, sondern seine Existenzweise des Für-sich-Seins, die wir mit Thomas seine Subsistenz nennen können. Die Person „subsistiert".

Person ist demnach das geistige Subjekt, das alles Erfahren und Tun seiner (beim Menschen leib-geistigen) Natur trägt und in Freiheit verantwortet. Person ist „der unteilbare Selbstand eines geistigen Wesens (Boethius). Sie ist die „leib-seelische Einheit des individuellen Menschen, insofern sie von der Geistseele bestimmt und gelenkt wird" (Brugger).

2. Existenz

Daß es schwierig erscheint, den philosophischen Begriff ‚Person' von anderen Gegebenheiten des Menschlichen klar abzugrenzen, liegt auch an den Auswirkungen der *Existenzphilosophie.* Von ihr her sind terminologische Formulierungen in den allgemeinen Sprachschatz aufgenommen worden und werden von vielen, die sich deren Herkunft nicht bewußt sind, in einem vage bleibenden Sinn verwendet.

Dazu kommt, daß Jaspers, Heidegger, Sartre – um nur einige der bekanntesten Existenzphilosophen zu nennen – in ihren Philosophien so verschieden sind, daß sie nicht dieselbe zu vertreten scheinen. Heidegger lehnt es auch ab, zu den Existenzphilosophen gerechnet zu werden und bezeichnet seine Philosophie als Fundamentalontologie.

Immerhin stimmen sie darin überein, daß sie den Menschen nicht nach seinen allgemeinen Eigenschaften und Wesenszügen betrachten, sondern als konkreten Einzelmenschen, an dem seine ‚Existenz' das Wichtigste ist. Sie bedeutet ihnen nicht einfach bloß das Vorhandensein, das weiter nichts besage. Der Mensch erfahre an sich Not und Gefahr, Schmerz und Tod – man denke an vergangene Kriege und Nachkriegszeiten –. Nach dem Zusammenbruch festgefügter Ordnungen leide der Mensch an der Leere und Sinnlosigkeit des modernen Lebens und stehe wie vor einem Abgrund des Nichts. So erfülle ihn tiefe Lebensangst, sogar Verzweiflung. Aus diesen Grenzsituationen ist er in die Existenz gerufen. Er soll das drohende Nichts, die Angst und Ausweglosigkeit bewußt auf sich nehmen, in einem heroischen existenziellen Akt von seiner Freiheit Gebrauch machen, in das wahre Sein hinauszutreten (= ek-sistere, Existenz) und so sein volles Menschsein verwirklichen. Das geschieht nicht ein für allemal, sondern in immer erneuten existenziellen Akten, zwischen denen keine Dauerexistenz liegt.

Zuletzt wird von manchen Philosophen Existenz ausschließlich in existenziellen *Akten* gesehen. Das allen Akten zugrundeliegende Sein ist aufgegeben und wird auch ausdrücklich geleugnet. Das Wirkliche *ist* nicht, es *geschieht, ereignet sich,* wird *Ereignis.* Wirklichkeit und Verwirklichung ist so nur in den Akten gegeben, Wirklichkeit ist Aktwirklichkeit.

Von einer ganz anderen Seite wird diese Auffassung von Mensch und Person gestützt: von positivistisch denkenden Naturwissenschaftlern. Da sie es ausschließlich mit dem tatsächlich Gegebenen zu tun haben, geht ihre Aufmerksamkeit verständlicherweise auf das Wirkliche, das hier und jetzt auf ihre Sinnesfähigkeiten *wirkt.* Das Wirkliche ist für den modernen, naturwissenschaftlich denkenden Menschen das aktuell Wirkende. Wirklichkeit ist daher auch hier *Akt*wirklichkeit, sie geschieht, ereignet sich, wird Ereignis. Hier münden zwei an sich verschiedene Strömungen zusammen, die eigentlich nichts miteinander zu tun haben.

Der reine Aktualismus ist auch in die Theologie eingedrungen, so daß der evangelische Theologe Emil Brunner schreiben konnte: „Personsein bedeutet reine Gnade und erschöpft sich in responsorischer Aktualität auf den Gnadenruf Gottes hin". D. h. erst da, wo der Mensch in seiner Situation eine von Gott angebotene Gnade (des Glaubens, der Bekehrung, der Liebe u. a) in einem existenziellen Akt annimmt, an sich vollzieht, *wird* er Person.

So extremen Ansichten gegenüber erinnere man sich, daß die Struktur menschlicher Akte wesentlich ein Akt*subjekt* einschließt, das Ich. Allgemein liegt allen Akten, die geschehen, ein Aktzentrum zugrunde, von dem die Akte ausgehen, und das die Akte setzt und vollzieht. Diese Erinnerung soll das Lebenswichtige und Entscheidende des Rufes zur ‚Existenz' nicht abschwächen. Auch das Neue Testament ist voll von Aufrufen, Einladungen, Forderungen, Antrieben zur ‚Existenz'. Nicht theoretische Wahrheiten über Welt, Mensch, Gott werden dort vorgelegt, sondern existenzielle Wahrheiten, die dem konkreten Menschen für Leben und Schicksal, Zeit und Ewigkeit entscheidend bedeutsam sind. Existenzphilosophen wie Gabriel Marcel, Peter Wust u. a. haben das nicht übersehen und eine ausgewogene Existenzphilosophie entwickelt, die nicht ausschließlicher Aktualismus ist. Man wird ihnen zustimmen, daß Existenz allein nicht den Begriff ‚Person' ausmachen kann.

Außer Subsistenz und Existenz betrachten manche auch *Transzendenz* als zum Wesen der Person gehörend. Die Person sei nicht so in sich geschlossen wie eine Leibnitzsche Monade, vielmehr übersteige (= transzendiere) sie sich selbst und könne überhaupt nur in der Beziehung zu anderen Personen sein. Das Ich sei ein Ich nur in der Hinordnung auf ein Du. Person bestehe in der Ich-Du-Beziehung. Die menschliche Person sei zwar angewiesen auf physikalische und biologische Gegebenheiten und bedingt durch geistige und sittliche Werte und bedürfe ihrer um zu bestehen. In ihrem Kern sei sie aber unabhängig von ihnen, in sich stehend. Erst im Gegenüber zu anderen Personen, wenn sie aufhöre, strebend und gebrauchend den anderen nur als Objekt anzusehen, trete an die Stelle sachlichen Verhaltens das personale, trete ein Ich dem Du gegenüber. Diese personhafte Beziehung vollende sich, wenn auch der andere mich zu seinem Du werden läßt. Person *ent*stehe zwar nicht aus der Ich-Du-Beziehung, aber sie aktuiere sich in ihr und *be*stehe in ihr.

Es ist aber zu bedenken, daß eine Person, von der als schon bestehender Person gesprochen wird, sich anderen Personen gegenüber nur personal verhalten kann bzw. soll (sprechen, lieben, achten, streiten). Sachen gegenüber kann sie sich nicht anders als „sachlich" verhalten (nehmen, fortwerfen, verbrauchen usw). Soll daraus folgen, daß eine Person nur dann Person ist oder wird, wenn sie zu anderen Personen in Beziehung tritt? Vielmehr ist die Person schon vor jeder Beziehung Person, sie besteht *in sich,* eine individuelle leib-seelische Einheit.

Das gilt auch, wenn Transzendenz nicht als Beziehung zu menschlichen Personen verstanden wird, sondern als die wesentliche, transzendentale Beziehung des Menschen zu seinem schaffenden Gott. Sie ist transzendental in dem (nichtkantischen) Sinne, daß sie durch alle Schichten des Menschen geht und sie übersteigt (= transzendiert), so daß sie den ganzen Menschen durchwirkt und prägt und ihn in seinem Wirklichsein begründet. In dieser transzendentalen Beziehung steht jeder Mensch, als Geschaffener, auch das Kleinkind, auch der Geisteskranke und jeder andere, auch wenn er sein Menschsein und Personsein nicht in existenziellen Akten vollziehen kann.

3. Der Begriff ‚Person'

In diesen Überlegungen wird oft „nicht nach dem abstrakten Wesen der Person, sondern nach dem konkreten, personal existierenden Menschen" gefragt.[104] In dem konkreten Realbestand der menschlichen Person ist manches enthalten, was jedoch nicht in den *Begriff* Person gehört.

Daß alle Menschen „vom Weibe geboren" sind, ist gewiß eine ontologische Tatsache von großer Tragweite und Bedeutung. Zum Wesen des Menschen gehört sie aber nicht, auch

[104] R. Guardini, Welt und Person, 110.

nicht dem der Person. Mensch wird ja auch nicht definiert als ein „vom Weibe geborenes“ Lebewesen.

Als tiefere Schichten des allgemein Menschlichen werden herausgehoben: das Sittliche, das soziale Verbundensein mit anderen Menschen, die Beziehung des Menschen zu seinem Schöpfer. Sicherlich stellen sie den Menschen in seiner vollen Wirklichkeit ins Licht, müssen aber nicht als Bestand in den *Begriff* ‚Person‘ aufgenommen werden.

Niemand wird leugnen, daß zufällige Merkmale wie ‚weiß‘ oder ‚schwarz‘, intelligent, charakterfest u. a. nicht in den Wesensbegriff ‚Mensch‘ gehören. Solche Bestimmungen kommen zu dem schon fertigen Begriff ‚Mensch‘ hinzu, sind *„akzidentelle“* (= anfallende, zufällige) Bestimmungen. Ein konkreter Mensch kann sie haben, sie können einem anderen auch fehlen. *Zum Wesen gehörende* Bestimmungen dagegen kommen jedem Menschen notwendig zu und können ihm nicht fehlen: andernfalls ist das betr. Individuum kein „Mensch“.

Zwischen den Wesensmerkmalen und den (logischen) Akzidenzien stehen die *„Eigentümlichkeiten“* in der Mitte. Sie gehören nicht zum Wesen, *folgen* aber logisch notwendig aus ihm. Sie kommen daher jedem Individuum der betr. Art notwendig zu, gehören aber trotzdem nicht zu seinem definierten Wesensbegriff.

Gehört z. B. das ‚*Sterblichsein*‘ zum Begriff Mensch? Alle Menschen sind sterblich, das Sterbenkönnen *folgt notwendig* aus dem leib-geistigen Wesen des Menschen. Wenn er aus den zwei substantialen Teilen Leib und Seele besteht, so ist damit gegeben, daß diese zu dem einen Wesen ‚Mensch‘ innigst vereinten Bestandteile auch getrennt werden können, was im Sterben tatsächlich geschieht. Trotzdem wird der Mensch nicht definiert als „sterbliches Lebewesen“. Sterblichkeit ist nicht ein Merkmal des Wesensbegriffes ‚Mensch‘, wohl aber eine „Eigentümlichkeit“, die aus dem Begriff ‚Mensch‘ notwendig folgt und daher jedem konkreten Einzelmenschen notwendig zukommt.

Der allgemeine Sprachgebrauch unterscheidet ‚Person‘ und ‚*Persönlichkeit*‘. Wir sagen z. B., jemand ist eine „starke Persönlichkeit“, eine „charaktervolle“, eine „ausgereifte“ Persönlichkeit und meinen damit einen Menschen, der seine seelisch-geistigen Anlagen und Fähigkeiten in langen Lebensjahren entwickelt hat. ‚*Person*' dagegen ist *jeder* Mensch, insofern er als Leib-Geistwesen eine in sich geschlossene Existenzweise hat, unvertretbar, unersetzbar, unübertragbar; auf Grund deren er von sich als diesem konkreten Einzelmenschen mit seinen bestimmten Qualitäten weiß, sich als solchen bejaht, verantwortlich über sich verfügt, sich zu entfalten, zu behaupten, sich durchzusetzen bestrebt ist. In einem analogen Sinn unterscheiden manche „ursprüngliche" und „endgültige" Person.

Die philosophische Frage „Was ist Person" geht entsprechend nicht auf das Gesamtphänomen ‚Mensch', sondern auf das, was ihn zur Person macht, auf seine *Personalität.* Person und Persönlichkeit bezeichnen den konkreten Menschen, unter *Personalität* dagegen versteht man allgemein ein *Abstraktum,* dasjenige am konkreten Menschen, wodurch er Person ist. Ein „Original" nennen wir einen konkreten Menschen, *Originalität* dagegen ist ein abstrahierter (und daher abstrakter) Inhalt, der diesen konkreten Menschen zum ‚Original' macht. Es besteht kaum ein zwingender Grund, von diesem Sprachgebrauch und -verständnis abzugehen. Wenn man es tut, muß man mit Mißverständnissen rechnen, besonders wenn man sich damit begnügt, nur das letzte Resultat tieferer Analysen zu übernehmen und einfachhin zu sagen: Person *ist* Ich-Du-Beziehung. Auch die Ich-Du-Beziehung zum transzendenten Gott setzt das menschliche Ich als Person schon voraus.

D. Die Gemeinschaft

Ist Gemeinschaft in dem Gesamtphänomen des Menschlichen nichts anderes als nur die Summe mehrerer Personen? Diese extrem individualistische Auffassung würde besagen, daß allein der Einzelne das Menschliche realisiert. Nur der Einzelne wäre Träger und verantwortliche Instanz menschlichen Seins, Strebens und Handelns. Der Zusammenschluß als solcher würde an menschlicher Realität nichts hinzufügen. Er wäre nur als mehr oder minder notwendiges Übel zu betrachten, nur dazu da, um das menschliche Individuum im ruhigen Besitz seiner Habe, in der Ausübung seiner Rechte und Pflichten zu schützen, vor unberechtigten Angriffen und Beeinträchtigungen zu bewahren. Der Staat z. B. hätte als Institution, als Organisation der ‚Menschen in Gemeinschaft' nur diese Aufgabe (Nachtwächterstaat). Die Gemeinschaft hätte keine weitergehenden Ziele und Aufgaben und daher auch keine eigenen Rechte. Die Gemeinschaft verfügte nur über die Rechte und Kräfte, die ihre Glieder, die einzelnen Personen, besitzen und beisteuern. Ob diese individualistische Auffassung von Gemeinschaft in der Geschichte – vielleicht in Abschattungen – tatsächlich vertreten worden ist, wollen wir hier nicht untersuchen.

Ein entgegengesetzes Extrem in der Auffassung der Gemeinschaft ist *kollektivistisch*. Hier ist die Gemeinschaft ein Ganzes, das den Einzelnen in der Weise übergeordnet ist, daß sie als Glieder in ihm aufgehen. Sie ist wie Pflanze und Tier ein Organismus, gebildet aus vielen Organen, Gliedern, „Zellen". Eigensein und Eigenrecht käme den Menschen einer Gemeinschaft nur in dem Maße zu, wie sie Gliedern und Organen in einem lebendigen Organismus zukommen. Gegenüber dem Ganzen der Gemeinschaft haben sie kein eigenes Recht, keine Selbständigkeit. Sie sind nur Glieder, haben Sein, Leben, Handeln, Rechte nur von der Gemeinschaft und in ihr. „Du bist nichts, dein Volk ist alles". Der Mensch ist nur für die Gemeinschaft da und hat in ihr aufzugehen. Er wird als Mittel für das Wohl der Gemeinschaft gewertet und verwendet. Die menschliche Gemeinschaft weist in dieser Auffassung eine vollkommene Parallelität zu einem physischen Organismus auf.

Das ist die *totalitäre* Auffassung von Gemeinschaft. Man trifft sie nicht nur im Fall der totalitären Staaten, sondern auch, unbewußt und ungewollt, in unscheinbaren Beispielen des täglichen Lebens: in der Art, wie manche Eltern ihr Kind als Eigentum betrachten, als Sache, über die sie verfügen, ohne die Person im Kind zu respektieren; oder in der Art, wie Vorgesetzte, Eltern, Lehrer, Geistliche manchmal meinen, die *gesamte* Verantwortung für das Handeln und Vorangehen der ihnen Unterstellten oder Anvertrauten zu besitzen und daher deren freier Entscheidung und Mitsprache keinen Raum lassen wollen.

1. Moralische Ganzheit

In Wirklichkeit ist die Persongemeinschaft kein physisches, sondern ein *moralisches Ganzes.* Das heißt, in diesem Ganzen bleiben die Personen Personen. Sie haben sich durch eigene Entscheidung zusammengeschlossen bzw. sind durch die Tendenzen der eigenen menschlichen Natur zusammengeschlossen (z. B. Familien) und erstreben nun, erkennend und wollend, das gemeinsame Wohl, seine möglichst volle Verwirklichung. Das gemeinsame Wohl („Gemeinwohl") wird also nicht physisch, sondern moralisch verwirklicht, d. h. nicht durch materiell-physische Kräfte gemäß physischen Naturgesetzen, sondern durch geistiges Handeln, durch erkennendes Planen und Wollen, nach moralischen Gesetzen, sittlichen Rechten und Pflichten. Die Persongemeinschaft ist nicht ein physisches Ganzes wie Pflanze und Tier, sondern ein *moralisches* Ganzes; nicht ein Organismus, sondern eine (konkrete) „Organisation"!

Der Unterschied zwischen diesen skizzierten Auffassungen ist tiefgreifend und hat weitreichende Folgerungen, auch im praktischen Leben, in allen Bereichen des menschlichen Lebens. Es ergibt sich, daß in dieser realen Welt die *menschliche Person,* der konkrete Einzelmensch den *höchsten Rang* unter den Realitäten hat. Er ist eine leib-geistige Realität, die um sich weiß, sich bejaht und zu behaupten strebt. Er ist Träger von materiellem und psychischem Sein, Subjekt von sinnlichem und geistigem Leben, verantwortliche sittliche Instanz, die sich in Freiheit entscheidet und über sich verfügt: der personenhafte Mensch.

Gemeinschaft aus solchen Personen ist keine neue Realität derselben Ebene, *nichts substantiell Reales* zwischen oder über den realen Personen. Wenn die Gemeinschaft also überhaupt etwas Reales ist – und das ist sie – kann sie nur *akzidentell real* sein, d. h. sie ist etwas Reales *an* den Personen, und zwar etwas Geistig-Moralisches. Dies geistige Band, das reale Personen zu einer Gemeinschaft zusammenbindet, besteht in *moralischen Pflichten* und Rechten, Vorhaben und Plänen. Der Mensch kann sie nach freiem Entschluß auf sich nehmen und auch wieder aufgeben: einem Verein kann man frei beitreten, und frei wieder austreten; so ist es bei den *„freien" Gemeinschaften.* Oder die moralische Bindung wird dem Menschen von der menschlichen Natur auferlegt, wie dem Kind seiner konkreten Familie gegenüber und dem Menschen seinem staatlich organisierten Volk gegenüber: *„notwendige"* Gemeinschaften. Sie werden auch *„natürliche"* genannt. Es ist leicht zu sehen, daß auch diese Bindungen nicht starr für immer binden: sie können aus der Natur der Sache heraus aufhören oder nach Umständen aufgegeben werden.

2. Gemeinwohl

Was haben nun die vielen verschiedenartigen Gemeinschaften gemeinsam? Es ist immer ein Zusammenschluß von menschlichen Personen zu einem *gemeinsamen Zweck.* Sportvereine, Berufsverbände, Gesellschaften zur Förderung der Wissenschaften u. ä., haben je ihren klar umschriebenen Zweck, den die Glieder durch gemeinsames Bemühen verwirklichen wollen. Auch die Familie und ein im Staat organisiertes Volk sind Persongemeinschaften zu einem bestimmten Zweck. Es ist hier ein von der Natur des Menschen („natürliche" Gemeinschaft) vorgezeichnetes und auferlegtes Ziel, dessen genauerer Inhalt und Umfang nicht von vornherein so klar auf der Hand liegt, sondern umstritten sein kann. Das ändert aber nichts daran, daß jede Gemeinschaft von Personen eine Vereinigung selbständiger Subjekte zu einem bestimmten gemeinsamen Zweck oder Ziel ist. So verschieden dies gemeinsame Ziel (das „Gemeinwohl") sein kann, so verschiedene Gemeinschaften gibt es. Die verschiedenen Zwecke sind auch nicht gleichen Ranges: Förderung der Berufsinteressen ist wohl wichtiger als irgendeine Liebhaberei, wie sie etwa in einem Briefmarkenverein gepflegt wird. Daher sind auch die Gemeinschaften selbst nicht gleichen Ranges, sondern einander über- und untergeordnet.

3. Person und Gemeinschaft

Ein konkreter Mensch ist oft – oder immer – gleichzeitig *Glied mehrerer Gemeinschaften*: seiner Familie, einer Berufsgemeinschaft (Betrieb, Amt, Gewerkschaft usw.), einer Volksgemeinschaft u. a. Er kann frei Vereinen für Sport, Bienenzucht, Geselligkeit usw. angehören. Aus dieser Tatsache geht schon hervor, daß die menschliche Person *nicht* in einer Gemeinschaft *aufgeht* und aufgehen *kann*. Sie ist nicht *nur* „Glied", sondern bleibt auch als Glied einer oder vieler Gemeinschaften selbständige Person. Der Mensch ist Person nicht nur dann und erst dann, wenn er in Beziehungen zu anderen Menschen steht, sein Personsein *besteht* nicht darin, daß er Glied von Gemeinschaften ist.

Der *ganze* Mensch ist Glied einer Gemeinschaft, aber nicht mit seinem gesamten konkreten Menschentum, nicht „mit Haut und Haar", er bleibt Person. Trotzdem ist dem Menschen der Zusammenschluß mit anderen Menschen so notwendig, daß man sagen muß: der Mensch ist *wesensmäßig* ein *Gemeinschaftswesen*, ein „ens sociale". Wenn wir uns an die Überlegungen weiter oben über die konkrete Wirklichkeitsfülle und abstrakte Wesensdefinition erinnern, werden wir genauer sagen: Aus der Begrenztheit des Menschwesens *folgt*, daß er sich mit anderen zusammenschließen muß: um als Einzelner existieren und sich entfalten zu können – und um die ganze Breite menschlicher Werte verwirklichen zu helfen.

Der Mensch als einzelner ist nicht imstande, die für ihn notwendigen Werte zu beschaffen. Schon im materiellen und *biologischen* Bereich ist es offenkundig, daß der *Einzelmensch* auf das Zusammenwirken mit anderen Menschen *angewiesen* ist. Das junge Menschenkind kann ohne die Hilfe der Mutter, ohne die Gemeinschaft der Familie nicht leben; Nahrung, Kleidung, Wartung muß es von den Menschen seiner Familiengemeinschaft empfangen. Die Millionen und Milliarden Menschen von heute sind nur durch Arbeitsteilung in Produktion, Handel und Wirtschaft, durch höchst gesteigerte Technisierung überhaupt zu ernähren und menschenwürdig zu erhalten. Das besagt schon für die fundamentalen Lebensbedürfnisse die Notwendigkeit sich zusammenzuschließen und zusammenzuwirken. Man kann es auch so ausdrücken: der Mensch ist für sein bloßes Existieren so ergänzungsbedürftig, daß schon in dieser Tatsache, die er ja nicht aufheben kann, sein soziales Wesen und Leben begründet ist.

Noch deutlicher ist dies bei der *Weitergabe* des menschlichen Lebens. Der Mensch existiert in zwei sich ergänzenden Geschlechtern. Nur wenn Mann und Frau sich zur Ehegemeinschaft zusammenschließen, können sie neues menschliches Leben wecken und das Kind zum erwachsenen Menschen großziehen und menschenwürdig bilden. Wenn irgendwo Grund und Zweck menschlicher Gemeinschaft von der Natur des Menschen *vorgegeben* und auferlegt ist, dann hier. Die physische Ergänzungsbedürftigkeit der Geschlechter, das entsprechende psychische Verlangen nacheinander, sind dem willkürlichen Planen und Zwecksetzen des Menschen entzogen; nur für die Entscheidung des Einzelnen und für die Wahl des individuellen Partners ist der Freiheit Raum gegeben.

Wohl überzeugender noch offenbart sich das Angewiesensein des Menschen auf Gemeinschaft im *geistigen* Bereich. Im jungen Menschen entfaltet sich das geistige Leben *durch Vermittlung* von Eltern, Lehrern, Seelsorgern, Buchautoren u. a. Wissen, sittliche Normen, praktisches Vorangehen lernt, empfängt der sich entwickelnde Mensch zum großen, ja größten Teil von anderen.

Auch diese menschlichen *Werte selbst,* Sprache und Literatur, Wissen, Kunst und Forschung, Sittlichkeit und Religion sind als geistige Schätze nicht vom Einzelnen erarbeitet, sie sind vielmehr dem Streben und Leben vieler Gemeinschaften im Lauf der Menschheitsgeschichte zu danken. Ohne das Zusammenwirken vieler in den verschiedensten Gemeinschaften würden alle diese menschlichen Werte niemals verwirklicht worden sein und verwirklicht werden, viele nicht einmal gesichtet werden. Es ist also nicht nur die Ergänzungsbedürftigkeit des einzelnen Menschen für das leibliche und geistige Leben, die den Menschen notwendig auf Gemeinschaft hinordnet. Auch die Verwirklichung des Menschlichen überhaupt, der ganzen Breite menschlicher Werte, die im Menschen angelegt sind, macht den Zusammenschluß zu Gemeinschaften notwendig.

Die Gemeinschaften werden durch ihren gemeinsamen Zweck, ihr Gemeinwohl *unterschieden.* Er wird, wo es sich um „freie" Gemeinschaften handelt, von denen, die sich zusammenschließen wollen, frei bestimmt. Bei den „natürlichen" Gemeinschaften ist dies Gemeinschaftsziel *von der Natur vorgegeben* und als verpflichtend auferlegt. Die Verpflichtung besagt eine *moralische* Notwendigkeit, das gemeinsame Ziel anzustreben und durch gemeinsames Handeln zu verwirklichen. Es ergibt sich also nicht durch das kausale Wirken nach physischen Naturgesetzen, sondern soll durch freies sittliches Handeln der Personen realisiert werden.

Nun bedarf das freie Handeln der Menschen wirksamer *Motive.* Das Hauptmotiv ist oder sollte sein der innere Wert des gemeinsamen Zieles; er hat ja die betr. Menschen dazu bewogen sich zusammenzuschließen, den Bienenzüchterverein zu gründen bzw. ihm beizutreten, eine Familie zu gründen und gerade *diesen* Menschen zum Partner zu gewinnen. Aber wie wir Menschen nun einmal sind, mit so mannigfachen, auseinandergehenden Wünschen, Plänen, Trieben und Illusionen, erweist sich oft der innere Wert des gemeinsam anzustrebenden Zieles *nicht als wirksam*; er reicht nicht aus, die Menschen zum zielgemäßen Handeln zu bewegen. Die Erfahrung beweist das täglich. Die Glieder einer Gemeinschaft *sollten* nach Kräften das gemeinsame Ziel zu verwirklichen suchen, aber sie tun es oft nicht, aus Bequemlichkeit, Leichtsinn, Unbeständigkeit und was sonst. Ließe man es dabei bewenden, würden auch die besten und notwendigsten Gemeinschaften mit noch so guten und notwendigen Zielen nichts erreichen; es würde kein gemeinsames Streben geben, und die wichtigsten und notwendigsten Aufgaben würden unerfüllt bleiben oder auch sabotiert werden können.

Daraus folgt, daß jede Gemeinschaft, die ihr Ziel erreichen will, oder soll, durch eine *bevollmächtigte Autorität* dazu angehalten werden muß. Das heißt bloß, daß der Verein einen Vorstand haben muß, der Staat eine Regierung, die Familie ihr Familienhaupt. Ganz allgemein: jede Gemeinschaft muß eine Leitung haben, die mit dem Recht ausgestattet ist, die Glieder der Gemeinschaft *zum Handeln* für das gemeinsame Wohl *anzuhalten*. Wenn auch wohl nicht vom Wesen her, aber zum tatsächlichen Existieren und Funktionieren ist für jede menschliche Gemeinschaft notwendig, daß sie von einem Haupt, einem Vorstand geleitet wird.

Wenn Menschen sich zu einer Organisation zusammenschließen, dann tun sie es, weil sie gemeinsam etwas erreichen wollen. Darum verfassen sie Satzungen, in denen Zweck und Tätigkeit der Vereinigung formuliert, Rechte und Pflichten der Mitglieder bestimmt werden; aus dem selben Grund wählen sie einen Vorsitzenden oder *Vorstand*, und übertragen ihm bestimmte Rechte und Pflichten, für deren Handhabung er den Mitgliedern verantwortlich ist. Seine Rechte und Vollmachten erstrecken sich wie die der Mitglieder auf den *Bereich des betr. Gemeinwohls*, gemäß den Satzungen und nicht darüberhinaus. Vorstand und Mitglieder eines Kurvereins etwa haben sich um die Verschönerung ihres Ortes u. ä. zu bemühen, aber nicht z. B. um gute Kindererziehung. Bei „freien" Gesellschaften ist das alles ohne Schwierigkeit einzusehen.

Im Fall der „natürlichen" Gemeinschaften, Staat und Familie, ist der *gemeinsame Zweck* von der menschlichen *Natur*, letztlich vom personalen Schöpfer der Natur, *bestimmt*. Einem konkreten Einzelmenschen steht es frei, sich mit einem Menschen des anderen Geschlechts zur Ehe und Familie zu verbinden. Zweck und Funktion dieser Gemeinschaft aber, Rechte und Pflichten der Gatten und Eltern, sind nicht ihrem freien Abgrenzen überlassen, sondern der Ehe als solcher vorgegeben. Mann und Frau müssen nicht heiraten; wenn sie es aber tun, nehmen sie gegeneinander und gegenüber den Kindern Rechte und Pflichten auf sich, die aus der Natur der Sache heraus bestimmt sind. Sie sind vom Schöpfer der Natur auferlegt. Wo wäre auch sonst eine oberste Instanz, die Personen sittliche *Gewissenspflichten auferlegen* könnte!

Auch wo eine Ehegemeinschaft aus reiner Liebe und nichts anderem erwachsen ist und auf ihr gründet, besteht diese Rechtsstruktur in ihr, hat sie ein Haupt mit dem Recht und der Pflicht der Führung. Dieses Führungsrecht braucht nicht ausdrücklich übertragen und übernommen zu sein, nicht vordergründig bewußt zu werden, nicht bei jedem Anliegen oder überhaupt angerufen zu werden. Aber es ist notwendig da und wird mindestens bei Existenzfragen der Familie in Funktion treten.

Die Frage, wer von den Gatten *Träger* der Führungsautorität ist oder sein soll, ist sekundär. Normalerweise ist auf Grund der physischen und seelisch-geistigen Konstitution der *Mann* das *Haupt* der Familiengemeinschaft und auf Grund ihrer physischen und seelisch-geistigen Ausstattung die *Frau* das unentbehrliche *Herz* der Familie. Die Erfahrung spricht dafür, daß diese verschiedenen Aufgaben nicht zum Vorteil der Familiengemeinschaft anders verteilt werden können.

5. Der Staat

Der *Staat* ist die andere *„natürliche" Gemeinschaft.* Wir betrachten ‚Staat' hier nicht nach seinem organisatorischen Gerüst, seinen Einrichtungen wie Verwaltung, Behörden, Gerichte usw., sondern *als organisierte Persongemeinschaft*, als Zusammenschluß aller konkreten Menschen, die „Bürger" eines bestimmten Staates sind. Dieses „Staatsvolk" kann recht einheitlich sein in bezug auf Abstammung, Sprache, Kultur: aber das Schweizerische Staatsvolk z. B. ist es nicht, sondern besteht aus Eidgenossen deutscher, französischer, italienischer Sprache und Kultur und ist dennoch *ein* Staatsvolk, *eine* Persongemeinschaft. Bei manchen Staatsvölkern wie dem indischen, pakistanischen, amerikanischen sind diese Unterschiede, besonders auch die der Religion, viel schärfer und wirken sich auch auf die innere Verbundenheit dieser großen Gemeinschaften aus. Wir beschränken uns hier darauf, die *wesentlichsten* Grundzüge der staatlichen Gemeinschaft herauszuheben.

Vor allem ist sie eine *Person*gemeinschaft: Zahlreiche Personen sind in ihr zu einer Gemeinschaft zusammengschlossen. Sie sind und *bleiben auch im Staat Personen*, d. h. individuelle leib-geistige Subjekte eigenen Ranges und eigener Verantwortlichkeit, mit personalen Rechten und eigenen Zielen. Die menschliche Person – das ist nicht zu vergessen – nimmt in unserer wirklichen Welt den höchsten Rang ein. Es gibt kein reales substanzielles Wesen, das der Person übergeordnet wäre.

Die Materie, die Pflanzen, die Tiere stehen an realem Bestand und Rang unter dem Menschen. Er ist für seine menschliche Existenz darauf angewiesen, sie zu gebrauchen, sich ihrer bis zum *Ver*brauch zu bedienen; sie sind *„Sachen"*, *Mittel* für seine Ziele. Der Mensch dagegen ist gerade nicht „Sache", sondern *„Person"* und daher niemals Mittel für jemand anderen. Würde man einen Menschen als bloßes Mittel für einen bestimmten Zweck bewerten und „verwenden", so würde man sich über die in der Natur der Dinge begründete Rangordnung hinwegsetzen, man würde den Menschen „menschenunwürdig" behandeln! Es ist schon so: die gesamte Dingwelt ist für den Menschen da, zu seinem Dienst; der Mensch ist Herr seiner selbst und zum Herrn dieser Dingwelt berufen.[105]

Wenn nun menschliche Personen *sich zusammenschließen,* dann deshalb, um gemeinsame Ziele zu erreichen, die dem Einzelnen versagt sind. Auch vom Staat gilt das alles, was oben über das Grundverhältnis von Person und Gemeinschaft ausgeführt wurde. Er ist nicht ein Moloch, zu dessen Dienst die Staats-

---

[105] Diese Rangordnung ist den realen Unterschieden der wirklichen Dinge entnommen. Wenn ein Apfelbaum wächst, blüht und Frucht bringt, so ist das an ihm eine bewundernswerte Realität. Ein Hund besitzt diese Realität des lebendigen Wachsens auch, in anderer Weise; aber darüber hinaus kann er noch sehen und hören, fühlen und begehren; in ihm ist ein *Mehr an Realität* als in der Pflanze! Tiere stehen daher in der realen Rangordnung höher. Sie bestimmt sich nach der „Natur" der Pflanzen und Tiere und ihrer Gattungen; es ist eine „natürliche" Rangordnung, die nicht durch unser Bewerten gesetzt, sondern in der realen Natur vorgefunden wird.

bürger von vornherein bestimmt wären und dem Hab und Gut, gegebenenfalls selbst die Menschen geopfert werden müßten. Ein fundamentaler Irrtum!

Die Staatsbürger bleiben auch als solche eigenständige *Personen.* Sie *gehen nicht* in diesem großen, größten Zusammenschluß *auf*, sondern haben und behalten ihren ranghöchsten Personenbereich mit Ziel und Rechten. Der staatliche Zusammenschluß ist vielmehr dazu da, um den Bürgern, möglichst jedem, das Erreichen ihrer personalen Lebensziele zu ermöglichen. Dazu ist eine Vielzahl von untergeordneten Sachwerten, Einrichtungen, allgemeinen Verhältnissen notwendig, die ohne diese größte staatliche Gemeinschaft nicht zustandekämen. Der heutige inner- und überstaatliche Verkehr ist sicherlich nur im Rahmen von Stataen möglich. Warenaustausch und Welthandel, Forschung und Technik, Wissenschaft und Religion und vieles andere übersteigen ohne Zweifel die Reichweite und Kräfte der Einzelnen, der Familien, der Städte, der Berufsverbände bis hinauf zu internationalen Interessengemeinschaften irgendwelcher Art, die nur um ein bestimmtes Sachgut sich bemühen.

Der Staat ist *oberster Zusammenschluß* von Menschen und Gemeinschaften, der in einem eigenen größeren Gebiet – „auf höchster Ebene" – Wirtschaft und Wissenschaft aller Zweige und soziales Zusammenleben zu ordnen, zu schützen, zu fördern hat. Erst so kann die menschliche Person sich, ihre Anlagen und Fähigkeiten voll entfalten. Dieses *„allgemeine Wohl"* in weitem Rahmen ist *Zweck des Staates,* das staatliche „Gemeinwohl". Es ist zum Personenwohl der realen Menschen akzessorisch, *akzidentell* in dem Sinn, daß es zu dem jeder Person eigenen Ziel und Wohl hinzukommt und den realen Personen anhaftet. Es wird von ihnen übernommen, betrieben und angestrebt. Das können ja auch nur reale lebendige Personen und nicht etwa eine von ihnen unterschiedene ‚Instanz', Behörde oder Institution!

Der Staat, begründet in der Natur des Menschen

Andererseits kann niemand leugnen, daß Menschen, die schon in Familien und kleineren Gemeinschaften zusammengeschlossen leben, *durch ihre Menschennatur,* leibliches und seelisch-geistiges Bedürfen dazu angetrieben werden, sich zu weiterreichenden, *übergeordneten Gemeinschaften* zusammenzuschließen, um für ihre menschliche Entfaltung und die der anderen mehr zu erreichen als ihren kleineren Gemeinschaften möglich ist.

Wir können uns vorstellen, wie in der Vergangenheit Austausch von Waren und von seelischen und geistigen Werten zunächst im Rahmen von Sippen, Stämmen, Nachbarschaften sich abspielte und mit der wachsenden Menschenzahl über diese kleineren Gemeinschaften hinausdrängte zu schließlich staatlichen Verbänden: die Menschen kamen, auf Grund ihrer Menschennatur, *von selbst dazu*, sich zur *staatlichen Gemeinschaft* zusammenzuschließen und ein größeres Gebiet für diesen übergeordneten staatlichen Zweck zu organisieren. In diesem Sinn ist der Staat bzw. das Staatsvolk eine *„natürliche" Menschengemeinschaft* und nicht eine, die durch freie Willensentscheidung, einen freien „Staatsvertrag" der am Anfang beteiligten Menschen oder aber durch Zwang und Unterjochung begründet worden wäre. Wäre es so, dann müßte denkbar sein, daß die Menschen durch ebenso freie Entschließung den Staat und ihre Gemeinschaft auflösen oder aus ihm austreten könnten.

Aus der Tatsache, daß der Mensch *Personrang* besitzt und aus der Einsicht, daß allen Menschen die Menschen*natur* eigen ist, ergeben sich konsequent die obigen Aussagen über Person und Staat. Es wird dabei aber auch deutlich, wie sehr Verfassungen und Auffassungen vom Staat heute dazu im Gegensatz stehen. Nicht nur heute! Die Geschichte der Staaten ist die Geschichte von verhängnisvollen Irrtümern, Mißbräuchen und menschlichen Katastrophen.

Als Grundverhältnis von Staat und Person ergibt sich, daß der *Staat* als organisierter Zusammenschluß *zum Dienst* an seinen Bürgern als *menschlichen Personen* berufen ist. Immanenter Zweck des Staates ist nicht, über sie zu herrschen, sondern ihnen zu dienen: zu helfen, daß sie ihre Existenz als menschliche Personen möglichst allseitig und vollkommen realisieren können; daß sie darüber hinaus menschliche Werte zu verwirklichen vermögen, die ohne das Zusammenwirken und Zusammenleben in dem großen Ganzen nicht einmal gesehen würden.

Wenn früher *Staatsoberhäupter* das – angemaßte – „Recht“ hatten, über Hab und Gut, Freiheit und Leben der *„Untertanen“* zu verfügen, und „absolute“ Fürsten ihre Bauern zum Soldatendienst *verkaufen* konnten, war der Existenzgrund des Staates, das allgemeine Wohl als sein immanenter Zweck, in diesem Wesenszug ins Gegenteil verkehrt.

Rechte und Pflichten im Staat

Zum konkreten *Dienst* an der staatlichen Gemeinschaft wurden und werden *„Beamte“ bestellt,* die durch ihr Amt in die große Aufgabe und den Dienst eintreten, den der Staat gegenüber den Personen der Staatsgemeinschaft hat. Diese beamteten Personen übernehmen bestimmte *Verpflichtungen* im Rahmen dieses Dienstes, und um sie erfüllen zu können, müssen sie auch mit entsprechend umgrenzten *Rechten* ausgestattet sein. Grundverhältnis des Amtes zu den Personen und zum Ganzen ist aber der Dienst; damit den vielen Personen, die in der großen Gemeinschaft vereint sind, die Verwirklichung ihrer *Personziele* ermöglicht werde: damit solche allgemeinen Verhältnisse, Einrichtungen, Zustände geschaffen, erhalten, gefördert werden, die es allen möglich machen, ihr personales Lebensziel zu realisieren.

Das *„allgemeine Wohl“* im Staat besteht also nicht darin, daß den Menschen eigenes Streben, Planen, Mühen abgenommen und erspart werde, sondern die allgemeinen Verhältnisse sollen so gelenkt und vervollkommnet werden, daß in ihnen *jeder* sein Planen, Streben, Arbeiten *entfalten* und seine Ziele nach Möglichkeit erreichen kann. Nicht Passivität, sondern gerade umgekehrt *Freiheit* für menschliche *Aktivität* und Unternehmungsgeist soll im „allgemeinen Wohl“ gesichert sein.

Die Gemeinschaft, auch der Staat, ist demnach *für den Menschen* da, zu seinem Wohl und Dienst. D. h. nicht für seine Launen und individuellen selbstsüchtigen Wünsche; nicht einfachhin für die Erzielung eines höheren Lebensstandards. Auch nicht als wäre er eine Instanz, von der die Menschen alle notwendigen oder nützlichen oder wünschbaren Güter und Dienste erwarten oder fordern könnten. Der Staat ist für die Menschen da, besagt vielmehr *negativ*, daß *er* nicht berufen ist über sie zu herrschen, und *sie* nicht, ihm mit Gut und Blut zu dienen; *positiv*, daß der Staat das „allgemeine Wohl" zu fördern hat, d. h. Einrichtungen und allgemeine Verhältnisse, unter denen die Menschen, die einzelnen und ihre kleineren Gemeinschaften, sich als Menschen voll entfalten und so zu ihrem wahren, objektiv wirklichen Wohl und Lebensziel strebend gelangen können.

Gerade darum obliegen aber auch umgekehrt den Menschen der Gemeinschaft bestimmte *Pflichten gegenüber dem Ganzen und* gegenüber dessen leitender Autorität. Die Personen müssen als Glieder der Gemeinschaft bereit sein, *mitzuwirken* und beizutragen zum Gemeinwohl, d. h. Sachgüter (Steuern) und persönliche Leistungen an das Ganze herzugeben, auch wenn sie davon nicht unmittelbar Nutzen für sich selbst haben. Anders gesagt: Die Gemeinschaft lebt in einem *Geben und Nehmen* der Menschen, die zu ihr gehören. Das Maß dieser Vorteile und Leistungen muß dabei nicht für alle rechnerisch gleich sein, aber es muß *gerecht* sein! Der Staat bzw. die Staatsautorität kann es, nach den Forderungen der sozialen Gerechtigkeit, abgrenzen. In echten Demokratien geschieht das ja nicht ohne entscheidende Mitwirkung der Bürger selbst. Grundsätzlich ist nicht ausgeschlossen, daß der Staat als oberste Gemeinschaft *auch schwere Opfer* verlangen darf und muß, die bis zum Einsatz des Lebens gehen können, wenn die Existenz der Gemeinschaft und daher das Gesamtwohl aller auf dem Spiel steht.[106] Die *Hingabe des Lebens* für das Wohl des Ganzen kann allerdings nur gefordert werden bzw. Pflicht werden, wenn sie nicht *als Vernichtung* der menschlichen *Person* aufgefaßt werden muß. Denn dann würde der Mensch *als Mittel* zum Heil des Ganzen angesehen werden, und das widerspricht den Wesensgesetzen der Person-

[106] Unter allen Umständen ist die Tötung Unschuldiger ausgeschlossen. Sie kann niemals durch die „Staatsräson" erlaubt sein.

gemeinschaft. Anders, wenn der geforderte Lebenseinsatz die *Existenz der Geistseele* des Menschen als fortbestehend ansieht. So würde der Einsatz des Lebens wohl ein schwerstes Opfer sein, aber nicht die totale Vernichtung androhen. In der Tat ist die unsterbliche Geistseele nicht nur Prinzip des leiblichen Lebens des Menschen, sondern zugleich Wesenskern der Person. *Er* wird nicht geopfert, und eine Verpflichtung dazu ist wesensmäßig unmöglich!

In bezug auf die Autorität im Staat – und sonst überall – muß unterschieden werden: die *Existenz der Autorität* selbst und die Träger dieser Autorität. Die Autorität selbst folgt notwendig aus den Strukturgesetzen der Persongemeinschaft. Beim Staat kommt noch hinzu, daß er eine „natürliche" Gemeinschaft ist. Seine Existenz ist durch die Tendenzen der Menschennatur gefordert.

Die Frage nach den *Trägern,* den Inhabern der Autorität ist sekundär, oft durch geschichtliche Ereignisse und Zufälle bedingt. Der oder die Inhaber konnten sich etwa durch ihre individuelle Überlegenheit auf den „Thron" schwingen, oder später ihn erben, oder sie konnten gewählt werden usw. Aber auch wo die Inhaber gewählt werden, kommt die Autorität nicht etwa dadurch zustande, daß die Wählenden dem Gewählten ihre Rechte und Vollmachten übertragen. Durch die Wahl wird nur der Träger rechtskräftig bezeichnet. Die Autorität selbst ist der Menschengemeinschaft als solcher immanent und folgt aus ihrem Wesen.

6. Überblick

Was ist der Mensch? Alles philosophische Fragen geht irgendwie von dieser Frage aus und kehrt am Ende zu ihr zurück. Ergibt sich eine Antwort? Vor allem die, daß der Mensch erkennen kann. Es ist seine *Grundfähigkeit,* daß er die *wirkliche Welt* erfassen, erkennen kann. Das Wirkliche, von dem auch er selbst ein Teil ist, steht ihm gegenüber als die große Welt mit ihren so verschiedenen Bereichen, der materiellen und der nichtmateriellen Welt. In ihr steht der Mensch an Rang und Realität an der Spitze. Ein Teil von ihr, erhebt er sich erkennend über sie.

Mit seinem erkennenden Denken baut er über sie hinaus eine *„objektivierte" Welt* auf, die es ohne sein bauendes Denken nicht gäbe: Sprache und Kultur, Kunst und Geschichte, Wissenschaft und Philosophie. Diese „Objekte" existieren nicht so wie die wirklichen Dinge, aber sie sind auch nicht bloße Gebilde hervorbringenden Denkens, nicht bloße „Fiktionen", die es „in Wirklichkeit nicht gibt". Sie haben einen *realen Kern* in den wirklichen Dingen. Das erste Wirkliche, die wirklichen substanziellen Dinge, muß uns zuerst begegnen, in der Erfahrung. Von ihnen hebt der erkennende menschliche Geist – das ist seine bewundernswerte Kraft – Inhalte ab und gestaltet sie zu Objekten dieser Objektewelt. Er kann über sie Aussagen machen gemäß den erkannten Sachverhalten.

Auch die *„möglichen" Dinge* sind nicht willkürliche Produkte des Denkens, sondern haben ihren realen Kern in dem erkannten Wirklichen. Die Welt des Möglichen *gründet* in der Welt des Wirklichen.

Sogar die bloßen „Gedankendinge" haben ihre Begründung in dem vorher begegnenden Wirklichen, in anderer Weise als die möglichen Dinge. Diese können wirkliche Existenz haben oder erlangen. Auch wenn ein 1000 m hoher Berg von reinem Gold nirgends existiert, so ist er doch *möglich*. Er kann eigene Existenz bekommen! *Gedankendinge* dagegen können nur als erkannte Objekte in einem erkennenden Subjekt sein und nicht reale Existenz haben: Raum, Zeit, Gattung, Art, Begriff usw. usw. sind nicht selbst reale Dinge, wohl aber im Wirklichen *begründet:* deshalb unterliegen auch sie den Prinzipien des Seins und erlauben nicht völlig beliebige Aussagen.

So steht der Mensch in der Mitte dieser Welt, der realen und der im Realen begründeten; inmitten der möglichen Dinge und seiner objektivierten Welt.

Was ist der Mensch? Antwort ist nicht nur die, daß er erkennt. Er hat auch ein *Wollen*, mit dem er frei verfügen kann, mit dem er sich und sein Tun *steuert;* nicht nur sich selbst, sondern auch in einem erstaunlichen Maße die Welt der Dinge, die doch ihre eigene Existenz unabhängig besitzen. Er steuert sie in Gebrauch und Verbrauch, gestaltet Natur zur Kultur. Muß man ihn nicht den Herrn der Dinge nennen?

Aber anderseits ist seine Freiheit nicht Willkür und Laune. Im sittlichen Gewissen erlebt er Verantwortung für sein Tun. Sittliches Wollen zeigt ihm Schranken, die er in Freiheit anerkennt. Zugleich gewinnt der Mensch gerade so seinen eigentlichen Adel als Mensch und Person.

Indem er andere als Personen achtet und mit ihnen lebt, öffnen sich ihm neue Ziele und Ideale, die er strebend zu verwirklichen sich müht.

IV. DER MENSCH UND GOTT

Hier zuletzt stellt sich die philosophische Frage, ob sich in dieser unserer großen Welt Hinweise, Tatsachen finden, aus denen mit Notwendigkeit auf die Existenz Gottes geschlossen werden könnte – und müßte. *Wirkliche* Existenz Gottes in dem Sinne, daß er seine eigene Existenz besitzt und nicht etwa bloß in einem letztlich idealistischen Sinn „Gegenstand" innerer Erfahrung eines gläubigen Gemütes wäre. Das Wirkliche muß uns zuerst *begegnen,* damit wir es erfassen, erkennen können. Es begegnet uns in der inneren Erfahrung der psychischen Erlebnisse und in der äußeren Erfahrung der Sinne. An dem Wirklichen entdecken wir die Prinzipien vom Grund und von der Kausalität, die uns dann auch zu Wirklichem führen, das uns nicht selbst in der Erfahrung begegnet. So können wir auch über dies Wirkliche jenseits aller Erfahrung sicheres Wissen erlangen.

Können wir so auch Gewißheit erlangen über die *Existenz Gottes?* Der wirkliche Gott begegnet uns nicht selbst in der Erfahrung. Daß er in der *äußeren* sichtbaren Welt nicht gefunden werden kann, bezweifelt wohl niemand. Er ist kein Wesen von der Art materieller Körper und Dinge der Welt. Man kann ihm nicht in der Stratosphäre oder im Weltraum begegnen! Er ist auch nicht die Welt selbst in ihrer *Ganzheit* (Pantheismus: pan = all, theós = Gott), was noch aufgewiesen wird.

Aber auch in der *inneren* Erfahrung treffen wir nicht den wirklichen Gott selbst an. Was in unserer inneren Erfahrung wirklich ist, sind unsere eigenen seelischen Akte, die sich auf Gott richten; daß wir an Gott glauben, über ihn und sein Wesen nachdenken, vielleicht Erleuchtungen erleben, so daß uns dies oder jenes über Gott weniger dunkel erscheint. Ebenso erleben wir in unserer inneren Erfahrung den ganzen Bereich religiöser *Gefühle:*

Ehrfurcht vor dem großen Gott, Vertrauen, Zuneigung und Liebe; oder umgekehrt Schuldgefühl und Reue, Furcht vor dem heiligen Gott, der „jedem vergelten wird nach seinen Werken". Wie unser Erkennen und Fühlen richtet sich in der religiösen Erfahrung auch unser Streben, *Wollen,* Lieben auf ihn: daß wir in Anbetung unser Wollen dem seinen unterstellen, bereit sind oder darum ringen, seinem Willen zu gehorchen, unser Tun und Lassen und Leben strebend und liebend nach seinem Willen zu richten.

So reich und mannigfaltig das religiöse Innenleben eines glaubenden Menschen auch sein mag, den wirklichen Gott selbst trifft er nicht an. Gott kann nicht im eigentlichen Sinne erfahren werden, wie so vieles in unserer inneren und äußeren Erfahrung erfahren wird. Warum nicht? Weil Gott nicht *in* der Welt steht, sondern *über ihr!* Die absolute Transzendenz Gottes besagt, daß Gott in keiner Weise dieser Welt angehört wie wir Menschen, sondern sie „übersteigt" (= transcendere). Religion ist echt nur vollziehbar, wenn Gott *überweltlich* ist; wenn er dieser unserer Welt, mag sie noch so unermeßlich sein, absolut überlegen ist. Wenn wir ihn dagegen nur als Bestandteil dieser Welt oder als ihr immanentes Entwicklungsziel ansehen müßten, oder aber als gefordertes Objekt der religiösen Psyche des Menschen, würde und müßte dieser „Gott" uninteressant werden. Nur wenn es sicher ist, daß er dieser ganzen Menschen- und Sternenwelt als wirklich existierender Schöpfer gegenübersteht; daß er mit seinem allmächtigen Wollen uns will und schafft, uns sieht und hört und versteht, und daß er unser Leben und Sterben und unser ewig letztes Geschick entscheidet –, nur dann hat Religion ihren echten Sinn und vollen Ernst und ist unausweichbar.

Existiert Gott wirklich? Oder „lebt" er nur in unserem religiösen Seelenleben? In diesem Fall würde er nicht real wirklich existieren. Und wäre es nicht auch eine Zumutung, wenn man sagen wollte: du mußt es eben „glauben" und nicht nach Gründen fragen? Glauben ist gewiß nicht dasselbe wie Wissen, der „Glaube ist blind", aber doch nicht *so* blind, daß der Mensch ohne erkannte Gründe (Gründe für *das* Glauben) blindlings glauben könnte, was einem jemand sagt; und wäre es auch die

Bibel. Warum nicht der Koran? Warum nicht die indischen Veden?

Der Mensch besitzt nun einmal die fragende, nach Gründen bohrende Vernunft. Schon das Kind fragt unermüdlich „warum? ... und warum?“ Dies Fragen des menschlichen Geistes kommt niemals zur Ruhe und läßt sich auch nicht beschwichtigen. Und gegenüber dieser Frage aller Fragen, ob Gott wirklich ist, sollte der Mensch unfähig und nicht berechtigt sein, nach Tatsachen zu suchen und Gründe zu erkennen, auf die hin er mit Gewißheit sagen könnte: Gott existiert wirklich?

Es ist ja nicht so, als wenn ein begründetes Wissen um den wirklich existierenden Gott den Glauben ersetzen und überflüssig machen sollte oder könnte. Vielmehr ist dies sichere Wissen Voraussetzung und Bedingung, ja Begründung für *das* Glauben, den *Akt* des Glaubens. Glauben – im christlichen Sinn – heißt bereitwillig annehmen, was Gott durch Christus offenbarte. Damit uns dies Glauben mit aller Festigkeit, die dem offenbarenden Gott gegenüber gebührt, möglich sei, müssen wir sicher sein, sicher *wissen*, daß wir es mit dem wirklichen Gott und wirklicher Offenbarung von ihm zu tun haben. Ist das sicher, dann „glauben“ wir alles, was er offenbarte; auch das, was wir nicht verstehen, was für uns Geheimnis Gottes bleibt. Wir glauben es, obwohl wir keine inneren Sachgründe dafür sehen und kennen, auf sein Wort hin. Aber *daß* es sich wirklich um *sein* Wort und den offenbarenden wirklichen Gott selbst handelt, das muß uns zuvor sicher sein (S. 53). Dann ist Glauben ein personaler Akt der Ehrfurcht, Anbetung, des rückhaltlosen Vertrauens der vernunftbegabten menschlichen Person gegenüber dem personalen Gott.

Existiert Gott wirklich? Diese Frage wird hier nicht gestellt, um mit der Antwort Atheisten zu widerlegen oder nichtglaubende Menschen zum Glauben zu führen. *Wenn* es Tatsachen und Gründe gibt, die die Existenz Gottes begründen und beweisen, so widerlegen sie allerdings, in sich und aus sich, die entgegengesetzte Behauptung, daß es keinen Gott gebe. Und sie sind, in sich und aus sich, fähig und geeignet, denkende Menschen zu überzeugen. Ob aber tatsächlich konkrete Menschen durch solche Tatsachen und Gründe zu der Überzeugung gelangen, daß Gott wirklich existiert, ist eine andere Frage. Die Antwort auf sie hängt ab von der psychologischen Verfassung der betreffenden Menschen, von ihrer Offenheit oder aber ihrer Verfestigung in Vorurteilen und von vielen anderen inneren und äußeren Faktoren.

Hier soll vielmehr eine *Reflexion* darüber angestellt werden, ob der Glaubende wirklich „nichts in der Hand hat", wenn er glauben will. Ist er dabei wirklich „gleichsam in die Luft gestellt" und hat keinen festen Boden unter sich? Es wird sich herausstellen, daß es nicht so ist. Glauben wird gewiß nicht zu einem durchschaubaren Wissen; aber es wird für den vernunftbegabten Menschen *„begründet"*; in dem Sinne, daß aus Tatsachen der Erfahrung Gründe herausgehoben werden, die dem Glaubenden Sicherheit geben, daß er dem wirklichen offenbarenden Gott glaube, und nicht einer Illusion verfällt; oder nur sein Menschsein entfaltet, „existentiell vollzieht"; oder nur der „archetypischen Verfaßtheit" (C. G. Jung) seiner Psyche folgt.

Existiert Gott wirklich? ‚Wirklich' heißt, daß er seine eigene Existenz hat, unabhängig davon, ob jemand an ihn glaubt oder nicht: wirklich im Sinn des Realismus der Erkenntnis. Wenn dagegen von irgendwie idealistischen Auffassungen aus über die Existenz Gottes gesprochen wird, dann wird seine reale Existenz fraglich. Unvermerkt wird Gott für den Erkennenden bzw. Glaubenden zu einem primär *inneren* Objekt. Führt von da aus ein Weg zu einer echten prüfbaren Gewißheit über die reale Existenz Gottes? Man muß es bezweifeln und konsequent verneinen.

Viele fassen Religion auf als ein Gesamt von mannigfaltigen Akten, Tendenzen, Bedürfnissen mitsamt den Gegenständen und Werten, auf die sie sich richten. Gott und das Göttliche sind so nicht *in sich wirklich*, sondern wie eine innerseelische Projektion. Sie werden aus dem menschlichen Subjektbereich „objektiviert", zu Objekten *gemacht.*

Einer solchen weltimmanenten Religion und ihrem immanenten Gott wurde in den zwanziger Jahren von der „dialektischen Theologie" der transzendente Gott, „der ganz Andere" entgegengestellt. Er wird nicht erkannt, ist nicht beweisbar, nicht

„verfügbar“: die absolute Transzendenz Gottes! Ihm begegnet der Mensch nicht durch ‚Religion‘, sondern allein durch Glauben. Glaubend antwortet der Mensch auf den „Anruf“ des offenbarenden Gottes. Die Offenbarung geschieht und trifft den Menschen je und je. Sein antwortendes Glauben ist kein kontinuierlicher Besitz, sondern geschieht in diskreten Akten. Es gibt keine „Offenbartheit“, sondern immer wieder je und je ergehende Offenbarung und entsprechend Glauben als Akt, als Geschehen, als Ereignis (Barth, Bultmann u. a.)

Solche heute weit verbreiteten Ansichten verdanken vieles der Existenzphilosophie (s. oben). Wir verfolgen dagegen einen philosophischen Gedankengang, der konsequent, beweisend zur realen Existenz Gottes führt. Im Rahmen dieses Buches können es allerdings nur gedrängt skizzierte Gedankenfolgen sein, die aber den eigentlichen Beweiskern möglichst deutlich herausheben sollen. Wir gehen vom *Empirischen* aus, dessen eigene Wirklichkeit oben nachgewiesen wurde. Diese empirisch faßbare Welt, Mensch und Außenwelt, betrachten wir aufmerksam daraufhin, ob sie *Tatsachen enthält* und aufweist, deren Eigenart uns zu dem Schluß berechtigt und nötigt, daß sie von einem überweltlichen Personwesen als letzter Ursache hervorgebracht sein müssen. Das würde heißen, daß ein *personaler Gott* existiert, der nicht irgendwie Teil unserer Welt ist, sondern *überweltlich* existiert. Natürlich ist dieses „über der Welt“ in keiner Weise räumlich zu verstehen. Materielle Kategorien und Vorstellungen sind hier nicht zuständig und anwendbar. Sondern gefragt wird nach Gott, der über allem Wirklichen absolut eigenen und höchsten Rang besitzt und in keiner Weise in das Sein, Bedürfen, Sichentwickeln unserer Welt einbezogen ist.

Die Methode, mit der wir nach der Existenz Gottes suchen, ist demnach dieselbe, die wir im gesamten Verlauf unserer Überlegungen bisher angewandt haben. Wir begegnen Wirklichem in der Erfahrung. Von solchen Erfahrungstatsachen gehen wir aus und fragen, ob sich aus ihnen mit Notwendigkeit der Schluß auf ein anderes Wirkliches ergibt, das nicht in der Erfahrung anzutreffen ist, in unserem Fall Gott.

1. Der Mensch

Der kontingente Mensch

Der konkrete Mensch in seiner physischen Existenz ist wirklich, in seiner Einmaligkeit geprägt durch Leib und Seele, Geburt und Erziehung, persönliche Taten und Schicksale. Er ist *jetzt wirklich* existierend, einmalig, unvertauschbar, sich selbst erkennend und bejahend, frei über sich verfügend. Aber er weiß, nach 50 oder 20 Jahren wird er *nicht mehr sein,* nicht mehr in dieser Erfahrungswirklichkeit existierend. Auch wenn er in der Erinnerung der Menschen „weiterlebt", im eigentlichen Sinne wird er nicht mehr existieren. Man kann dieses „Sein zum Tode" (Heidegger) *für sich selbst* vergessen, verdrängen, mit Redewendungen vertuschen; aber es ist eine Tatsache, die niemand im Ernst leugnen kann. Sie bedeutet, daß der konkrete Mensch, der jetzt tatsächlich existiert, auch *nicht* existieren kann; nicht existieren *kann* ist so gemeint, wie man von einem Athleten sagt, er *kann* zwei Zentner hochstemmen, obwohl er es jetzt gerade nicht tut. Der wirkliche Mensch existiert tatsächlich, aber er *kann* auch *nicht-existieren.* Sein Wirklichsein ist also nicht ein notwendiges, sondern nur tatsächliches, ein „zufälliges": philosophisch heißt das ein kontingentes Sein, der existierende Mensch ist ein kontingent Seiender!

Wenn der Mensch sich nicht mit Scheuklappen gegen diese Tatsache abschirmt, *erlebt* er auch diese seine Kontingenz, besonders in gewissen Augenblicken seines Lebens: wenn er etwa einem Unfall knapp entgangen ist, in den Bergen, auf dem Meer, im Straßenverkehr; oder wenn er von schwerer Krankheit betroffen wird. Das *Kontingenzerlebnis* macht jedem Menschen deutlich, daß er sein Wirklichsein nicht unverlierbar besitzt. Es ist ihm nicht absolut eigen, sondern nur wie geliehen. Er muß es wieder hergeben, er hört auf wirklich zu sein.

Wenn dem konkreten Menschen sein Wirklichsein nicht wesensnotwendig eigen, sondern nur tatsächlich gegeben ist, *von wem* ist es ihm dann gegeben? Das für alles kontingent Wirkliche geltende Prinzip der Kausalität (S. 34) besagt, daß nichts wirklich werden kann, ohne daß es von einer wirklichen Ursache, die dazu imstande ist, hervorgebracht würde. Wenn also das Kontingente wirklich da ist, muß auch die hervorbringende Ursache wirklich da sein. Auch wenn sie in der Erfahrung nicht angetroffen wird. Es muß daher ein Jemand existieren, der den konkreten Menschen wirklich *gemacht* hat. Dieser Jemand ist nur dann dazu imstande, wenn er selbst Person und Geist ist wie der Mensch, den er hervorbringt. Er kann nur die Realität hervorbringen, die er selber hat und in sich trägt; und zwar reicher, voller, intensiver und nicht bloß in dem Maße, in dem er sie hervorbringt; er würde sich sonst auf einmal „ausgeben". Es muß also eine übermenschliche Geistperson existieren, die die letzte volle Ursache ist.

Aber kommt dem Menschen sein Wirklichsein nicht von den *Eltern*, die ihm Sein und „Leben schenken"? Genau betrachtet leisten sie nur einen dienenden Beitrag zum Wirklichwerden des Kindes.[107] Die Materie der elterlichen Keimzellen, dann des kindlichen Leibes, ist ja immer schon vorhanden und wirklich, sie wird von der Materie der Erde und des All genommen. Die Leistung der Eltern ist also letztlich nur eine Umgruppierung der Materie. Von der Geistseele, die jeder der Eltern besitzt, können sie keinen „Ableger" spenden, weil sie einfach, nicht teilbar ist.

Die Geistseele des neuen wirklichen Menschen war vorher nicht. Da *sie* es ist, die den Menschen in seinem Wesen *bestimmend* ausmacht, war also dieser konkrete Mensch nicht. Wenn er jetzt *ist*, wirklich ist, muß ihn jemand wirklich *gemacht* haben, der mehr ist als menschliche Eltern, reicher an Wirklichkeit und Realität als bloße Menschen. Nur dann konnte er wirkliches Menschsein hervorbringen, das vorher nicht war. Es muß also eine solche *übermenschliche Geistperson* existieren, die letzter Grund und Ursache für das Wirklichsein konkreter Menschen ist. Ist dieses übermenschliche Personwesen Gott? Der Gott, zu dem wir beten?

---

[107] Von entfernten Ahnen, u. U. Tieren, gilt dasselbe. Abstammung bringt nicht die *volle* Ursache für das Wirklichsein des konkreten Menschen!

Er ist es nur dann, wenn er nicht selbst auch der Welt angehört, als Bestandteil irgendwelcher Art, als innerweltliches Wesen: nur wenn er *über* der Welt steht, weltüberlegen, *transzendent* ist. Ist er das? Fragen wir diese übermenschliche Person, ob auch ihr das Wirklichsein *verliehen* wurde wie uns. Wenn sie selbst auch hervorgebracht werden mußte, dann ist es klar, daß sie nicht Gott sein kann. Dann muß über ihr ein noch höheres Personwesen existieren, mit noch reicherer, mit unermeßlicher Wirklichkeitsfülle, die volle Ursache sein kann für alle eventuellen „Zwischenursachen" bis herab zum konkreten Menschen.

Auch wenn in diesem Aufstieg zu der voll mächtigen Ursache *unzählige Zwischenursachen* angenommen würden, wofür freilich nicht der geringste Grund oder Hinweis vorliegt, zuletzt muß aber eine übermenschliche Person existieren, die ihr reiches Wirklichsein von niemandem empfangen hat, sondern *aus sich* besitzt. Würde man ohne Aufhören auf immer neue, immer höhere hervorbringende Personwesen verweisen, eine unendliche Kette von ihnen, so würde damit nicht das Geringste an Erklärung gewonnen. Der wirkliche Personmensch kann nur von einem wirklichen Personwesen hervorgebracht sein, das die notwendige reiche Wirklichkeit aus sich *selbst besitzt.* In dieser unendlichen Reihe ist aber kein einziger wirklicher *Besitzer* des Seinsreichtums, sondern jedes dieser Wesen mußte ja selbst erst hervorgebracht werden und den Wirklichkeitsreichtum empfangen, verliehen und geliehen bekommen. In dieser Reihe würde jedes Glied ein Minus aufweisen, gerade in *der* realen Eigenschaft, auf die es hier ankommt: im *Wirklichsein!* Eine Summe von unendlich vielen Minusgliedern ergibt aber niemals ein Plus, ein positives reales Wesen, das hervorbringende Ursache von Wirklichem sein könnte. Das wirkliche Wesen, das als volle, letzte Ursache den wirklichen Menschen hervorbringt, muß daher *aus sich* wirklich sein. Es gehört zu seinem Wesen, wirklich zu sein, das Wirklichsein ist ihm wesensmäßig *notwendig,* es kann nicht nichtsein wie der Mensch. Dies höchste wirkliche Wesen als letzte hervorbringende Ursache ist absolut notwendiges Existieren. Es bedarf selber keiner Ursache, die ihm wirkliches Sein verleihen könnte, und ist in seinem Wesen auch gar nicht fähig, reales Sein zu *empfangen.*

Noch auf andere Weise kann uns die Kontingenz des Menschen deutlich werden, nämlich durch das Phänomen der *Veränderlichkeit.* Vorhin wurde das Wirklichsein des Menschen in seiner Ganzheit betrachtet. Untersuchen wir es jetzt in seinen *Teilphasen:* Ich bin vielleicht jetzt ein voll erwachsener Mensch, gesund und kraftvoll, schön und intelligent. Ich betrachte ein Kinderbild von mir, sehe Ähnlichkeit und Unähnlichkeit und weiß: das „bin Ich"! Aber dies *Kind* als Kind existiert jetzt nicht mehr! Gewiß, es ist dasselbe Individuum, eben „Ich", der ich früher so war, das unentwickelte, unbeschwerte, unschuldige Kind. Ich kann vielleicht wehmütig bedauern, daß ich es nicht mehr bin. Aber diese Wirklichkeit des Kindes ist nicht mehr, unwiederbringlich!

Ich kann meine *zukünftige* Wirklichkeit betrachten: Werde ich in 50 Jahren ein alter Mensch sein, gebückt, mit weißem Haar, Falten und Furchen in dem jetzt glatten Gesicht? Wie Oma oder Opa neben mir? Diese meine zukünftige Wirklichkeit *ist jetzt nicht.* Sollte ich vorher sterben, „in der Blüte der Jahre", wird diese Altersphase meiner Existenz überhaupt nie wirklich sein. Dieser alte Mensch, der ich *sein würde,* wird nie wirklich sein!

Ich kann also meine *Gesamtexistenz* von 80 Jahren, diesen konkreten wirklichen Menschen, der ich bin, in seinen einzelnen Phasen betrachten und kann nicht leugnen, daß er in jeder dieser Phasen *kontingent* ist: die Kindheit war einmal wirklich und ist es jetzt nicht. Die Altersphase wird einmal, vielleicht, wirklich sein und ist es jetzt nicht, sie *kann* wirklich sein; wenn sie dann wirklich *ist,* ist dies Wirklichsein nicht von selbst, nicht aus sich, sondern gegeben, hervorgebracht, verursacht. Meine Gesamtexistenz setzt sich aus solchen kontingenten Phasen zusammen und ist daher selbst durch und durch kontingent. Das *zeitliche Nacheinander* der wirklichen Phasen beweist es, es ist Symptom, Kriterium der Kontingenz des Menschen. Die Zeitlichkeit und damit gegeben, die *Veränderlichkeit* ist Beweis für die Kontingenz eines Wirklichen, das sich in einem zeitlichen

Nacheinander verändert. Der Mensch ist zuerst Embryo, dann als Kleinkind schon anders, verändert usw.[108]

Man muß also feststellen: Wo an einem Wirklichen die Tatsache der *Veränderung* erkannt wird, ist damit erwiesen, daß dies Wirkliche kontingent ist und daher von einem anderen, stärkeren, reicheren Wirklichen hervorgebracht ist. Der in einem zeitlichen Nacheinander sich ändernde Mensch ist kontingent wirklich, von einem anderen, stärkeren, reicheren Wirklichen hervorgebracht. Sein wirkliches Menschsein besitzt er nicht als Eigentum von je und je, niemandem zu verdanken, sondern als hervorgebrachtes, abhängiges, geliehenes „Lehen", das er wieder hergeben muß, jeden Augenblick verlieren kann.

Wenn Veränderung eindeutig die Kontingenz des Wirklichen verrät, so tut sie das nicht nur beim Menschen, sondern bei *allen* wirklichen Dingen, die sich verändern. Wir sind also nicht darauf angewiesen, das Entstehen und Vergehen eines Wirklichen zu beobachten, um feststellen zu können, das es kontingent ist. Die *Materie,* die allen Veränderungen materieller Dinge und Organismen *voraus* wirklich ist, zugrundeliegt und unvermindert erhalten bleibt, ist von niemand in ihrem Entstehen oder Vergehen beobachtet worden. Es ist ziemlich primitiv daraus zu schließen, daß sie „ewig" „von selbst" existiere. Ihre Veränderlichkeit *beweist,* daß sie kontingent wirklich ist und darum von einem anderen hervorgebracht sein muß. Sie ist das schwächste Wirkliche, nicht das stärkste und reichste!

Wichtig ist dabei nicht eine bloß *lokale* Veränderung, der Lage im Raum, sondern ein *qualitatives* Anderswerden! Es trifft nach den reichen Resultaten der heutigen Wissenschaften bei der Materie ohne Zweifel zu. Man denke an die chemischen Unterschiede der Stoffe, die durch Änderung der Zahl der Kernteilchen und entsprechend der Elektronen, letztens der äußeren ‚Valenzelektronen' *sich ändern;* die Spaltung schwerer Kerne in zwei oder mehr leichtere mit anderen physikalischen Eigenschaften, die Verbindung verschiedener Atome zu Molekülen mit ganz anderen Eigenschaften als ihre Bestandteile sie hatten usw.

[108] Vgl. zum Verhältnis von Substanz und (sich ändernden) Akzidentien das Kapitel „Substanz" S. 51–54.

An dieser Tatsache der Kontingenz ist nicht zu rütteln, auch nicht an dem Schluß, der sich notwendig aus ihr ergibt: daß eine mächtigere, reichere Person existiert, die den kontingenten Menschen *wirklich gemacht* hat, *geschaffen* hat: Gott, aus sich selbst in unermeßlicher Seinsfülle existierend, unabhängig in sich selbst stehend. Das ist ein so abgrundtiefer *Seinsunterschied*, daß er ihn von allen kontingenten Dingen und Personen dieser ganzen kontingenten Welt unterscheidet und trennt: Gott gehört nicht unserer Welt an, nicht als Bestandteil, nicht als ihr Lebensprinzip, „Weltseele" oder was immer, nicht als Entwicklungsziel, auf das hin sich die Welt und alles in ihr fortentwickelte. Das alles ist unmöglich, Gott ist absolut *transzendent* und muß es sein. Sonst würde es sich nicht mehr um Gott handeln! Dem transzendenten Gott steht die kontingente, von ihm hervorgebrachte Welt als sein Werk gegenüber.[109]

Der gebundene Mensch

Am wirklichen Menschen tritt noch eine Tatsache anderer Art auf: das *sittliche Gebundensein* (S. 171 ff). Jeder Mensch erlebt es, auf verschiedene Weise, vielleicht herabgesetzt oder sogar verkümmert, vielleicht mißverstanden: oder aber hoch entwickelt, in einem persönlichen sittlichen Leben, mit einem empfindlich reagierenden Gewissen. An aller Mannigfaltigkeit dieser Tatsachen interessiert uns hier nur eins: die *Bindung* des menschlichen Wollens. Sie ist von eigener Art und unterscheidet sich wesentlich von allen vergleichbaren Phänomenen. Nicht Vorteile, sachliche oder personhafte, und nicht Nachteile bewegen da den Menschen zum Wollen oder Nichtwollen; sondern ohne Rücksicht auf sie, auf Nutzen oder Schaden irgendwelcher Art wird ein bestimmter Anspruch innerlich an den Menschen gestellt, dem er nachkommen soll, ohne Entschuldigungen, Vorbehalte, Bedingungen.

---

[109] Vermutlich werden diese und folgende Überlegungen vielen Heutigen – Philosophen und Naturwissenschaftlern – fremd oder fremdartig vorkommen. Man sollte aber bereit sein, die vorgelegten Sachgründe und Zusammenhänge unvoreingenommen zu bedenken und ihre Folgerichtigkeit zu prüfen. Sie werden sich voraussichtlich nicht bestreiten lassen.

Wir fragen: Von wem kommt dieser *„un-bedingte"* Anspruch? Wer bindet unseren Willen in dem Erlebnis der verpflichtenden Bindung, die niemand einfach abwerfen kann? Die Struktur dieser Bindung zeigt, daß sie nur von einer *anderen Person* ausgehen kann. Wäre es keine Person, sondern nur eine *Sach*instanz, vielleicht besonders hohe Werte, besonders reiche Güterfülle, dann könnte eine solche *kategorisch verpflichtende* Bindung nicht von ihr ausgehen! Sie hätte nicht die Kraft und Vollmacht dazu. Bloße Sachwerte kann eine Person immer abstoßen, auf sie verzichten, selbst das Leben opfern: und braucht nicht unentrinnbar anzuerkennen, daß sie durch sie und an sie gebunden bleibt.

Es ist ja ein *befehlender Anspruch*. Der Mensch erlebt und erkennt in ihm, daß von der Erfüllung sein letztes Schicksal abhängt. Es wird ihm, wenn auch unausdrücklich und ungegenständlich, bewußt, daß für ihn zuletzt alles auf dem Spiele steht. Ein solcher Anspruch kann nur von einer Person gestellt sein. Nur eine Person kann einer anderen wirklich befehlen und eine solche Bindung auferlegen, wie wir sie im Gewissen erleben.

Kann das eine *menschliche* Person sein? Ihre Autorität reicht jedoch dazu nicht aus, auch nicht vervielfältigt in einer gesetzgebenden Gemeinschaft. Denn Gesetz steht ja selbst unter einem sittlichen Anspruch! „Unsittliche Gesetze" können nicht wirklich verpflichten. Gerade weil sie zu dem wirklichen Sittengesetz im Widerspruch stehen. Wir müssen daher schließen, daß die Bindung der sittlichen Verpflichtung von einer *übermenschlichen* Person ausgeht. Es muß über Menschen und Gemeinschaften ein reales Personwesen existieren. Der Tatbestand der sittlichen Verpflichtung macht die Existenz der „Überperson" gewiß, wenn sie auch nach ihrem Eigensein für unsere Erfahrung im Dunkel bleibt.

Ist dieser *Schluß legitim?* Das ist mit aller Sorgfalt und Nüchternheit zu prüfen. Vor allem geht er von einer empirischen Tatsache aus, der sittlichen Verpflichtung, von jedem erlebt und erlebbar. Innere Konsequenz führt von dieser Tatsache und der inneren Struktur der Verpflichtung zu der Erkenntnis, daß sie nur von einer übergeordneten Person ergehen kann, die ebenso wirklich ist, wie unsere erlebte moralische Bindung wirklich ist.

Auch wenn wir diese übermenschliche Person im sittlichen Erleben nicht so unmittelbar erkennen wie sonst eine menschliche, so kommen wir doch an ihrer Existenz nicht vorbei. Der Beziehungscharakter der sittlichen Verpflichtung läßt sich nicht aufheben. Wenn an einem wirklichen Menschen Verpflichtung wirklich wird, muß auch „am anderen Ende" dieser Beziehung ein wirklicher Verpflichtender stehen. Ohne einen Verpflichtenden ist kein Verpflichtetsein möglich. Logische Konsequenz der inneren Beziehungsstruktur einer Verpflichtung!

Aber auch schon das *einfache* sittliche Sollen, abgesehen von der strengen eigentlichen Verpflichtung, kann nur in dem Wollen einer übergeordneten Person begründet sein. Mit dem Hinweis auf die Vernunftnatur des Menschen kann man sich nicht zufrieden geben. Eine bloße Sachrealität kann nicht einer Person ein solches Sollen auferlegen, kann für sie nicht eine übergeordnete Instanz sein. Also muß man auch hier aus der zugegebenen Tatsache des sittlichen Gebundenseins, das auch gegen eigene materielle und andere Interessen stehen kann, auf die Existenz einer wirklichen Person schließen, die die sittliche Bindung auferlegt.

Es liegt also auch in dem Tatbestand einer abgeschwächten Sittlichkeit, wie sie bei keinem Menschen fehlt, die innere Konsequenz, die als Begründung dieser Tatsache eine Person verlangt, von der das sittliche Sollen ausgeht. Wo daher Sittlichkeit ist, da ist auch die Beziehung zu ihrem Ursprung, der ebenso wirklich sein muß wie die Sittlichkeit selbst. Wäre es anders, würden wir die innerlich erlebte sittliche Bindung, die uns oft unbequem ist, leicht abwerfen können. Sittlichkeit ohne einen realen Ursprung der sittlichen Bindung kann nicht sein und nicht gedacht werden. Und wenn Sittlichkeit Sittlichkeit ist, dann muß diesem realen Bindungsursprung Personcharakter zukommen.

Die empirische sittliche Bindung führt notwendig konsequent zu einer *übergeordneten Person,* die durch ihr befehlendes Wollen den Willen des Menschen bindet. Ist diese uns übergeordnete Person *Gott?* Das Ja auf diese Frage ergibt sich ähnlich wie oben in bezug auf den Ursprung des *kontingenten* Menschen.

Ist diese sittliche Überperson, die den Willen des Menschen an ihr verpflichtendes Wollen bindet, in diesem ihrem Wollen selbst wieder gebunden? An das Wollen einer noch höheren, ihr überlegenen Person? In diesem Fall kann sie nicht letzte, höchste Instanz sittlicher Verpflichtungen sein, kann daher nicht Gott sein. Gott als Ursprung allen Seins kann nicht abhängig sein von einer Instanz außer ihm. Er ist aus sich selbst und in sich selbst Norm und letzter Ursprung aller sittlichen Bindung, höchste und letzte Instanz aller Sittlichkeit. Der transzendente Gott, der höchsten Wirklichkeitsreichtum und heiliges machtvolles Wollen in sich und allein aus sich als Ureigentum besitzt; der nicht nur Welt und Menschen schuf mit ihren physisch-materiellen Naturgesetzen, sondern die vernunftbegabten Menschen auch durch das moralische Gesetz, durch sein das Gewissen bindendes Wollen lenkt: der *heilige* Gott!

2. Gott

Der „logische“ Gott

Daß der Mensch trotz seiner wesenhaften Kontingenz überhaupt konkret existiert, ist, wie wir sahen, nur so möglich, daß ein höheres, reicheres Wesen existiert, das nicht kontingent ist, sondern aus sich existiert. Dieses aus sich existierende Wesen unterscheidet sich von den kontingent wirklichen Wesen nicht bloß durch einen anderen *Ursprung* als sie: daß die kontingenten Wesen ihren Ursprung notwendig in einem anderen haben, von dem sie abhängig sind; und daß das aus sich existierende Wesen seinen Ursprung nicht in einem anderen Wesen hat und daher nicht abhängig ist.

Sondern es ergibt sich auch unmittelbar, daß sein Wirklichsein wesentlich *anderer* Art ist als das der kontingenten Wesen. Es ist selbständigstes Sein völlig eigenen Rechts, ohne irgendein bedürfendes Bezogensein auf ein Anderes. Es ist Wirklichsein nicht dank einer hervorbringenden Ursache, sondern dank eigenen Wesens. Das Wesen dieses aus sich existierenden ist: Wirklichsein. Sein Sein ist notwendiges Sein, gleichsam konzentriertestes, dichtestes Sein („das Sein selbst").

Ferner: Das aus sich Wirkliche existiert konkret wie jedes Existierende, besitzt daher alle für ein *konkretes* Existieren notwendigen Bestimmungen. Es ist in nichts unbestimmt, so daß es noch bestimmt werden könnte oder müßte. Es kann nichts, weder substantiales noch akzidentelles Sein *empfangen.* Es ist pure Aktualität des Seins, reine Wirklichkeit ohne irgendwelche noch realisierbare bloße *Möglichkeit.* Das alles widerspräche seiner ersten Kennzeichnung: daß es aus sich, kraft seines Wesens, *notwendig* existiert.

Ferner: Wenn dies notwendig aus sich seiende Wesen nicht *allen denkbaren* Reichtum des Seins *schon wirklich* besäße, so daß man sagen müßte, es könnte etwa einen höheren Grad von Macht oder Weisheit u. a. haben oder bekommen, als es ihn tatsächlich hat; dann würde es nicht das konkrete *notwendig* Seiende sein. In bezug auf Macht und Weisheit und daher in seinem konkreten Wirklichsein selbst wäre es kontingent, abhängig von einem Schenkenden, würde nicht aus sich existieren, wäre nicht Gott! Wenn daher irgendein positiver *Seinsinhalt* gedacht werden kann und als realisierbar bezeichnet werden muß, dann kann er dem aus sich existierenden, notwendigen Wesen nicht fehlen, sondern muß in ihm *schon real sein.* Nichts von dem, was „Sein" heißt, kann ihm noch abgehen, so daß es von ihm noch *erlangt* werden könnte. Ein solches Hinzuerlangen oder ein noch Werdenkönnen besagt ja Kontingenz! Das ist bei diesem Wesen unmöglich; wenn es aus sich existiert, ist es auch un-endlich. *Unendlich* im *Sein!* [110]

Das aus sich Existierende ist notwendig seiend und besitzt alles Sein, das real möglich ist, schon wirklich, aus sich, kraft seines Wesens. Es ist das höchste, reichste, herrscherhaft unabhängige Personwesen, der unendliche Gott!

---

110 Dies Seinsunendliche hat mit dem mathematisch Unendlichen nichts zu tun. Mathematische Größen sind letztlich von dem *materiell* Wirklichen abstrahiert, dessen Struktur sie wiedergeben und formulieren. Daher bleibt auch die mathematische Logik dem *materiell* Wirklichen verhaftet, Logistik gehorcht *dessen* Wesensbeziehungen.

Es bedarf nur noch eines kurzen Hinweises, daß dies notwendig existierende Wesen *immer schon* existieren muß! Eben weil es notwendig und nicht kontingent ist, kann es weder in Zukunft einmal „nicht existieren" noch in der Vergangenheit „nicht existiert haben". Es ist niemals geworden, sondern existiert ohne Anfang und ohne Ende, immer. Eine Kreatur ist ein ‚war' und ‚wird'. Gott allein ‚ist' (Augustinus).

Es ist auch leicht einzusehen, daß das notwendige Wesen nicht in einem *Nacheinander* existieren kann, dessen eine Phase anders wäre als die andere. Das würde die Möglichkeit einschließen, anders zu werden, als es jetzt ist: die eine Phase wäre *noch nicht,* die andere *nicht mehr:* Kontingenz! In dem Existieren dieses notwendigen Wesens gibt es kein Nacheinander, keine „Zeit"; und kein „Anderssein", keine Veränderlichkeit! Es besitzt seine Wirklichkeit in einem einzigen Jetzt. Diese Existenzweise ohne Anfang und ohne Ende, aber auch ohne Nacheinander ist erst *Ewigkeit* im eigentlichen Sinne. Es ist nicht eine „sehr sehr lange Zeit", sondern hat überhaupt keine Beziehung zu dem, was wir als „Zeit" an Mensch, Dingen und Welt kennen. „Ewig" existiert nur der unendliche, unveränderliche, notwendig seiende Gott. Daß es so ist, folgt notwendig aus der Logik des Seins. Aber verstehen können wir es nicht, so abweichend ist es von allem Wirklichen unserer Erfahrung. Gott ist ganz, ganz anders! Aber könnten wir ihn verstehen oder begreifen, dann wäre er auch nicht Gott, sondern eines unter den verstehbaren, endlichen, kontingenten Wesen und Dingen unserer Welt.

Vielleicht wird nun jemand sagen: Alles das ist *bloße Logik,* „Gedankenakrobatik"! Es ist wahr, wir erhalten so nicht den lebendigen Glauben des gläubigen Menschen. Aber das wollten wir auch nicht. Der „Gott der Philosophen" tritt nicht an die Stelle des Gottes der Bibel und soll es auch nicht. Es ging vielmehr um eine *Reflexion* darüber, ob aus den Spuren in der Welt der vernunftbegabte Mensch den Urheber der Welt erkennen kann, seine Existenz und sein *Wesen* so weit, daß wir wissen: es ist Gott! Die Bibel ihrerseits macht den Menschen zum Vorwurf, daß sie, ohne Offenbarung, nicht dennoch aus den „Spuren

Gottes“ in der Welt Gott als den Urheber erkannten und verehrten.[111]

Es soll auch nicht geleugnet werden, daß diese Reflexion in *logischen Denkschritten* geführt wurde; es ist, hoffentlich, strenge Logik. Aber eine Abwertung ist das nur für den, der Logik als freischwebendes System ansieht und meint, daß die uns gewohnte Logik unschwer, nach Gutdünken und „mit gutem Willen“ sich ersetzen ließe durch ein anderes *„System der Logik“*. Aber es muß daran erinnert werden, daß Logik nicht nach Gutdünken aufgebaut worden ist. In ihr sind Strukturen, Wesenslinien des Wirklichen abgehoben (abstrahiert), notwendige Beziehungen aufgedeckt und in Aussagen formuliert. Das ganze System der Logik ist *wirklichkeitsgebunden!* Es kann in der oder jener Beziehung durch neue Einsichten ergänzt oder genauer gefaßt werden; aber es kann nicht einfach als verbraucht, „überholt“ abgelegt und durch eine „neue Logik“ völlig anderer Struktur ersetzt werden.[112]

Logische Aussagen, Grundaussagen, sind nach Inhalt und Aussageintention auch nicht so völlig abhängig davon, ob sie im Abendland oder in Indien oder China formuliert und aufgebaut wurden. Wenn es sich bei für uns manchmal fremdartigen Gedankengängen überhaupt um Denken handelt und nicht bloß um Gefühlsregungen, dann ist auch das Denken von Asiaten und anderen wirklichkeitsgebunden und eine Verständigung möglich. Es sind Menschen, die wie wir mit Verstand und Vernunft begabt sind! Übereinstimmung im Denken des Wirklichen ist daher wesentlich und wohl durchweg größer als subjektbedingte Färbungen oder Richtungen oder Gegenstandsbereiche, denen man sich zuwenden kann.

---

[111] Buch der Weisheit, Kap. 13; Röm. 1. 2.

[112] Auch moderne Mehrwertlogiken sind rückbezogen und gebunden an *die* Logik, die von der Wirklichkeit abgehoben und daher zweiwertig ist: Sein-Nichtsein, wahr-falsch. Natürlich kann der Urteilende zwischen wahr und falsch unentschieden bleiben und so eine dritte Position einnehmen. Sie betrifft aber nicht die objektive Logik des Wirklichen, sondern das subjektive Stellungnehmen des Ich. – *„Operative“ Aussagen* besagen den Befehl zu einer Handlung. *Als solche* sind sie weder wahr noch falsch. Soweit sie aber *urteilende* Aussagen enthalten, sind *diese* entweder wahr oder falsch.

Für unseren Fall bedeutet das, daß wir von der Tatsache des kontingent existierenden Menschen durch *logische* Konsequenz, die gar nicht streng genug sein kann, zu der Tatsache des notwendig, aus sich existierenden höchsten Wesens gelangen: und daß dies logisch notwendige Vorangehen durch die innere Wesensstruktur des *Wirklichen* begründet und auferlegt ist. Aber vor der Logik kommt das empirisch Wirkliche! Es kommt daher darauf an, an dem empirisch Wirklichen, von dem der Beweisgang ausgeht, die *Kontingenz* zu beweisen. Dann ergibt sich aufgrund des Kausalitätsprinzips logisch unausweichlich, daß ein Personwesen existieren muß, das letztlich den Reichtum des Seins *aus sich* besitzt, unabhängig von einem anderen Hervorbringenden. Daher ist es grundverschieden von den Dingen und unserer Welt, es ist überweltlich.

Es muß selbstverständlich geklärt sein und feststehen, daß das *Kausalitätsprinzip* nicht nur ein logisches Denkgesetz, sondern ein ontologisches Seinsgesetz ist; daß es die Struktur des Seins wiedergibt und daher ausnahmslos von jedem kontingent Seienden gilt. Wem dagegen das Kausalitätsprinzip nicht unangefochten einsichtig ist, oder dessen strenge Notwendigkeit auf Kategorien des Denkens und nicht des Seins zurückgeführt wird, für den ist ein solcher Beweisgang nicht vollziehbar; oder er führt nicht zu einem real-wirklichen Gott.

Das geringe Vertrauen, das man heute weithin in Gottesbeweise setzt, rührt zu einem großen Teil wohl auch von *diesen* Gründen her. Für viele ist die Frage nach Gottesbeweisen abgetan. „Man kann Gott nicht beweisen". Nach Kant gibt es keine stichhaltigen Gottesbeweise. In der Konsequenz des kantischen Erkenntnissystems ist ein Beweis realer Existenz Gottes auch nicht möglich. Im Grunde ist es daher unergiebig, über die logische Stringenz der traditionellen Gottesbeweise zu diskutieren, solange man sich nicht klar darüber ist, daß im Sinne Kants Gottesbeweise niemals die *reale* Existenz Gottes ergeben können. Für Kants Erkennen ist Gott eine Idee, das „transzendentale Ideal", d. h. ein Gebilde der Denkstrukturen. Das Erkennen muß sich damit bescheiden und kann nicht darüber hinausgelangen.

Man darf nicht vergessen, daß ‚Erkenntnis' für Kant Sache der *theoretischen* Vernunft ist und im Bereich der Erscheinungen beschlossen bleibt. Die dazu notwendigen Begriffe sind – darin ist Kant Erbe des philosophischen Rationalismus – im Subjekt dem Erkennen vorgegeben. Mit ihrer Hilfe werden Erkenntnisse von ‚Gegenständen' gewonnen. Aber „was diese Gegenstände an sich sein mögen, bleibt uns gänzlich unbekannt" (S. 20).

Der theoretischen Vernunft stellt Kant die *praktische* Vernunft gegenüber, die es mit *sittlichen* Handlungen, Zwecken und Maximen, Werten und Gütern, auch mit dem ‚höchsten Gut' zu tun hat. So werde der Bereich der Erkenntnis erweitert. Kant fragt dann: „Aber wird unsere Erkenntnis auf solche Art durch reine praktische Vernunft wirklich erweitert?" und antwortet: „Allerdings, aber nur in praktischer Absicht (d. h. insofern sittliches Urteilen und Handeln möglich wird. D. Verf.). Denn wir erkennen zwar dadurch weder unserer Seele Natur noch die intelligible Welt noch das Höchste Wesen nach dem, was sie an sich selbst sind, sondern haben nur die Begriffe von ihnen im praktischen Begriff des höchsten Gutes vereinigt... Durch Metaphysik von der Erkenntnis dieser Welt zum Begriff von Gott und dem Beweise seiner Existenz durch sichere Schlüsse zu gelangen, *ist*... unmöglich." [113] Dazu müßten wir nach Kant alle möglichen Welten zuerst erkennen, um nach einem Vergleich mit ihnen unsere Erfahrungswelt als die vollkommenste mögliche zu erkennen, als so vollkommen, „daß sie nur durch einen Gott möglich sei". So, im Zuge dieser Erkenntnistheorie, ist es allerdings nicht möglich. Die gezeichnete Linie wird von Kant konsequent weiter verfolgt, bis es zuletzt im Opus postumum heißt: „Gott ist nicht ein Wesen außer mir, sondern bloß ein Gedanke in mir".[114] Es ging uns hier darum, über die schlüssige Beweisbarkeit der Existenz Gottes Kants Auffassung herauszuheben. Dafür sind die obigen Zitate im Zusammenhang mit Kants Gesamtsystem (S. 7–12. 60–62) wohl entscheidend. Um andererseits Kants Gesamtauffassung besser zu verstehen, muß man freilich wenigstens

[113] Kritik d. Prakt. Vernunft (F. Meiner) S. 153, 159.
[114] Altpreußische Monatsschrift 1884, 412 Anm. 66.

einige Abschnitte aus dem 2. Hauptstück des 2. Buches der ‚Praktischen Vernunft' im Zusammenhang heranziehen: Kap. III Von dem Primat der prakt. Vernunft, V Dasein Gottes als Postulat der prakt. Vernunft, VII Wie diese Erweiterung der theoret. Vernunft zu denken sei.

In diesen Abschnitten bemüht sich Kant zu zeigen, daß die moralische Tätigkeit der Vernunft des Erkennenden gewissermaßen neue Objekte biete und so den Bereich der erkennenden Vernunft erweitere. Das wird aber nachdrücklich wieder eingeschränkt durch den Hinweis, daß diese Erweiterung nur „im praktischen Gebrauche" geschehe, d. h. daß diese mit dem moralischen Handeln zusammenhängenden ‚Objekte' *postuliert,* als Hypothese angenommen würden, aber keine Schlüsse begründen könnten. Letztlich sei es kein Erkennen, sondern könne ‚Glaube' und zwar ‚reiner Vernunftglaube' heißen. Das steht im Einklang mit dem, was Kant schon in der Vorrede zur 2. Auflage der Kritik der reinen Vernunft schreibt: „Ich mußte das Wissen aufheben, um zum Glauben Platz zu bekommen".

Der dunkle Gott

Versuchen wir, tiefer zu durchdenken, was sich uns ergab: daß Gott *ist* und was er ist. Vor allem, daß Gott ganz und gar notwendig durch sich und aus sich ist. Nichts an Wirklichem, weder Möglichkeiten noch Realitäten noch Einflüsse irgendwelcher Art, kann er von außen empfangen. Darin ist er abgrundtief verschieden von allem anderen, was ist: von dem kontingenten, verursachten, durch und durch abhängigen Sein unserer Welt. Unmittelbar und zwingend folgt, daß Gott notwendig und ewig existiert, unendlich und unveränderlich ist. Sein machtvoll unabhängiges Sein durchdringt und trägt alles andere in ihm: Erkennen und Weisheit, Wollen und Macht, Leben und Lieben. Alles das ist konkretes, völlig mit sich identisches, einfachstes Sein Gottes.

Wir wollen aber dabei nicht übersehen, daß wir von Gottes Erkennen und Wollen, Macht und Weisheit, Leben und Lieben nur sprechen können, insoweit wir diese Seinsinhalte an uns selbst, in unserer *menschlichen Erfahrung* erlebt und von ihnen entsprechende Begriffsinhalte abstrahiert haben! Wenn also die Begriffe Erkennen, Wollen, Weisheit, Macht und andere von *kontingent* Wirklichem stammen und daher abhängig hervorgebrachtes Sein in sich tragen, dürfen wir sie dann überhaupt von Gott aussagen, der nicht abhängig und nicht hervorgebracht, sondern das so ganz andere Aus-sich-sein ist?

Gewiß können wir von dem Unterschied ‚aus sich' und ‚kontingent' absehen und nur das gemeinsame ‚Sein' zum Inhalt eines Begriffes machen. Aber dieser gemeinsame *Begriff ‚Sein'* ist dann so dünn, daß wir mit ihm Gott und Kontingentes nur eben als seiend bezeichnen können; daß sie nicht nichts sind. Außerdem ist dieser allgemeinste Begriff ‚Sein' kein echter *Gattungsbegriff*, klar abgegrenzt von anderen Gattungsbegriffen wie z. B. „Lebewesen". Pflanze, Tier, Mensch sind Lebewesen: in ihnen ist das verwirklicht, was der Begriff Lebewesen sagt; verschieden werden sie erst durch das, was durch andere Begriffe, von außen, der Pflanze, dem Tier, dem Menschen je Besonderes hinzugefügt wird.

Aber mit dem allgemeinen Begriff ‚Sein' steht es anders. Weil er nur besagt, daß etwas ist und nicht nichts ist, steckt er ja schon, oder noch, in allen Gattungsbegriffen und allen unterscheidenden Besonderheiten; überhaupt in allen Inhalten, die nicht nichts sind. So gehören also auch die Unterschiede ‚aus-sich' und ‚hervorgebracht', von denen wir absehen wollten, dennoch zu seinem Inhalt! Sie „sind" ja etwas. Man kann also diesen allgemeinsten Begriff *‚Sein'* gar nicht sauber abstrahieren. Er thront nicht als oberster positiver Begriff über allen anderen bestimmteren, sondern ist *in allen* logischen *Stufen* zuhause, steigt von den Individuen zu den Arten, zu den Gattungen und über die obersten Gattungen hinaus, er „transzendiert" sie alle. Darum nannte ihn die alte Philosophie ein „transzendentale".

Hier aber bedrängt uns der tiefe Unterschied. Wir besitzen geistiges Erkennen, mühsam erworbene und begrenzte Weisheit. Können wir unbedenklich sagen: Gott ist weise? *Sein Erkennen* und Wissen ist nicht nur dem Grade nach viel viel höher und das höchste, es muß auch in sich, in seiner Wesensstruktur ganz

ganz anders sein, weil es aus sich und notwendig und nicht empfangen ist; ewig und nicht erst erworben; unveränderlich und nicht je und je aktuell vollzogen, so daß ein Übergehen vom Nichterkennen zu Erkennen möglich wäre! Unmöglich ist auch, daß materielle oder geistige Realitäten außer ihm seinen Geist beeinflussen und so zum Erkennen veranlassen. Das würde unausweichlich Kontingenz hineintragen in den notwendig Seienden: das wäre nicht mehr Gott.

So fremd das unserer Erfahrung und unserem auf ihr gründenden Denken ist, wir können der Folgerung nicht ausweichen, daß Gott aus sich ist und darum auch *aus sich erkennt.* Objekt seines Erkennens kann nur sein eigenes unendliches, unausschöpfliches Wesen sein. *Gottes Wesen* ist aber nicht chaotisch. Wenn sein Aus-sich-sein höchste hervorbringende Ursache der so reich und sinnvoll gegliederten Welt ist, dann ist Gottes Sein, Wesen selbst höchst sinnvoll und harmonisch, der unendliche *innergöttliche* „Kosmos“: was Sinn, Ordnung, Harmonie besagt. Anders ausgedrückt: Gottes unendliches, aus sich seiendes Wesen ist selbst *Urbild und Vorbild* des *kontingenten,* hervorgebrachten *Kosmos,* unserer reich gegliederten und sinnvollen Welt; es trägt in sich die Urbilder der Dinge und Personen, der irdischen und menschlichen Werte: Weisheit, Mut, Milde usw. usw. Diese Welt der *„Ideen“,* die Plato in einem eigenen Reich unterbringen wollte, liegt *in* Gottes Wesen, *ist* selber Gottes Wesen, insofern es abschattend, durch Erschaffung von Dingen, Menschen und Welt nachgebildet werden kann. Welt und Menschen, Pflanzen und Tiere, Werte und Vorzüge in ihnen, sind *Nachbildungen,* Spuren und die Menschen „Ebenbilder“ Gottes. Wir dürfen und müssen also sagen: Gott ist „weise“, er „erkennt“ und weiß alles, weil es ja nichts gibt, was nicht Idee und Ursache in ihm hätte.

So ähnlich wir ihm daher in allem sind, so ist damit doch zugleich tiefe *Unähnlichkeit* ausgesagt; wie sie zwischen Aussichseiendem und Kontingentem nicht anders sein kann. Erkennen, Wissen und Weisheit, die wir von uns kennen, ist auch in Gott: aber nicht nur in einem alles übersteigenden höchsten Grad, sondern in anderer Wesensstruktur, ohne Abhängigkeit, Begrenztheit, Irrtumsfähigkeit.

Wie das Erkennen, so auch das *Wollen.* Wir haben einen je nachdem starken Willen und können manches durchsetzen: wir haben „Macht“, eine je verschieden begrenzte. Sie hat Idee und Ursache *in Gott,* der daher selbst Wollen und Macht haben muß, um sie bewirken zu können. Aber Gottes Wollen ist wieder dem unseren ähnlich und unähnlich, weil Gott aus sich *ist* und darum auch aus sich *will.* Er wird nicht von außen beeinflußt, bewogen, zum Wollen veranlaßt. Kein Übergehen vom Nochnichtwollen zum aktuellen Wollen, kein Ändern der Entschlüsse! Der notwendig aus sich seiende Gott trägt Werte und Motive seines Wollens in sich, er ist selbst sein Wollen und was er je will. Nur die von ihm gewollten Dinge ändern sich, entstehen und vergehen. Er selbst ist im Sein, Erkennen, Wollen dichteste Identität; darum ewig unveränderlich.

So unvertraut uns Gottes Wollen sein mag, Grundtatsache an ihm ist, daß es unverursacht und aus sich ist, selbstmächtig, von nichts und niemand abhängig. Daher kann Gott zu seinem Wollen nicht bewegt werden durch von außen vorgegebene Motive. Und das heißt, daß er nichts will und schafft, um damit etwas zu gewinnen, was er noch nicht hätte. Sondern er will, um aus seinem unendlichen Sein und Reichtum mitzuteilen. Gott will nicht, um zu bekommen, sondern um zu geben! Sein Wollen und Wirken und Schaffen ist schenkendes Mitteilen, ist Liebe – wenn Liebe nicht bloß schweifend egoistisches Gefühl sein soll, sondern selbstloses Guttun.

Aber dies schenkende Wollen Gottes ist selbstmächtig, unabhängig. Nicht genötigt durch einen inneren „Trend zum Sichselbstentfalten“, nicht durch Schönheit, Größe, Werthaftigkeit des zu Wollenden. Gottes Wollen nach außen ist absolut frei, ohne irgendeine Gebundenheit irgendwelcher Art. Es kommt aus reiner, frei schenkender Liebe.

Eine optimistische Weltsicht, die durch die Tatsachen widerlegt wird? In der Tat, unsere Welt erweckt nicht den Eindruck, die beste aller möglichen Welten zu sein. Hier möge der Hinweis genügen, daß Gott in dieser Welt den frei wollenden Menschen gewollt hat. Gott nimmt sein Wollen auch nicht zurück, indem er uns beständig in den Arm fiele, wenn wir Böses wollen und so seine Welt böse machen, so daß sie die Frage veranlaßt: Kann eine solche Welt aus der Liebe des allguten Gottes kommen?

Wiederholt sagten wir schon, daß Gott auch Person ist; übermenschliche, *überweltliche Person.* Wenn er höchste hervorbringende Ursache des konkreten Menschen ist, dessen höchster Vorzug das Personsein ist, dann muß Gott selbst Person sein. Aber ist das Personsein Gottes dasselbe wie das unsere? Gott *ist Person* und doch nicht wie eine menschliche Person. Ähnlich und unähnlich ist wie das Erkennen, so das Wollen, so das Personsein Gottes und andererseits der kontingenten Wesen.

Ähnlich und unähnlich ist im Tiefsten das *Sein.* Das Sein der kontingenten Wesen ist *analog* zu dem ursachlosen Sein Gottes. Die berühmte und auch verkannte *„Analogie des Seins"* und daher „Analogie der Seienden"! Sie besagt nichts anderes als daß das höchste Wesen nicht so völlig anders ist, daß es für uns ein unbekanntes X bliebe; es muß ja als höchste Ursache der kontingenten Realitäten diese positiven Realitäten besitzen. Gott ist also wirklich weise, erkennend, wollend, mächtig usw., was alles wir aus unserer Erfahrung an uns selbst kennen. Aber er ist andererseits als höchste Ursache selbst *ursachlos,* aus sich und notwendig, ohne Anfang und Veränderung: in seinem Sein und entsprechend in seinem *Tun.* Das ist so tief anders, daß es wie eine dichte Wolke den Blick auf ihn verhindert, undurchdringlich! Daß wir von Gott eher wissen, was er nicht ist als was er ist, wie frühe Jahrhunderte sagten; auch Thomas von Aquin. Ein kleines Werk von einem englischen Mönch des 14. Jh. spricht von der „Wolke des Nichtwissens"! [115]

Nur soweit Gott selbst offenbarend aus dem Dunkel zu uns hervortritt, wird uns mehr und lichteres Erkennen geschenkt, als uns im menschlich analogen Wissen von Gott möglich ist. Und einst sollen wir ihn schauen von Angesicht zu Angesicht, so wie er ist.[116] Aber das gehört nicht mehr in die Philosophie.

Philosophie und Theologie stimmen darin überein, daß der real existierende Gott nicht ein Teil des Universums sein kann.

---

[115] Johannesverlag Einsiedeln.
[116] 1 Kor 13, 12; 1 Joh 3, 2.

Gott und Welt sind in ihrem Sein zwar nicht getrennt und voneinander entfernt, aber sie sind radikal unterschieden. Das Universum ist das Gesamt von Seienden, die nicht aus sich existieren, sondern beständig hervorgebracht werden. Gott, der sie hervorbringt, ihnen daher gegenwärtig – allgegenwärtig – ist, steht aber wesensmäßig über ihnen, weil er aus sich, aus seinem Wesen existiert. Er gehört daher nicht zu dem Gesamt der hervorgebracht-Existierenden, dem Universum. Gott kann nicht addiert werden zu den seienden Dingen und Personen der Welt. Alle solche Vorstellungen gegen den Theismus als die Überzeugung vom Dasein des personhaften Gottes beruhen auf dem folgenschweren Mißkennen dieses radikalsten Unterschiedes zwischen geschaffenem und ungeschaffenem Wesen und sind daher hinfällig.

Der schaffende Gott

Die Tatsache, daß Wirkliches existiert, das in seinem Neuauftreten und anderen Merkmalen sich als kontingent Wirkliches verrät, führt logisch zwingend zu der Existenz eines höchsten, reichsten, alles hervorbringenden Personwesens, das selber nicht kontingent, sondern notwendig existiert. Um das zu zeigen, haben wir zunächst unsere Aufmerksamkeit auf den *substantiellen* Menschen gerichtet. Die Geistsubstanz ‚Seele', ohne die der wirkliche Mensch nicht möglich ist, ist etwas Wirkliches, das vor der Existenz des konkreten Menschen nicht existiert hat! Es konnte nicht anfangen zu existieren, ohne hervorgebracht zu werden von einem existierenden Wesen, das dazu imstande war.

Aber in der wirklichen Welt treten nicht nur neue Substanzen, sondern im weitesten Maße neue reale Akzidenzien auf, *akzidentell* Wirkliches. Wenn wir das Wirken des Menschen überschauen, stellen wir fest, daß wir niemals neue Substanzen hervorbringen können. Alles, was *wir* in der wirklichen Welt hervorbringen, ist akzidentell Wirkliches. Lassen wir bloß lokale Verschiebungen, Gruppierungen, Anordnungen beiseite und fragen, wo durch das aktive Tun und Bewirken des Menschen – und entsprechend der Dinge – real Wirkliches akzidenteller Art hervorgebracht wird.

Das ist z. B. der Fall, wenn wir einen Entschluß fassen. Ein *Willensakt,* der vorher nicht war, ist etwas kontingent Wirkliches. Die hervorbringende Ursache ist unser Willensvermögen, unsere Seele mit ihren Fähigkeiten, der substantiale Geist, der zusammen mit dem materiellen Leib den konkreten Menschen ausmacht.

Aber ist die Geistseele die *volle,* „entsprechende" Ursache für den Willensakt? Das ist nicht so selbstverständlich, wie man wohl annehmen möchte. „Entsprechend" ist eine Ursache, die das Wirkliche, das sie hervorbringt, selber besitzt, in einem reicheren, intensiveren Maße noch. Sonst wäre sie nicht imstande das hervorzubringen, wofür man sie in Anspruch nimmt. Wenn man sich fragt, ob die Geistseele des konkreten Menschen alle mit der Zeit vollzogenen Willensakte in einem realen Reichtum in sich trägt, wird man ‚nein' sagen müssen.

Das wird vielleicht noch deutlicher, wenn man nach den *Erkenntnissen* des konkreten Menschen fragt. In bezug auf die Inhalte ist es klar, daß der Mensch sie erst mit der Zeit empfängt, gewinnt und nicht immer schon hatte. Aber das real Wirkliche der je neuen Erkenntnisse sind ja nicht die ‚idealen' oder ‚intentionalen' *Inhalte;* sondern die wirklich vollzogenen *Akte* des Erkennens, die jetzt sind und vorher nicht waren; oder vorhin waren und jetzt nicht mehr sind. Auch wenn es wahr ist, daß dasselbe identische Ich diese Akte hervorbringt und so vielleicht mehr und mehr über einen großen Besitz von inhaltlichen Erkenntnissen, ein „immenses Wissen" verfügt, muß man doch zugeben, daß alle die akzidentellen, kontingent wirklichen *Akte* nicht immer schon in der Geistseele real wirklich waren, als intensiver konzentrierter Reichtum des Wirklichen. D. h. die Geistseele bringt zwar ihre Erkenntnisakte hervor, aber sie ist nicht ihre *volle* Ursache! Sie reicht nicht aus, mit dem, was sie an realem Sein in sich trägt. Wir sind also auch hier, im Fall des akzidentell Wirklichen, genötigt, nach der *voll* hinreichenden Ursache zu fragen. Sie muß „entsprechend" reich an eigener innerer Realität sein, um das Wirklichsein der Akte des Erkennens und Wollens zu bewirken. Letzten Endes ist es wieder das erkennende und wollende Personwesen, das sein Wirklichsein aus sich selbst, kraft seines Wesens besitzt und – das ist schon zu sehen in einem tausendfachen Wirken und Hervorbringen und Schaffen alles kontingent Wirkliche unserer ganzen kontingenten Welt *wirklich macht!*

Es sind nicht nur die *einzelnen* inneren Akte des Menschen, die als kontingentes Sein zu dieser Folgerung führen. Auch wenn wir den konkreten Menschen in seiner inneren *Gesamtentwicklung* betrachten, wie er allmählich über ein wachsendes Erkennen verfügt; wie er ein Charakter geworden ist, der „weiß, was er will" und seine Entschlüsse zu realisieren versteht: im Vergleich zu einem jugendlich unfertigen Zustand ist diesem konkreten Menschen nichts *Substantielles* zugewachsen. Wissen und Wollen ist an ihm *akzidentell* wirklich, aber worauf es hier ankommt: kontingent! Es sind äußere und innere Einflüsse, Anregungen, Unterrichtung, eigenes Bemühen usw., aber das real Wirkliche an dem jahrelangen geistigen Wachsen des Menschen bedarf einer realen, entsprechend reichen Ursache, die letztens nur das höchste Personwesen sein kann[117], das seinsnotwendig konkret existiert: Gott!

Ebenso ist es mit der *leiblichen* Entwicklung des konkreten Menschen. Die befruchtete Eizelle, in der wir schon das Wesentliche des Menschen vor uns haben, die innige Ganzheit aus Leib und Seele, „entwickelt sich". Das Individuum ist identisch mit dem, was einmal der voll erwachsene Mensch ist. *An* dem erwachsenen Menschen ist eine Fülle von biologischen Realitäten und Funktionen: kontingentes akzidentell Wirkliches. Aber dies neue Reale war in dem Keim oder Embryo keineswegs schon immer da und ist auch während der Entwicklung nicht schon da. Der Keim ist nicht die *volle* Ursache des neuen Wirklichen, nur

[117] Diesem Gedankengang liegt der ‚Beweis aus der Bewegung' zugrunde, den Thomas von Aristoteles übernahm und neu durchdachte. Alle Elemente aus dem damaligen Weltbild, die den Beweis belasteten und besonders dem heutigen, naturwissenschaftlich denkenden Menschen uneinsichtig machten, sind hier entfernt. Nur das eigentliche „Beweisgerippe" wurde beibehalten, dessen folgerichtige Einsichtigkeit trotzdem noch Mühe abverlangt.

Teilursache! Mit ihr mußte eine höhere, seinsmächtige Ursache mitwirken.

Das Verhältnis der überlegenen „Erstursache“ zu den innerweltlichen „Zweitursachen“ ist etwa so zu denken wie in dem Beispiel von der Mutter, die ihrem Kind beim Schreibenlernen die Hand führt: es ist wirklich das Kind, das da schreibt; aber es kann seine Striche und Buchstaben nur zustandebringen, *weil* die große Hand der Mutter sein kleines Händchen umschließt und führt. In allem neuen realen Sein am Geist oder Leib des Menschen, an wachsenden, „sich entwickelnden“ Pflanzen und Tieren sind es wirklich die konkreten Pflanzen, das konkrete Tier, der konkrete Mensch, der da wirkt und neues Sein hervorbringt; aber er ist untergebene, untergeordnete Zweitursache, dynamisch durchwirkt von der überlegenen machtvollen Erstursache, die selber ursachlos der unendliche Seinsreichtum ist.

Nur wo es sich zweifelsfrei um *neues wirkliches* Sein handelt, wenn auch nur akzidentelles, treffen diese Folgerungen zu. Bloß lokale Umstellungen kommen nicht in Betracht. Bei atomaren und molekularen Veränderungen und Verbindungen, die ein neues Wirken und Reagieren, neue „Eigenschaften“ an der Materie zur Folge haben, kann man aber ein neues akzidentelles Sein nicht leugnen. An der Materie ist es freilich schon weniger eindeutig und greifbar als bei Pflanze, Tier und Mensch. Darin tritt wieder der ‚hierarchische‘ Aufbau der wirklichen Welt in Erscheinung: vom Menschen zum Tier, zur Pflanze, zur Materie vollzieht sich ein Abstieg an Rang und „Intensität“ des Seins. Der Mensch steht an Seinsmächtigkeit, Seinsintensität, an Rang an der Spitze.

Wenn wir am Anfang unserer Überlegungen aus der kontingenten Existenz des Menschen und der Dinge auf die Existenz des transzendenten höchsten Wesens schließen mußten, so ist dieses nicht etwa nur am *Beginn* der Existenz von Mensch und Dingen ihre volle hervorbringende Ursache. Der Mensch – und alle anderen kontingenten Wesen – ist durch die Hervorbringung wirklich, aber er *bleibt kontingent!* Er hat auch nach seiner Hervorbringung sein Existieren nicht aus seinem Wesen, sondern besitzt es *empfangend*. Er wird nicht selbstmächtig aus-sich-existierend, sondern ist und bleibt in seinem Wesen abhängig und bedarf immer des Bewirktwerdens von dem hervorbringenden Wirklichen. Sonst würden wir ihn ja nicht als kontingenten antreffen! Es strömt ihm gleichsam durch das bewirkende Wollen des höchsten Wesens *beständig* das Wirklichsein zu.

Würde dieser Strom des Bewirkens unterbrochen oder aufhören, dann müßte auch das Existieren des Bewirkten aufhören. Wie wenn der elektrische Strom in einem Draht unterbrochen wird und aufhört, dann auch das Leuchten der Lampe aufhört. Die kontingente Welt empfängt also ihr Sein nicht in einem einzigen Akt, so daß sie dann „von selber *ist*". Sie muß vielmehr, solange sie ist, Gegenstand des göttlichen Wollens sein. D. h. das höchste schaffende Wesen will und bewirkt beständig, *unaufhörlich* Dinge, Menschen und Welt, so daß sie sind und so sind, wie er sie will und bewirkt.

Auch das *Maß* ihres Seins, mit ihren Fähigkeiten und Eigenschaften, durch das sie untereinander unterschieden sind, ist bestimmt durch das wollende Bewirken des höchsten Wesens. Sie sind so wesentlich und innerlich abhängig, daß von dem Angewiesensein auf das Wollen und Wirken des höchsten Wesens kein Bereich ausgenommen ist: auch ihr *Tun* ist nicht selbstmächtig und unabhängig, sondern überwirkt und durchwirkt von dem Wollen und Wirken der letzten Ursache: Gott!

Aus diesen Einsichten ergibt sich ein *„dynamischer"* Gottesbegriff, hinter dem so manche herkömmliche, mißverstandene, oder von Abneigungen infizierte Auffassungen zurückbleiben müssen. Schon das Wort *‚Begriff' von Gott* meinen manche ablehnen zu sollen. Man kann auch ‚Idee' sagen, wenn man das vorzieht. Obwohl Idee nicht dasselbe ist, weil in ihr Platos ‚Idee' oder das englische ‚idea' der Sensualisten unbewußt mitklingen können und das verfälschen, was unter ‚Begriff Gottes' verstanden wird und werden muß. Begriff Gottes sagt, das in den Gedanken und Aussagen der wirkliche Gott es ist, von dem gedacht und gesprochen wird; nicht daß dieser Begriff ein starres, ein für alle Mal festgelegtes Gebilde sei, dessen Legitimität und Ursprung nicht feststehe.

Er ist dynamisch vor allem, weil Gott sich in ihm gewiß als absolutes Sein zeigt, aber zugleich auch als personal ewig aus sich Erkennender und Wollender, der beständig jedwedes Seiende schaffend hervorbringt, durchwirkt und lenkt.

Dynamisch ist dieser Begriff von Gott auch, insofern er *objektiv*, philosophisch oder theologisch, geklärt, präzisiert, ergänzt, vielleicht berichtigt werden kann. Dynamisch dann auch für das menschliche *Subjekt*, das sein Leben lang in der Erkenntnis Gottes wachsen möchte oder sollte. Es mag geistreich sein, den „Gott der Philosophen" in Gegensatz zu bringen zu dem „Gott des Glaubens".[118] Es sind beides keine Gebilde, die nichts miteinander zu tun hätten, sondern es geht um *denselben* einzigen Gott, den wir mit dem Denken, das er uns gegeben, und dem Glauben, den er uns offenbarend geschenkt, in Ehrfurcht besser, voller, tiefer zu erkennen suchen; um gemäß dem Erkennen auch wollen und lieben und leben zu können. Daß dies Erkennen notwendig Vorwitz und Stolz und Sünde sein soll, ist nicht begründet und auch aus der Bibel nicht zu begründen. Nur von bestimmten philosophischen Voraussetzungen aus mag es so erscheinen.

Wir haben mehrfach die absolute Transzendenz Gottes gegenüber Mensch und Welt betont. Aber nun muß auf Grund des oben Erkannten die *Immanenz* Gottes im Menschen, in der Welt hervorgehoben werden. Wenn unser Wirklichsein und Tun, inneres und äußeres, beständig von ihm als der übergeordneten Erstursache bewirkt werden muß, damit es wirklich sei, dann ist der schaffende Gott tatsächlich „nicht weit von einem jeden von uns".[119] Er ist vielmehr allem Wirklichen *ganz nahe*, allen Menschen, Tieren und Pflanzen, der ganzen kontingenten Welt; wirkend, hervorbringend und lenkend; vom inneren Entstehen her ist er uns nahe. Er ist uns innerlich näher, als wir uns selber sind (Thomas). Wir können auch die Immanenz Gottes nicht ernst genug nehmen.

---

[118] Pascal hat den „Gott der Philosofen" nicht abgewertet, sondern sein aufwühlendes religiöses Erlebnis hervorheben und festhalten wollen, als er am 23. November 1654 in seinem Tagebuch notierte: „Feuer, Gott Abrahams, Gott Isaaks, Gott Jakobs. Nicht der Gott der Philosofen und Weisen. Gewissheit, Freude; Gewissheit, Gefühl".

[119] Apost. Gesch. 17, 27.

Immanenz *und* Transzendenz! Sie heben sich nicht gegenseitig auf. Aber sie machen den Gedanken einer „Weltseele" unmöglich. Gott ist in seinem das All durchdringenden Wirken nicht ein Ganzes mit der gewirkten Welt. Abgesehen von anderen Einzelgründen, würde er so zu einem *Teil*, abhängig und hingeordnet auf den anderen, mit dem zusammen er das All wie einen Organismus ausmachen würde. So wäre er nicht mehr Gott. Aus demselben Grunde kann er auch nicht inneres Entwicklungsziel der „Welt in Evolution" sein. Solche Auffassungen lösen den legitimen Begriff von Gott auf. Bleibt überhaupt von Gott etwas übrig, wenn *Max Planck* – bei allem Respekt vor dem Mann muß man es sagen – unverhüllt pantheistisch schreibt: „Nichts hindert uns also, ... die beiden überall wirksamen und doch geheimnisvollen Mächte, die Weltordnung der Naturwissenschaften und den Gott der Religion miteinander zu identifizieren"! (Religion und Naturwissenschaft, J. A. Barth 1937. 1942. S. 26).

Gott ist zu dieser kontingenten, von ihm hervorgebrachten Welt absolut transzendent: nicht identisch, nicht Bestandteil, nicht Entwicklungsziel, nicht notwendige Erfüllung ihrer Tendenzen. Aber er ist ihr anderseits innerlich so nahe, daß er sie durchwirkt und lenkt. Er bleibt er selbst, aber uns und der Welt „immanent", in dem oben präzisierten Sinn.

3. Folgerungen

Jetzt ist es nicht mehr schwierig, auf einige offen gebliebene Fragen zu antworten. Bei der Frage nach dem Wesen des Lebendigen mußten wir auf die Existenz einer Entelechie, eines Lebens*prinzips* in jedem Lebewesen schließen. Dies Wirkliche ist nicht materielle Substanz, daher nicht ausgedehnt in unterscheidbare Teile, kann daher auch aus diesem Grund seine Herkunft nicht als „Ableger" von elterlichen Entelechien herleiten. Sie wird vielmehr je eigens hervorgebracht von der die Welt durchwirkenden höchsten Ursache. Das gilt von Pflanzenseele, Tierseele, Menschenseele des je konkreten Individuums.

Ein solches tausendfaches, beständiges „Erschaffen“ mag vielen ein unerhörter Gedanke sein, ist es aber nur, wenn man Gott nur der Zeit nach als „erste“ Ursache ansieht; wenn man nur den *deistischen* Gott kennt: der im Anfang die Welt geschaffen und sie dann sich selbst überlassen habe, während er sich selbst hinter die Wolken zurückgezogen habe. Dieser Auffassung erscheint es auch unmöglich und „Gottes unwürdig“, sich mit so kleinen Dingen zu befassen, wie es eine Pflanze, ein kleines Tier und selbst ein Mensch sei.

Aber man muß bereit sein, seine Auffassungen nach den Tatsachen der Erfahrung, von denen wir immer ausgingen, und den notwendigen Folgerungen aus ihnen zu korrigieren! Und da ist es nicht nur keine Schwierigkeit, dem höchsten und an Realität und machtvollem Wollen unendlichen Wesen dies tausendfache Wirken und Hervorbringen zuzuschreiben: sondern im Gegenteil eine notwendige Folgerung, die Gottes absolute Souveränität über alles Geschaffene und Sichentwickelnde erst deutlich macht. Wo wäre auch eine andere Ursache, von der Pflanzen, Tiere, Menschen in ihrem Sein und Tun *voll* begründet sein könnten!

In dieser ganzen Auffassung bleibt für Forschung und Theorien der Naturwissenschaften weitester Spielraum. Er wird in dem „horizontalen“ Vordringen zu neuen Erkenntnissen, Objekten und Zusammenhängen nicht eingeschränkt durch das Wirken des höchsten Wesens, als wenn es einen Platz beanspruchte im Feld der Wissenschaften. Es ist vielmehr „vertikal“ zu sehen als alles tragende, alles ins Wirklichsein bringende Ursache. Sie verdrängt daher keinen von den kausalen Faktoren, die von der Forschung gefunden wurden oder noch gefunden werden.

Und die Evolution?

Evolution in einem allgemeinen Sinn verstanden, als ‚Entwicklung unserer Werdewelt‘, ist heute allgemein anerkannt, weil und soweit sie sich auf Tatsachen berufen kann. Einmal sind die Lebewesen früherer Erdepochen, Pflanzen und Tiere (Farnbäume, Saurier), von den heutigen sehr verschieden und doch auch wieder in ihren Formen, ihrem inneren und äußeren Bau und ihren Funktionen sehr ähnlich. Vor allem bedeutet der Wechsel zu den heutigen Pflanzen und Tieren zugleich eine Vervollkommnung, einen Aufstieg zu neuen Fähigkeiten und Organen (z. B. Wärmehaushalt der Warmblüter), eine höhere Stufe des Lebens. Fächerartig haben sich die früheren Formen zu mannigfaltigen neuen Formen, Arten und Gattungen entfaltet, entwickelt. In diesem Sinn ist Evolution eine Tatsache, die durch eine überwältigende Fülle von Fossilien belegt ist.

Auch innerhalb kürzerer Perioden der Vergangenheit, als schon der Mensch auf der Erde lebte, haben solche Veränderungen stattgefunden: die *Domestikation* unserer Haustiere und Kulturpflanzen. Hier hat der Mensch selbst eingegriffen und wilde Tiere zu seinem Dienst gezähmt, wildwachsende Pflanzen zu Nutzpflanzen veredelt und angebaut. Durch Kreuzung verschiedener Tierrassen hat der Mensch neue Arten mit für ihn nützlichen Eigenschaften und Fähigkeiten entwickelt.

In unserer Gegenwart legt der Vergleich z. B. zwischen dem Flügel der Vögel und dem Arm der Säugetiere die Annahme nahe, daß beide aus einer gemeinsamen Grundform sich entwickelt haben.

Die Theorie. Durch diese Tatsachen ist der Gedanke einer Evolution unserer Welt empirisch begründet. Diese Tatsachen muß man im Auge behalten, wenn man eine Theorie der Evolution zu bauen unternimmt. Daß die Ähnlichkeit der Pflanzen und Tiere und der Fortschritt vom Früher zum Heute durch *Abstammung* bewirkt worden sei, ist nicht mehr empirische Tatsache. Das Hervorgehen einer Gattung oder Ordnung aus einer anderen (Vögel aus Reptilien) wäre, wenn es zutrifft, ein Ereignis tiefer Vergangenheit, das sich nicht nachprüfen läßt und als solches auch keine Bezeugung aufweisen kann.

1. Eventuelle *Kreuzungen* halten sich in engen Grenzen der Art. Pferd und Esel scheinen nahe verwandt und sind fruchtbar miteinander, Pferd und Rind aber nicht. Ähnliches gilt von den *Mutationen*, ob sie nun in Laboratorien experimentell herbeigeführt werden oder spontan in der Natur auftreten. Abgesehen davon, daß 90 % und mehr von ihnen *letale* Mutationen sind,

d. h. zu Verkümmerung und schnellem Tod der betreffenden Individuen führen, ergeben bei der berühmten Taufliege Drosophila melanogaster die rund tausend bisher bekannten Mutationen immer nur andere Farbschattierungen der Augen, höchstens Verlängerung oder Verkürzung bzw. Verkümmerung von Flügeln, Fühlern und Beinen. Den *Bauplan* des Insekts lassen sie aber intakt. Die Änderungen bleiben im Rahmen des Grundplans, der für die Ordnungen, Familien und Gattungen der Lebewesen je verschieden ist und durch Mutationen nicht überschritten wird. „Alle bisher bekannt gewordenen Änderungen von Genomen halten sich bei Tieren in den Grenzen der Gattung, bei Pflanzen in denen der Familie. Sie bringen also keine neuartigen Organisationsformen hervor, sondern immer nur Abwandlungen der schon bestehenden; sie sind die Faktoren der *Mikro*evolution, nicht der Makroevolution." [120]

Anderseits ist der Gedanke von Großmutationen, die von manchen Forschern postuliert wurden, wieder aufgegeben worden. Wir haben keine Anhaltspunkte für sie in der Erfahrung. Sie würden besagen, daß die komplizierten anatomischen Strukturen, die bestimmte Funktionen einer Gattung oder Ordnung von Tieren möglich machen, auf einmal ersetzt würden durch völlig andere mit neuen Funktionen einer neuen Gattung oder Ordnung.

Auch ein *allmählicher* Wechsel der Strukturen und Funktionen, der aus einer Tiergattung eine andere werden ließe, erscheint unmöglich. „Eine neue Mannigfaltigkeit drückt sich nicht im Wechsel *einzelner* Eigenschaften aus, sondern in der Umstellung des Bauplans ... ein allmählicher Übergang von einer Mannigfaltigkeit zur anderen ist *grundsätzlich unmöglich*, weil es sich immer um eine Umstellung des ganzen Körpermechanismus handelt, wenn ein neuer Funktionskreis auftritt. Die Änderung einzelner Bestandteile würde das Funktionieren unmöglich machen. Deshalb kann die Steigerung der Mannigfaltigkeit nie anders als in Sprüngen erfolgen. Schon in der *Ontogenese*

[120] Johannes Haas, Das stammesgeschichtliche Werden der Organismen und des Menschen. Hrsg. von Adolf Haas, 164.

(Entwicklung des Einzelorganismus) treten stets ganz neue Sprossen auf, die die bereits vorhandenen Anlagen zerstören und als indifferentes Ausgangsmaterial behandeln. Jeder neu auftretende Funktionskreis begründet eine neue Art von Tieren ... Wann, wie und wodurch neue Funktionskreise auftreten, ist uns heute noch völlig unbekannt. Aber Nichtwissen ist besser als Falschwissen." [121]

Von *Darwin* stammt der Gedanke, daß von den zunächst geringfügig gewandelten Formen der Tiere diejenigen am Leben blieben und sich fortpflanzten, die durch ihre günstigen Eigenschaften den Lebensbedingungen am besten entsprachen. Durch unzählige Mutationen in Millionen von Jahren hätten sich ihre günstigen Eigenschaften *allmählich summiert,* während die nicht begünstigten Tiere und Arten untergegangen seien. So habe eine Auslese (Selektion) der Besseren, höher Entwickelten stattgefunden. Mutation *und* Selektion („Kampf ums Dasein" und „Zuchtwahl") seien die Erklärung für den Aufstieg der Evolution.

Von dieser Erklärung rücken die Forscher heute langsam ab. Man beginnt einzusehen, daß die großen, qualitativen Unterschiede der verschiedenen Gattungen, Ordnungen usw. nicht durch Addieren zufälliger, kleinster Unterschiede entstanden sein können. Vor allem machen die komplizierten Organe und ihr Zusammenwirken in demselben Individuum den Gedanken unmöglich, sie könnten sich rein zufällig, durch kleinste Änderungen erst nach und nach ergeben haben. „Wir haben heute ein vertieftes Wissen davon und sehen daher die Unmöglichkeit ein, die ungeheuer komplizierten Ordnungsgestalten könnten *durch Zufall* entstanden sein, d. h. ohne Plan und Ziel. Mutation und Selektion sind gewiß wichtig, aber unzählige verschiedenartige Teile zu einem sinnvoll funktionierenden Ganzen zusammenzuordnen – das können sie nicht. Der Webersche Apparat, der karpfenartigen Fische z. B., der zur Übertragung von Druckschwankungen von der Fischblase auf das Gleichgewichtsorgan des Kopfes dient, wäre bei zufälliger Entstehung nur einmal in 274 Milliarden Jahren zu erwarten (Simpson), während die Erde

[121] J. von Uexküll in A. Dempf, Die Weltidee, S. 50.

erst etwa 6 Milliarden Jahre besteht. Der ganze Organismus ist aber eine einzige Einheit aus ungezählten solchen Ordnungen."[122] Mutation und Selektion können die Entwicklung etwa vom Reptil zum Vogel oder Säugetier nicht erklären.

Auch von *Physikern* werden die Evolution und ihre möglichen Ursachen mit neuem Interesse durchdacht. So schreibt W. Heitler: „Die außerordentliche Komplexität im Körperbau eines höheren Tieres schließt eine *zufällige* Entwicklung absolut aus... Auf Zufall beruht also die Evolution nicht. Damit fällt auch die Möglichkeit dahin, die Evolution lediglich auf Grund physikalisch-chemischer Gesetze zu verstehen." Heitler folgert, daß es in der Evolution „eine Art Plan" geben muß.[123]

Wie sagte oben J. von Uexküll? „Jeder neu auftretende Funktionskreis begründet eine neue Art von Tieren". Dafür müsse der ganze bisherige Bauplan der Art umgestellt werden. „Ein allmählicher Übergang ist grundsätzlich unmöglich. Die Änderung einzelner Bestandteile würde das Funktionieren (des Ganzen) unmöglich machen".

In vielen Fällen ist es unwiderleglich deutlich, daß eine lebenswichtige Fähigkeit einer heutigen Art nicht durch Summierung aus kleinen, schrittweisen Änderungen entstanden sein kann. Die Individuen dieser Arten müssen sie auf einmal, im Ganzen, von Anfang an gehabt haben. Sonst wären diese Tiere nicht überlebt und hätten ihre Fähigkeit nicht vererben können. So ist auch die *Instinkt*ausstattung für die betreffende Art ein Ganzes eigener Struktur, das aus Vorstellungselementen, Bewußtseinslagen und Antrieben besteht und nur als Ganzes lebenserhaltend ist.

Ein Beispiel mag der *Erbsenkäfer* sein. Er legt sein Ei in eine grüne Erbse. Die Larve frißt zuerst in der Mitte, gräbt aber dann fressend einen Tunnel zur Oberfläche und ritzt sie kreisrund an. Dann nährt und entwickelt sie sich weiter. Der fertige Käfer stößt nun diese „fürsorglich" angelegte Klappe in der jetzt harten Haut der Erbse auf und verläßt sie. Ohne diese rechtzeitige „Vorsorge" müßte der Käfer in der verschlossenen

[122] Adolf Haas in ‚Evolution und Bibel'. Herderb. Nr. 249, S. 77.
[123] W. Heitler, Der Mensch und die naturwissenschaftliche Erkenntnis, 49.

Erbse elend umkommen! Dieser Instinkt besteht aus vielen Teilelementen, ist aber nur als ganzer lebenswichtig. Mit bloß einzelnen Elementen wäre schon der erste Käfer zugrunde gegangen, und seine Nachkommen, deren „berechnende Kunst" wir bewundern, hätte es nie gegeben! [124]

Ein anderer Fall ist der bekannte *Hirschhornkäfer.* Die weibliche Larve gräbt für ihre Verpuppung eine Höhle, die für sie bzw. den weiblichen Käfer groß genug ist. Die männliche Larve ist ebenso groß, legt aber ihre Höhle doppelt so groß an! Erst wenn der fertige männliche Käfer mit seinem mächtigen Geweih diese Höhle ausfüllt, sieht man,warum. Wie soll diese „Weisheit des Instinkts" *allmählich,* in kleinen Abstammungsschritten sich entwickelnd, entstanden sein!

2. Daß speziell der Mensch aus dem Tierreich aufsteigend die *Sprache* in kleinen Schritten entwickelt habe, trifft gewiß nicht zu. Entwickelt wird nur die einmal vorhandene konkrete Sprache, insofern sie durch den beständigen Gebrauch in verhältnismäßig kurzen Zeiten verändert wird: aus der deutschen Sprache des 18. Jahrhunderts hat sich die heutige entwickelt. Aber wie konnte sich aus einem sprach*losen* Zustand tierischer Ahnen das Sprechenkönnen der Menschen „entwickeln"? Der Mensch ist überhaupt erst Mensch, wenn er sprechen kann, d. h. mit physikalischen Lauten, „Geräuschen", einen Sinn verbinden kann. „Wie aber aus dem nicht-menschlichen sprachlosen Zustand ein menschlicher mit Sprache ausgestatteter sich entwickelt haben soll, bleibt unerfindlich ... Die Sprachfähigkeit ist eine unentbehrliche Bedingung für das *physische Bestehen* des Menschen. Es war schon Herders Erkenntnis, daß der Mensch rein als Lebewesen ohne seine Sprachbegabung gar nicht lebensfähig sei ... Stärke, Geschwindigkeit, Schutzhülle usw., wodurch andere Lebewesen sich erhalten, fehlen ... die heutige Anthropologie spricht davon, daß der Mensch das am wenigsten spezialisierte, am wenigsten für die Ausnutzung einer bestimmten Umwelt festgelegte Wesen ist. Den Ausgleich für diese Mängel schafft jene Möglichkeit, sich durch *geistige* Kräfte zu erhalten,

[124] J. v. Uexküll, Die Lebenslehre, 84.

aus der die Sprachbegabung nicht wegzudenken ist. Es ist gleich schwer zu sehen, wie der Mensch in diesem ‚hilflosen' Zustand in Erwartung der Sprachbegabung gelebt haben sollte, wie daß er sich aus einem bereits spezialisierten vorsprachlichen Zustand in die geistbegabte Weite der Sprachfähigkeit durchgefunden hätte".[125]

Auch der *Geist* selbst, der sich in der Sprachfähigkeit äußert, kann sich nicht aus kleinen, schrittweisen Intensivierungen der tierischen ‚Intelligenz' entwickelt haben, da er etwas wesentlich Neues, Höheres ist als sie und sich nicht auf sinnenhaftes Bewußtsein zurückführen läßt (S. 135 ff).

Außerdem wird man auch innerhalb der Menschengeschichte kaum von einer zweifelsfreien Höherentwicklung des Geistes selbst sprechen können. Die Kunst der spanischen und südfranzösischen Höhlenmalereien aus der Zeit vor 20–30 000 Jahren hat sich der heutigen als ebenbürtig erwiesen. Cl. Levi-Strauss urteilt[126], daß eine heutige Eisenaxt zwar aus anderem Material, aber nicht „besser gemacht" sei als eine Steinaxt aus dem Steinzeitalter. Aus seinen anthropologisch-ethnischen Forschungen schließt er, daß die Geistigkeit des Menschen zu allen Zeiten im ganzen gleich groß ist. „Der Mensch hat immer gleich gut gedacht".

3. Die Evolutionstheorie konnte mithin die Frage nach den Ursachen der Evolution bisher nicht beantworten. Wann, wie und wodurch neue Funktionskreise im Tierreich entstehen, ist uns noch völlig unbekannt. Nur die Entstehung von Arten, der untersten Systemstufe, durch Mutation, Selektion und geographische Isolation ist einigermaßen verständlich geworden. Schon für die Entstehung von Gattungen versagen die genannten Faktoren. Wie die im System höheren Stufen der Familien, Ordnungen und Klassen sich herausgebildet haben könnten, dafür fehlt uns jeder Anhaltspunkt. Nicht einmal vage Vermutungen lassen sich vernünftigerweise anführen. Im Pflanzenreich ist im unteren Beginn des „Aufstiegs" eine etwas größere Strecke zu

---

[125] L. Weisgerber, Das Gesetz der Sprache. Heidelberg 1951, 189.
[126] Anthropologie structurale. Paris 1958, 255.

überschauen, im Wesentlichen ist das Problem aber ebenso dunkel und ungelöst wie im Tierreich. So bleibt allein übrig, die treibende Urgewalt der Evolution im Schöpfer der Natur zu suchen. Solange im Bereich der Natur keine Mechanismen der Evolution zu finden sind, muß man an ein direktes Einwirken und Lenken des Schöpfers selbst denken. Dagegen erhebt sich aus dem Grundverhältnis zwischen Schöpfer und Schöpfung keine Schwierigkeit. Im Allgemeinen tritt des Schöpfers Wirken nicht koordiniert neben die bekannten innerweltlichen Ursachen und nicht an ihre Stelle, sondern übergreift und überwirkt sie in ihrer abgestuften Wirksamkeit, die sie von ihm empfangen. Wenn der schaffende Gott sowohl das Sein wie auch das Werden und Sichändern der kontingenten Dinge und Lebewesen durchwirkt, heute wie je, so kann und muß sein Wirken wenigstens letztlich auch den Gang der Entwicklung umschließen und bewirken. Wenn es der Forschung gelingen sollte – wofür bisher keine Aussicht besteht –, die aktiven Faktoren der Entwicklung zu entdecken, so würde sich daraus keine Schwierigkeit gegen Gottes Schaffen, Erhalten und Lenken erheben.

4. Die „Evolution des Menschen“ ist gewiß ein besonderer Fall. Wenn aber einmal, um den Tatsachen gerecht zu werden, zugegeben wird, daß auch die Entelechien der Pflanzen und Tiere nicht von selbst entstehen und nicht von elterlichen Entelechien hervorgebracht werden, sondern von der Erstursache, dann erscheint der Unterschied zu der Hervorbringung der menschlichen Entelechie, der Geistseele des Menschen nicht mehr so umwälzend. Erinnern wir uns, daß die Pflanzen- und Tierseele mit ihrem Wirken und daher auch ihrem Sein völlig in der Durchseelung, Durchwirkung, Steuerung der Materie und ihrer Prozesse in Pflanze und Tier *aufgeht.* Sie hat keinen anderen Existenzsinn. Sie ist ihrem Wesen nach total auf das Zusammenwirken und Zusammen*sein* mit der Materie hingeordnet, daher in ihrem Sein von ihr abhängig. Wo immer eine solche Entelechie neu hervorgebracht wird, wird sie in völliger Hinordnung und Abhängigkeit vom „Material“ hervorgebracht; die Erstursache bringt sie an und in vorliegendem Material hervor. Materie liegt

schon vor, organismisch strukturiertes Erbgut. Es ist nicht eine völlig neue „Erschaffung".

Eben das ist in einem wichtigen, wesentlichen Punkt beim Menschen anders: die *Geistseele* erschöpft sich nicht in der Durchwirkung und Steuerung des materiellen Leibes, sondern erhebt sich durch ihr geistiges Sein und Tun über ihn, über bloß biologische Prozesse, Vorteile und Fortschritte. Sie ist nicht *total* auf den Leib hingeordnet und daher nicht total von ihm abhängig. Sie setzt für ihre Existenz die Materie nicht *wesensnotwendig* als schon vorhanden voraus. Diese ist *tatsächlich* im menschlichen biologischen Erbgut schon vorhanden und von den Naturgesetzen der realen Gesamtnatur gefordert, schließt aber keine *wesens*notwendige Abhängigkeit der Geistseele ein. Das Hervorbringen der Geistseele durch die Erstursache geschieht daher wesentlich unabhängig von vorgegebenem Material, es ist eine eigentliche „Erschaffung". Erschaffen im eigentlichen Sinn besagt ein *totales* Hervorbringen, ohne daß vorliegendes Material *wesens*notwendig in das Hervorgebrachte mit einginge. Der Künstler, der ein Bildwerk „schafft", schafft nur in einem übertragenen, abgeschwächten Sinne, jede Menschenseele aber wird im eigentlichen Sinn „aus nichts erschaffen".

Wenn wir noch einmal alles überblicken, was sich als Antwort auf die Frage nach Gott ergab, so bieten sich uns folgende Punkte:

Zunächst, daß der Mensch, wie er sich kennt und erfährt, ein hinfällig abhängiges Sein besitzt. Er muß daher hervorgebracht sein – und werden – von einem anderen wirklich Seienden, der dazu imstande ist. Hier liegt der Kern aller Beweise für die Existenz Gottes und aller Gedanken über ihn selbst.[127]

Der alles hinfällig Wirkliche hervorbringt, ist nicht selbst wieder ein hinfällig, abhängig Existierender. Sondern er ist

[127] Eigentliche Aufgabe der Gottesbeweise ist, an dem Wirklichen die Kontingenz nachzuweisen. Alles Folgende ist logische Konsequenz. Daß die traditionellen Gottesbeweise oft so unzulänglich erscheinen, hat wohl auch darin seinen Grund, daß dieser Nachweis der Kontingenz nicht immer sehr einleuchtend ist und in dem und jenem Fall überhaupt der Beweiskraft entbehrt.

selbstmächtig und selbständig existierend, von niemand abhängend noch empfangend; aus sich, seinem Wesen, notwendig seiend.

Aus dieser logisch zwingenden Erkenntnis folgt Gottes souveräne Hoheit. Er ist der unumschränkte Herr über alles, was er schaffend hervorbringt, vor allem über den Menschen. Daraus ergibt sich für uns die Pflicht zur Religion, daß wir, die wir als Geistwesen allein dazu fähig sind, Gott als Herrn über uns anerkennen, verehren und anbeten, d. h. uns und unser Wollen ihm unterstellen, im Tun und Leben.

Ein anderes ist, daß der in sich und aus sich seiende Gott auch in seinem wollenden Schaffen von nichts und niemand abhängt, nicht empfängt noch überhaupt empfangen kann! Nicht um zu bekommen, sondern um zu geben, will Gott und erschafft. Wenn Liebe nicht bloßes Gefühl oder egoistisches Begehren ist, sondern echtes Wohl-wollen gegen den anderen und selbstloses Wohl-tun, so schuf Gott uns und alles aus wirklicher echtester Liebe. Er ist also wirklich unser Vater, von dem uns alles zuströmt, was wir sind und haben: Er *ist* Liebe, die uns liebreich schenkt: Sein und Menschsein; Dinge, Pflanzen und Tiere, die ganze Welt. Zum Herrn der Dinge machte er uns, daß wir sie gebrauchen und auch verbrauchen; daß wir uns an ihnen freuen, mit unserem Geist sie erforschen und in unseren Dienst stellen; vor allem, daß wir aus ihnen den Herrn und Schöpfer erkennen (Weisheit 13. Röm. 1, 20).

Wie ist nun *das Zueinander* der beständig hervorgebrachten Welt und des hervorbringenden Gottes? Er schafft und durchwirkt die Welt und in ihr die verschiedenen Dinge, Lebewesen, Menschen entsprechend ihrem je verschiedenen Wesen: anders die Materie, anders die Pflanzen und Tiere, anders den Menschen.

Wir könnten sagen, Gott wirkt in dieser verschieden strukturierten Welt ähnlich *wie die Seele* im Menschenleib: manches rein biologisch; anderes mit begleitendem (und konstituierendem) Bewußtsein: das sinnenhafte Leben; und wieder anderes in einer wesentlichen Erhebung über das materielle Substrat: das Geistige. Die Seele ist Geist und daher ihrem Wesen nach über die Materie erhoben. Aber sie ist dennoch Menschenseele und von vornherein für das Zusammen mit dem Leib *bestimmt*; ein so enges und inniges Vereintsein, daß Leib und Seele den einen Menschen ausmachen. Das ist sicherlich höchst eigenartig und rätselhaft. Die empirischen Tatsachen und die Konsequenzen aus ihnen lassen aber keine andere Möglichkeit.

Wir könnten also das höchste Wesen, das die Welt so machtvoll und differenziert durchwirkt, hervorbringend und steuernd, die *„Seele der Welt"* nennen. Immanenz und ständiges Wirken in der Welt würden damit gut bezeichnet. Aber das notwendig aus sich existierende höchste Wesen ist, gerade *als solches*, absolut transzendent zur Welt. Deshalb ist es nicht „Weltseele", sondern der transzendente, schaffende *Gott*.

Die Tatsachen nötigen uns, auf die Existenz des aus sich existierenden Gottes zu schließen. Zugleich wird damit der *tiefste Unterschied* aufgerissen zwischen diesem höchsten Wesen und allem anderen Wirklichen: Einerseits das bedürfende, abhängig existierende Wirkliche der Welt; und auf der anderen Seite das machtvoll unabhängige, konzentriert intensive Wirkliche, das auf Grund seines *Wesens* ist, dessen Wesen also *Sein* ist: das pure Sein ohne irgendein bloßes Sein*können*, das Sein selbst!

LITERATUR

(außer der im Text zitierten)

Aristoteles, die Lehrschriften, Meiners philosophische Bibliothek, Hamburg, Hrsg Paul Gohlke, Ferd. Schöningh
– Griechische Literatur Bd. 9 Metaphysik, Rowohlt Reinbek, Bd. 12 Über die Seele, Rowohlt Reinbek
– Die Hauptwerke (Auswahl) Kröners Taschenausgabe
Beck, H., Der Gott der Weisen und Denker, Pattloch Aschaffenburg
Bochenski, J. M., Europäische Philosophie der Gegenwart, Slg Dalp
Bollnow, O. F., Existenzphilosophie. Kohlhammer
Brunner, A., die Grundfragen der Philosophie. Herder
Büchel, W., Philosophische Probleme der Physik. Herder
Buddenbrock, W. v., Die Welt der Sinne. Springer
Conrad-Martius, H., Schriften zur Philosophie, Kösel
Cramer, W., Gottesbeweise und ihre Kritik, Vitt. Klostermann
Frank, R., Kybernetik, Umschauverlag Frankfurt
Fuchs, J., Situation und Entscheidung, J. Knecht
Goldbrunner, J., Individuation, Erich Wewel
Haas, Joh., der Ursprung des Lebens, Anton Pustet
– Sein und Leben, Badenia Karlsruhe
Hegel, F. W., Werke. Studienausgabe in 3 Bänden. Fischerbücherei
– Staat, Recht, Geschichte (Auswahl), Kröners Taschenausgabe
Heinemann, Fr., Existenzphilosophie, Urbanbücher
Hildebrand, D. v., Sittliche Grundhaltungen. M. Grünewald
Hirschberger, J., Geschichte der Philosophie I/II, Herder
– Kleine Geschichte der Philosophie. Herderbücherei
Hübscher, A., Denker unserer Zeit I/II, R. Piper
Kant, Imm., Werke in 10 Bänden, Hrsg. Weischedel, Wissenschaftl. Buchgesellschaft Darmstadt
– Werke Meiners philosophische Bibliothek, Hamburg
– die drei Kritiken (Auswahl), Kröners Taschenausgabe
Keilbach, W., Einübung in das philosophische Denken. Hueber München
Kendrew, John, Der Faden des Lebens, Nymphenburger Verlagsbuchhdlg.
Klüver, J., Operationalismus. Fr. Frommann Stuttgart
Koenigswald, G. H. v., die Geschichte der Menschen, Springer
Kutschera, Fr. v.-Breitkopf A., Einführung in die moderne Logik, Karl Alber
Lakebrink, B., Klassische Metaphysik, Rombach Freiburg
Lee Whorf, W., Sprache, Denken, Wirklichkeit, Rowohlt RDE
Lang, A., Wesen und Wahrheit der Religion, M. Hueber München

Lersch, Ph., Aufbau der Person, Joh. Ambros Barth München
Lorenzen, F., Formale Logik, Slg Göschen
Malcolm, N., Ludwig Wittgenstein, R. Oldenbourg
Meyer, Hans, Weltanschauungsprobleme der Gegenwart, Paulusverlag Recklinghausen
Müller, Max, Existenzphilosophie im geistigen Leben der Gegenwart, F. H. Kerle
Neumann, J. v., die Rechenmaschine und das Gehirn, R. Oldenburg
Ortega y Gasset, J., Was ist Philosophie? Deutsche Verlagsanstalt
Pieper, Jos., Was heißt philosophieren? Kösel
– Tod und Unsterblichkeit, Kösel
Platon, Werke 6 Bände Rowohlt
– die Hauptwerke (Auswahl), Kröners Taschenausgabe
Portmann, A., Entläßt die Natur den Menschen? Aufsätze zur Biologie und Anthropologie, R. Piper
Rotter, H., Strukturen des sittlichen Verhaltens, M. Grünewald
Satura, V., Struktur und Genese der Person, Kommisionsverlag der Universität Innsbruck
Seifert, Jos., Erkenntnis objektiver Wahrheit, Anton Pustet
Schöndorfer, U., Philosophie der Materie, Styria
Siegmund, G., Gott in Sicht, Pattloch
Strombach, W., Die Gesetze unseres Denkens (Logik) C. H. Beck München
Schulz, W., Wittgenstein, Die Negation der Philosophie. G. Neske Verlag
Talmonti, L., Die Welt des Okkultismus. Paul Neff Wien
Thomas v. Aquin, Summa theologica, deutsch-lat. Ausgabe 36 Bände Kerle-Styria
– Summa contra gentiles = Summe wider die Heiden. 3 Bände, A. Brunner
– Texte, Auswahl und Einleitung Jos. Pieper. Fischerbücherei
– Sein System, von Hans Meyer. Ferd. Schöningh
– Der stumme Ochse, von G. K. Chesterton, Herderbücherei
Vogel, G. L., Was wissen wir von der Seele? Pattloch
Vries, J. de, Materie und Geist. Anton Pustet
Warnock, G. H., Englische Philosophie im 20. Jahrhundert. Reclam
Weizsäcker, W. F. v., die Tragweite der Wissenschaft. Hirzel
Wiener, Norbert, Kybernetik, Rowohlt RDE
Troisfontaines, R., Ich sterbe nicht. Herder
Windelband-Heimsoeth, Lehrbuch der Geschichte der Philosophie. J. C. B. Mohr
Philosophisches Wörterbuch, von Apel-Ludz, Slg Göschen
– von W. Brugger, Herder
– von Schmidt-Schischkoff, Kröner
Fischer-Lexikon, von A. Diemer-I. Frenzel, Fischerbücherei
Philosophisches Jahrbuch (der Görresgesellschaft), Karl Alber, München
Rowohlts Monographien (große Denker in Selbstzeugnissen und Bilddokumenten): Aristoteles, Descartes, Hegel, Kant, Kierkegard, Fr. Nietzsche, Pascal, Platon, Schopenhauer, Sokrates

NAMENSREGISTER

SACHREGISTER

(Wichtigste Stichworte siehe im Inhaltsverzeichnis!)